Curtis M. Faith

Die Psychologie der Turtle Trader

Curtis M. Faith

Die Psychologie der Turtle Trader

Wie die weltbesten Trader Risiken meistern

FinanzBuch Verlag

Bibliografische Information der Deutschen Nationalbibliothek
Die Deutsche Nationalbibliothek verzeichnet diese Publikation in der Deutschen Nationalbibliografie.
Detaillierte bibliografische Daten sind im Internet über **http://dnb.d-nb.de** abrufbar.

Die Originalausgabe erschien 2009 unter dem Titel »Inside the Mind of the Turtles: How the World's Best Traders Master Risk« bei The McGraw-Hill Companies, Inc., New York.

Übersetzung: Horst Fugger
Satz : M. Zech, Landsberg am Lech
Druck: GGP Media GmbH, Pößneck

Curtis Faith · Die Psychologie der Turtle Trader
1. Auflage 2009
FinanzBuch Verlag GmbH
Nymphenburger Straße 86
80636 München
Tel.: 0 89/65 12 85-0
Fax: 0 89/65 20 96

Für Fragen und Anregungen:
faith@finanzbuchverlag.de

ISBN 978-3-89879-478-7

Für Jennifer,
meine *sine qua non*

Inhaltsverzeichnis

Vorwort

Leben im Schildkrötenpanzer

Schau dir die Schildkröte an. Sie kommt nur voran,
wenn sie den Hals herausstreckt.
James Bryant Conant

Ich kann mich noch daran erinnern, als ich zum ersten Mal merkte, dass ich ein wenig Berühmtheit erlangt hatte. Ich flog von Reno, Nevada, an die Ostküste und saß neben einem Mann Mitte 50. Wir unterhielten uns ein wenig über unseren privaten und beruflichen Hintergrund, und ich erwähnte, dass ich Teil einer Gruppe von Rohstofftradern gewesen war, die von einem berühmten Trader in Chicago betreut wurde. Ich war schockiert, als er mich fragte: „Sie sind aber nicht einer von den Turtles, oder?"

Ich war einer von ihnen. Ich war ein Turtle Trader, einer aus einer Gruppe von Rohstofftradern, die vom berühmten Trader Richard Dennis aus Chicago unterrichtet worden waren. Rich war berühmt geworden, weil er, als er 35 Jahre alt war, ein paar Tausend Dollar in ein Vermögen von über 200 Millionen Dollar verwandelt hatte. Rich und sein Freund und Geschäftspartner William Eckhardt lehrten zwölf von uns im Dezember 1983 zwei Wochen lang das Trading, und dann ließen sie uns mit Richs Millionen auf den Markt los. Im Lauf der nächsten viereinhalb Jahre verdienten wir über 100 Millionen Dollar für ihn; eine Leistung, für die auch wir berühmt wurden. Als Turtle Trader verdiente ich für Rich über 30 Millionen, mehr als jeder andere Turtle. Das war eine Geschichte, von der mein Mitreisender wahrscheinlich gehört hatte.

In meinem ersten Buch *Die Strategien der Turtle Trader* habe ich die ganze Geschichte erzählt, wie ich zum Turtle wurde; ich habe dort die psychologische Basis der Marktbewegungen erklärt, die uns dazu befähigten, dieses Geld zu verdienen, und auch viele von den Techniken, die wir als Turtle Trader anwendeten. Der Erfolg unserer Gruppe wurde in der Welt des Tradings zu einer Legende. Es war das erste Mal, dass jemand definitiv bewiesen hatte, dass man Trading lehren kann. Viele Neulinge auf diesem Gebiet waren begierig darauf, unsere Geheimnisse zu erfahren.

Nachdem ich mich, als das Turtle-Programm beendet war, vom Trading zurückgezogen hatte und ein Leben als Unternehmer begann, lernte ich die Welt des Venture-Kapitals und der Business-Angels kennen. Ich stellte fest, dass die Art, wie die besten Unternehmen, Venture-Kapitalisten und Trader mit Risiken umgehen, tatsächlich Ähnlichkeiten mit dem Risikomanagement der Turtles aufwies. Für uns war Risiko nicht etwas, das man fürchten und meiden musste, sondern etwas, das man respektieren und verstehen muss, weil wir ebenso wie James Bryant Conant wussten, dass wir nicht vorankommen würden, ohne den Hals ein wenig herauszustrecken.

James Bryant Conant war Präsident der Universität von Harvard, wissenschaftlicher Berater Präsident Roosevelts im Jahr 1941 und Zivilverwalter der US-Regierung für das berüchtigte Manhattan-Projekt. Im Zitat am Beginn dieses Vorworts bezieht sich Conant auf den Zusammenhang zwischen Fortschritt und Risiko. In diesem Buch erkläre ich die Rolle des Risikos beim Trading, beim Investieren, beim Aufbau neuer Unternehmen und beim Treffen lebenswichtiger Entscheidungen. Ich erkläre zudem, wie die Art, wie Menschen Risiken sehen und managen, ihre Fähigkeit beeinflussen kann, innovativ zu sein und voranzukommen.

Viele der Lektionen, die die Turtles gelernt haben, werden von Venture-Kapitalisten und erfolgreichen Unternehmern in anderen, eher allgemeinen Situationen angewendet, um Risiken in einer unsicheren Welt zu managen. Diese Lektionen sind besonders wichtig, weil die Menschen nicht sehr gut darin sind, Entscheidungen zu treffen, wenn es keine klar erkennbaren richtigen Antworten gibt oder wenn das Risiko des Scheiterns sehr groß ist. Tatsächlich begehen Menschen systematisch alle möglichen Fehler, wenn sie Entscheidungen treffen, die mit Unsicherheit und Risiko zu tun haben.

Nachdem das Turtle-Programm vorbei war, freundete ich mich mit einem Arzt an, der früher auf der Intensivstation gearbeitet hatte. Die Art, wie man dort mit Risiken, mit der Unsicherheit von Diagnosen und den Reaktionen der Patienten umgeht, ähnelt stark den Methoden, die Trader und Unternehmer anwenden.

In diesem Buch führe ich Sie in das Denken der Turtles und auch anderer Menschen ein, die jeden Tag Risiken meistern. Ich werde Ihnen die Strategien zeigen, die die Turtles, professionelle Trader, Unternehmer, Venture-Kapitalisten und Intensivmediziner anwenden, um Risiken zu antizipieren, zu managen und abzumildern. Ich werde Ihnen auch zeigen, wie man diese Strategien in häufigeren und alltäglichen Situationen anwenden kann. Bevor ich mit meiner Erörterung des Themas Risiko beginne, möchte ich Ihnen aber zeigen, wie wichtig die richtigen Entscheidungen in unsicheren Situationen sein können.

Danksagung

Ich möchte denjenigen Menschen Dank sagen, die mitgeholfen haben, damit dieses Buch zu dem werden konnte, was es ist.

Ich möchte allen danken, die ihre Zeit geopfert haben, um meine Interviewfragen zu beantworten: Jerry Parker, Bruce Tizes, Ted Papras, Simon Olson, Niall Gannon, Howard Lingzon, Van Tharp und Jack Schwager. Mein Dank gilt auch Brett Steenbarger, der mir großzügig erlaubte, einen Teil seines Researchmaterials für mein Kapitel über Furcht zu verwenden.

Meine Herausgeberin Jeanne Glasser, Leiterin dieses Bereichs bei McGraw-Hill, ließ mich schreiben, bis dieses Buch ihrem hohen Qualitätsanspruch entsprach. Danke, Jeanne, dass du nichts anderes als mein Bestes akzeptiert hast.

Bei der Entstehung dieses Buchs standen mir Jennifer Jordie, Levi Freedman und Anthony Garner mit ihren Kommentaren und ihrer Kritik zur Seite. Danke dafür.

Und schließlich will ich noch allen Mitarbeitern bei McGraw-Hill danken, die bei der Arbeit an diesem Buch geholfen haben: Philip Ruppel, Maureen Harper, Daina Penikas, Morgan Ertel, Gaya Vinay, Lydia Rinaldi, Laura Friedman, Keith Pfeffer, Anthony Landy, Edwin Durbin, James Madru, Penny Linksey und Scott Rattray.

TEIL I

DIE SIEBEN REGELN DES RISIKOMANAGEMENTS

Kapitel 1: Leben, Tod und Unsicherheit

Verschwende dein Leben nicht mit Zweifeln und Furcht. Widme dich der Arbeit, die vor dir liegt, im sicheren Bewusstsein, dass die richtige Erfüllung der Pflichten dieser Stunde die beste Vorbereitung für die kommenden Stunden und Zeiten sein wird.
RALPH WALDO EMERSON

Als ich 23 Jahre alt war, musste ich zum ersten Mal eine Entscheidung treffen, bei der es wirklich um Leben und Tod ging. Mein Leben stand zwar nicht auf dem Spiel, aber das meines Freundes Albert. Albert war etwa 15 Jahre älter als ich, verheiratet und Vater von zwei Kindern, und mir blieben nur ein paar Sekunden, um eine Entscheidung zu treffen, von der ich wusste, dass ich sie vielleicht für den Rest meines Lebens bereuen würde. Ich hatte mich aus dem Wasser gezogen und stand auf einem der beiden 5,80 Meter langen Rümpfe eines Necra-Rennkatamarans, der auf der Seite lag. Ich selbst war nicht in Gefahr.

Aber Albert hatte seine Chance verpasst, sich am Boot festzuhalten, und war nun schon acht oder zehn Meter von ihm entfernt. Der Wind war so stark, dass das Trampolin, das normalerweise nur als Sitzunterlage dient, nun wie ein Segel funktionierte und das Boot schneller antrieb, als Albert schwimmen konnte. Ich stand auf dem Boot und entfernte mich mit ihm immer weiter von Albert.

Wir waren drei Meilen vom nächsten Uferabschnitt entfernt, und es war etwa zwei Stunden vor Sonnenuntergang. Es war zwar Mitte Juli, es war warm, und das Thermometer zeigte 22 Grad, aber das Wasser war sehr kalt. Im

Sommer steigt die Oberflächentemperatur des Wassers, aber kaum anderthalb Meter unter der Oberfläche hatte das Wasser nur noch acht Grad. Die riesigen Wellen hatten die Wassermassen aufgewühlt, das Oberflächenwasser vermischte sich mit den tieferen Wasserschichten und wurde somit kälter. Ich wusste, dass Albert, wenn er auf sich allein gestellt war, die Nacht nicht überleben würde.

Weniger als eine halbe Stunde zuvor waren wir an meinem Bootsanlegeplatz in Crystal Bay, Nevada, aufgebrochen und waren an diesem windigen Tag losgesegelt. Auf dem ganzen See sah man Wellen mit weißen Schaumkronen, aber das bedeutete normalerweise großartige Bedingungen für das Segeln. Ich mochte solche Wellen. Das Dock lag im Windschatten der nach Süden weisenden Halbinsel, die Crystal Bay vom Hauptteil des Lake Tahoe trennt. Der Wind kam hauptsächlich aus Südost, daher hielt die Halbinsel den Wind und die Wellen auf – und sie verbarg auch die Gefahren dieses verrückten Sommersturms.

Schon zwei, drei Minuten nach der Abfahrt war mir klar, dass ich einen solchen Wind und solche Wellen noch nie gesehen hatte. Mein Katamaran hatte zwei Trapezdrähte. Diese Drähte und die Zuggeschirre, die wir um die Hüften trugen, ermöglichten es uns, die Kraft des Windes zu kontern, indem wir uns aus dem Wasser heraus aufrichteten. Wenn der Wind sehr stark war, standen wir mit beiden Füßen am Rand des Bootsrumpfes, was die Hebelwirkung unserer Körper noch erhöhte und den Katamaran aufrecht hielt. Albert und ich waren beide groß gewachsene Männer, also konnten wir normalerweise kein Problem damit haben, das Boot aufrecht zu halten.

An diesem Tag war es anders. Die Wellen waren riesig. Sie erreichten eine Höhe von zwei bis drei Metern, und wir konnten das Ufer nur sehen, wenn wir gerade oben auf einer Welle segelten. Wenn wir in ein Wellental abglitten, konnten wir nur noch unser Boot und die Wellen sehen. Auf dem offenen Ozean ist das nichts Ungewöhnliches, aber auf dem Lake Tahoe (der nur 27 Meilen lang ist) hatte ich so etwas noch nie erlebt. Ich reduzierte so gut ich konnte die Kraft, die auf das Hauptsegel wirkte, aber wir segelten trotzdem viel schneller, als ich wollte. Wir trafen zu schnell und zu heftig auf die Wellen. Unser Gewicht lag zu weit vorne, daher waren wir, wenn wir über die Kämme der Wellen segelten, mit fast 25 Meilen pro Stunde unterwegs und trafen dann auf die nächste Welle. Die Spitzen der Pontons, die normalerweise oberhalb des Wassers gleiten, sanken ins Wasser, was uns plötzlich abbremste, wenn wir auf die nächste Welle trafen. Es bestand die Gefahr, dass sich das Boot mit großer Gewalt überschlagen würde, wenn wir unser Gewicht nicht besser ausbalancierten. Die Wellen waren so hoch, dass ich nicht glaubte, wir könnten sicher wenden und zurück zum Dock segeln. Also beschloss ich, stattdessen Sand Harbor anzusteuern, das direkt gegenüber auf der anderen Seite der Bucht lag. Die Wellen wären besser beherrschbar, wenn wir diagonal auf sie träfen.

Albert stand immer noch zu weit vorne, was die Tendenz der Pontons verstärkte, ins Wasser einzutauchen. Als das Boot wieder plötzlich abbremste, wodurch der hintere Teil des Rumpfes einen Meter in die Luft gehoben wurde, warnte ich ihn: „Albert, du musst weiter nach hinten gehen. Wenn wir nicht mehr Gewicht bekommen, wird das Boot umstürzen." Er hatte Angst und war unfähig, sich zu bewegen. Es war nicht seine Schuld. Er segelte heute zum ersten Mal auf einem Katamaran, und die Lage war gefährlich. Ich segelte schon seit Jahren, aber auch ich hatte Angst. Ich konnte mir vorstellen, was ihm gerade durch den Kopf ging. Niemals hätte ich einen Anfänger bei diesen Wetterbedingungen mit auf den See nehmen dürfen. Wir steckten bis zum Hals in Problemen, und das war ganz allein meine Schuld.

Auf halbem Weg durch die Bucht stürzte das Boot schließlich um. Die Trägheit meines Körpers sorgte dafür, dass ich mich weiterbewegte, als das Boot auf die Welle traf. Das Boot bremste, aber wir taten das nicht. Ich prallte auf Albert, der vor mir stand, stieß seine Füße vom Boot, und wir fielen beide ins Wasser, während wir immer noch an den Trapezdrähten hingen. Als ich auftauchte, sah ich Albert neben dem gekenterten Boot und schwamm auf ihn zu.

Innerhalb von Sekunden fuhr der Wind in das nun umgedrehte Trampolin und ließ das Boot wegtreiben. Ich erwischte den Mast aus Aluminium und war überrascht. Er bewegte sich schnell weg, und ich bekam die glatte Oberfläche mit meinen nassen Händen nicht zu fassen. Ich versuchte es noch einmal und bemerkte dann, dass sich das Boot so schnell bewegte, dass ich mich schon fast auf halber Höhe des gut zwölf Meter hohen Mastes befand. Ich wusste, dass mir nur noch ein paar Sekunden blieben, bis er mir ganz entglitten wäre. Als sich das Ende des Mastes näherte, ergriff ich den Rand des Segels. Ich hoffte, dass ich diesen rauen Stoff gut zu fassen bekommen würde. Ich griff noch einmal zu, konnte mich am Segel festhalten und in Richtung der Pontons ziehen. Ich dachte, ich würde dort Albert finden, weil er viel näher am Boot gewesen war.

Er war nicht da.

Ich drehte mich um und erschrak. Albert war schon knapp zwei Meter hinter dem Ende des Mastes. Es gab keine Möglichkeit, an ihn heranzukommen. Die Leinen waren immer noch am Boot befestigt, Albert war schon zu weit weg, und in jeder Sekunde trieb er um dreißig Zentimeter oder mehr weiter ab. Zu spät erinnerte ich mich daran, dass es noch eine Sache gab, die ich Albert nicht gesagt hatte. Die wichtigste Regel beim Segeln besagt, dass man am Boot bleiben muss. *Bleibe immer am Boot.*

Man kann auf das Boot klettern, um Kraft zu sparen und sich aus dem kalten Wasser zu ziehen. Man ist auch besser sichtbar für jeden, der einen Rettungsversuch unternimmt; viel besser als ein einzelner Schwimmer im Wasser, verloren zwischen den hohen Wellen. Ich zog eines der 1,50 Meter langen Kielschwerter aus dem Rumpf, der immer noch auf der Seite lag, und warf es so weit wie möglich in Alberts Richtung. Vielleicht konnte es ihm dabei helfen, sich über Wasser zu halten. Je mehr von seinem Körper er aus dem kalten Wasser heraus bekäme, desto länger würde er überleben. Ich zog auch noch das andere Kielschwert heraus und warf es ihm zu.

Während der Wind die Wellen peitschte und mich immer weiter von Albert wegtrieb, dachte ich darüber nach, welche Möglichkeiten mir nun blieben. Ich könnte bei ihm bleiben. Dann wären wir in zwei oder drei Stunden beide allein, meilenweit vom Ufer entfernt, und niemand würde wissen, wo wir sind, wenn der Katamaran das Ufer erreichte. Wenn jemand das Boot sah, könnte er mit gutem Grund annehmen, es habe sich nur irgendwo von seinem Ankerplatz losgerissen und sei dann über den See getrieben. Wenn ich also bei Albert bliebe, dann würden wir wahrscheinlich beide im Lauf der Nacht erfrieren.

Und wenn ich beim Boot bliebe? Das Nacra 5.8 ist ein Boot für zwei Personen. Es war mir schon mehrmals umgestürzt, und unter normalen Bedingungen war es ziemlich einfach, den Mast mit dem Gewicht von zwei Personen wieder aus dem Wasser zu bekommen.

Aber diesmal war es anders. Weil ich allein war – und angesichts der hohen Wellen bezweifelte ich, dass ich ihn selbst wieder aufrichten konnte. Aber ich konnte beim Boot bleiben, es zu steuern versuchen und ans Ufer segeln, um Hilfe zu holen. Sogar wenn ich das Boot nicht zum Segeln bringen könnte, so wusste ich doch, dass es sich schneller in Richtung Ufer bewegte, als einer von uns beiden schwimmen konnte. Ich wusste: Alberts Leben hing davon ab, dass ich eine Entscheidung traf und sie umsetzte.

Im Rückblick habe ich wohl einige Dinge richtig gemacht. Vor der Ausfahrt hatte ich Albert gesagt, er solle einen kurzen Taucheranzug und eine Schwimmweste anziehen, so wie man sie beim Wasserkifahren trägt. Jetzt wusste ich, dass er weniger Mühe haben würde, sich über Wasser zu halten, und die zusätzliche Wärme durch den Taucheranzug würde das Einsetzen der Unterkühlung um ein, zwei Stunden verzögern. Wir hatten also noch ein wenig Zeit – aber wir hatten nicht mehr genug Tageslicht übrig.

Sie denken nun vielleicht, beim Boot zu bleiben sei die leichtere Entscheidung gewesen, weil ich mich nicht selbst in Gefahr brachte, als ich beschloss, Hilfe zu holen. Ich kann Ihnen nur sagen, dass ich Albert wirklich nicht allein lassen wollte. Es war nicht einfach, ihn immer weiter abtreiben zu sehen. Ich wollte bei ihm bleiben. Als er langsam abtrieb, kam mir der schreckliche Gedanke, ich würde ihn vielleicht nicht mehr lebend zu Gesicht bekommen.

Als er außer Sichtweite war, versuchte ich das Boot aufzurichten, denn ich wusste: Alberts größte Chance bestand darin, dass ich ans Ufer gelangte. Ich wurde direkt auf das Ufer zugetrieben und wusste, dass ich in Sicherheit war. Schlimmstenfalls würde ich wohl in drei, vier Stunden an das relativ flache und sandige Ufer von Incline Village gelangen. Aber Albert hatte keine drei oder vier Stunden mehr. Wenn die Sonne unterginge, während er noch im Wasser war, wäre es für jeden fast unmöglich, ihn nachts zu finden. Und in diesem kalten Wasser würde er am nächsten Morgen nicht mehr leben.

Ich dachte, es würde schwer sein, das Boot aufzurichten, denn unter normalen Bedingungen brachte eine Person nicht genug Gewicht auf die Waage, um schwere Segel aus dem Wasser zu ziehen. In der Vergangenheit hatte ich immer nur versucht, das Boot mit zwei Leuten aufzurichten, und daher war ich überrascht, dass das Nacra schon beim ersten Versuch mit Leichtigkeit aus dem Wasser kam. Die hohen Wellen trugen dazu bei, dass sich die Spitze des Segels aus dem Wasser hob. Dann fuhr der Wind in das Segel und richtete es weiter auf.

Das führte aber zu einem weiteren Problem. Nachdem ich das Nacra aufgerichtet hatte, kippte es fast sofort erneut um. Dann musste ich um das Boot herumschwimmen, um es erneut aufzurichten, wobei ich mich mit starkem Griff am Boot festhielt. Nach ungefähr vier erfolglosen Versuchen beschloss ich, das Großschot zu entfernen, das zur Kontrolle am hinteren Teil des großen Hauptsegels befestigt ist, weil ich dachte, das würde die Tendenz zum Umkippen verringern. Beim nächsten Versuch blieb das Boot in aufrechter Position. Obwohl das Großschot nun weg war, wirkte immer noch große Kraft auf das Segel ein, und das Boot bewegte sich nun sehr schnell vorwärts.

Nun musste ich eine zweite wichtige Entscheidung treffen: Sollte ich versuchen, umzukehren und Albert selbst zu finden, oder sollte ich direkt zum Ufer segeln, um Hilfe zu holen? Ich steuerte ganz allein ein Segelboot, das für zwei Segler konzipiert war, und zudem segelte ich unter den schlechtesten Bedingungen, die ich auf dem Lake Tahoe je erlebt hatte. Wegen der hohen Wellen und Brecher hatte ich meinen Freund aus den Augen verloren, als er etwa 50 Meter von mir entfernt war. Also dachte ich, es würde sehr schwierig sein, ihn mit dem Boot zu finden. Ich befand mich in drei verschiedenen Richtungen je zwei Meilen vom Ufer entfernt, hatte also keine gute Orientierung, um den Rückweg zu finden. Ich beschloss, auf direktem Weg Hilfe zu holen und voll mit dem Wind zu segeln; das wäre am schnellsten und einfachsten zu bewerkstelligen, und es würde mich zu einer Uferstelle führen, wo es Häuser und Menschen und Hilfe gab.

Am Lake Tahoe gab es in etwa sechs Kilometern Entfernung eine Wachstation mit einem Rettungsflugzeug, mit dem man sehr schnell Retter zu Albert befördern konnte. Wenn ich rechtzeitig am Ufer ankäme, dann, so dachte ich, hatte er eine gute Chance. Ich war nun etwa eine Dreiviertelmeile vom Ufer entfernt, wobei das Boot etwa alle fünf Minuten wieder umfiel. Das kleine Segel am Bug war vom Wind zerfetzt worden. Auch das Hauptsegel begann allmählich zu reißen. Nachdem das Boot ungefähr vier Mal umgekippt war, war es so stark zerstört, dass ich es nicht mehr aufrichten konnte. Ich war immer noch ziemlich weit vom Ufer entfernt, aber ich kam schnell vorwärts, weil mich der Wind rascher in Richtung Ufer trieb, als ich hätte schwimmen können. Ich konnte nichts anderes tun, als warten.

Nach ungefähr 30 oder 40 Minuten kam ich so nahe ans Ufer, dass eine Hausbesitzerin dort mein Boot bemerkte. Als ich bis auf Rufdistanz herangekommen war, bat ich sie, die Küstenwache zu alarmieren, weil mein Freund noch im Wasser war. Ich teilte ihr Alberts ungefähre Position mit, und sie rief sofort an. Später erfuhr ich, dass die Hausbesitzerin, die mir so freundlich half, Dorothy Bridges war, die Frau des Schauspielers Lloyd Bridges und die Mutter der Schauspieler Beau und Jeff Bridges. Als ich schließlich am Ufer ankam, war die Küstenwache schon unterwegs, um Albert zu retten. Die Dame war verständlicherweise sehr aufgeregt.

Als wir das Flugzeug der Küstenwache über uns sahen, nachdem wir am Ufer darauf gewartet hatten, schöpften wir Hoffnung. Schon bald darauf hörten wir über Funk, dass man Albert gefunden hatte. Das weiße Kielschwert, das ich ihm zugeworfen hatte, war von der Luft aus gesichtet worden. Schon bald erreichte uns die Nachricht, dass Albert in einem Rettungsboot auf dem Weg zurück ans Ufer war. Wir jubelten laut, aber Albert war immer noch in Gefahr. Er war schwer unterkühlt und konnte jederzeit an einem Herzstillstand sterben. Seine Körpertemperatur war auf etwa 32 Grad gesunken. Es würde noch mehrere Stunden dauern, bis er endgültig über den Berg war.

Albert überlebte, aber keiner von uns hat diesen Tag je vergessen.

Entscheidungen bei Unsicherheit

An diesem Tag traf ich zwei Entscheidungen, die Alberts Überlebenschancen betrafen: *Erstens*, ob ich ihn allein lassen sollte oder nicht, um das Boot allein zu segeln, und *zweitens*, ob ich nach Albert suchen oder auf direktem Weg Hilfe holen sollte. Es waren Entscheidungen ohne ein sicheres Ergebnis. Ich hätte beschließen können, bei Albert zu bleiben. Dann hätten wir vielleicht beide überlebt oder wir wären beide gestorben. Ich hätte versuchen können, Albert mit dem Boot zu finden. Vielleicht hätte ich ihn dann rasch gefunden; vielleicht hätte ich ihn aber auch nicht gefunden, dabei wertvolle Minuten oder Stunden verloren, und er wäre womöglich gestorben. Es wäre auch möglich gewesen, dass ich exakt das getan hätte, was ich tat, und dass er trotzdem gestorben wäre.

Jede dieser Entscheidungen war mit beträchtlichen Risiken verbunden, und die Konsequenzen waren todernst. Bei meinen Entscheidungen wählte ich die Lösung, von der ich annahm, sie werde mit der größten Wahrscheinlichkeit zu Alberts erfolgreicher Rettung führen. Ich zögerte nicht, obwohl ich wusste, dass er sehr wohl trotzdem sterben konnte. Ich bin überzeugt davon, dass meine Ausbildung als Turtle Trader dazu beigetragen hat, dass

Albert an diesem Tag gerettet wurde. Ich hatte gelernt, genau diese Arten von Entscheidungen in einem unsicheren Umfeld zu treffen. Unter Bedingungen also, unter denen man zwar die „richtige“ Entscheidung treffen, das Ergebnis aber trotzdem schlecht ausfallen kann. Man kann dabei auch die „falsche“ Entscheidung treffen, die dann zu einem positiven Resultat führt.

Im Allgemeinen sind wir Menschen nicht sehr gut darin, solche Entscheidungen zu treffen. Tatsächlich neigen wir dazu, ständig die falschen Entscheidungen zu treffen, wenn wir mit einer unsicheren Situation konfrontiert sind. In diesem Buch werde ich viele von den Lektionen über Risiken und Unsicherheit erläutern, die ich als Turtle und später als Unternehmer gelernt habe. Diese Lektionen lassen sich gleichermaßen auf Entscheidungen im Leben, bei Geschäften und in der Regierung anwenden. In der Tat ist es so: Je älter ich werde und je mehr ich von der Welt sehe, desto klarer wird mir, dass unsere kollektive gesellschaftliche Unfähigkeit, auf rationale Weise mit Unsicherheit umzugehen, einer der wichtigsten Gründe für Verschwendung, Zeitverlust und schlechte Nutzung von Ressourcen ist. In den nächsten beiden Kapiteln erkläre ich genau, was ich mit Risiko und Unsicherheit meine.

Kapitel 2:
Risiko: Freund oder Feind?

Fürchte dich nicht, auf den Ast zu klettern;
dort hängen die Früchte.
H. JACKSON BROWNE, JR.

Stellen Sie sich die folgende Situation vor: Es ist Nacht am Ufer des Cunene-Flusses an der Grenze zwischen Namibia und Angola in Afrika südlich der Sahara. Sie campen in einem leichten Zelt. Das Camp ist dunkel, und alle Guides schlafen schon. Aus der Ferne hören Sie das Geräusch eines auffliegenden Vogelschwarms. Plötzlich ist da das laute Geräusch eines knackenden Astes. Sie öffnen die Augen und sind jetzt hellwach. Sie denken darüber nach, was sich da so nahe an ihrem Camp bewegt. Könnte es einer der Löwen sein, die Sie auf Ihrer Reise schon mehrmals gesehen haben?

Das könnte sein, aber wahrscheinlich ist es nicht. Doch das Geräusch des Astes hat Ihr sympathisches Nervensystem zu einer Ausschüttung von Adrenalin veranlasst. Ihr Adrenalin geht nun an die Arbeit und stellt sicher, dass Sie aufmerksam und handlungsbereit sind. So schnell werden Sie wohl nicht wieder einschlafen.

Viele von uns haben Angst vor dem Risiko, weil wir unbekannte Gefahren damit assoziieren. Diese emotionale Reaktion aus dem Bauch heraus kommt aus dem selben System, das uns im Busch aufweckt, wenn wir etwas Unerwartetes hören. Das Unbekannte bedeutete früher die Gefahr, getötet zu werden oder schmerzhafte Verstümmelungen mit lebenslangen Folgen zu erleiden. Aus eben diesen Gründen fürchten Menschen das Risiko. Diese noch unbekannten Gefahren lösen einen komplizierten biologischen Mechanismus aus, der richtig in Fahrt kommt, wenn man mit einem unbekannten Gebiet oder chaotischen Situationen konfrontiert wird. Diese Mechanismen und die psychologischen Reaktionen auf Unsicherheit, die in primitiven Zeiten wichtige Funktionen erfüllten, sind heute eine Art Hindernis. Manchmal meiden Menschen Risiken um jeden Preis, sie gehen auf *Nummer sicher*, ob es nun um ihre Ausbildung, um die Berufslaufbahn oder um persönliche Entscheidungen geht; sie entscheiden sich lieber für konservative als für riskante Lösungen.

Dennoch bemerken manche Menschen, dass sie, obwohl sie ein sicheres und konservatives Leben geführt haben, dann doch mit persönlichen Umständen konfrontiert werden, die eben die Gefahren bergen, um deren Vermeidung sie sich so intensiv benüht haben. Der entscheidende Punkt ist, dass man Risiken nicht vermeiden kann – und man kann auch nicht das Ergebnis jeder Investition, jedes Geschäfts und jeder persönlichen Entscheidung vorhersagen. Niemand kann Prognosen mit 100-prozentiger Treffsicherheit erstellen, nicht einmal die angeblichen Finanzexperten – die Wirtschaftswissenschaftler. Ich habe ein paar Lieblingszitate zu diesem Thema, die die Unfähigkeit der Ökonomen herausstellen, exakte Prognosen zu erstellen:

Ein Ökonom ist ein Experte,
der morgen wissen wird,
warum das, was er gestern vorhergesagt hat,
heute nicht passiert ist.
Laurence J. Peter

Die Einschätzung eines Wirtschaftswissenschaftlers ist so gut
wie die jedes anderen Menschen.
Will Rogers

Frage fünf Wirtschaftswissenschaftler,
und du wirst fünf verschiedene Antworten bekommen – oder sechs,
wenn einer von ihnen in Harvard studiert hat.
Edgar R. Fiedler

Wenn die sogenannten Experten nicht in der Lage sind, die Zukunft auf dem Gebiet der Finanzen und der Wirtschaft vorherzusagen, wie können wir anderen dann mit unserer Unsicherheit fertig werden? Zum Problem der Unsicherheit kommt noch hinzu, dass die Menschen durch die Notwendigkeit behindert werden, die *richtige* Entscheidung zu treffen und sich so zu verhalten, als gäbe es nur eine einzige korrekte Vorgehensweise.

Die Wahrheit ist aber, dass es in komplexen Systemen keine einzig richtige Antwort oder Wahl gibt. Manchmal kann man nicht mehr tun, als nach bestem Wissen zu raten, auch wenn das zu einem unerwünschten Ergebnis führt. Wir wollen uns nun genau ansehen, was mit *Risiko* gemeint ist.

Risiko ist definiert als „den Folgen der Unsicherheit ausgesetzt zu sein." Diese Definition legt nahe, dass Risiko aus drei getrennten Komponenten besteht:

1. **Unsicherheit** – unbekannte oder unvorhersagbare Ereignisse oder Situationen.
2. **Folgen** – eine Veränderung an einem Markt, in einer geschäftlichen Situation oder im sozialen Zusammenhang.
3. **Ausgesetzt sein** – ein finanzieller oder sozialer Einsatz bei einem bestimmten Ergebnis.

Lassen Sie uns diese Konzepte weiter untersuchen. Nach der genannten Definition existiert Risiko nur dann, wenn man sich den Folgen derjenigen Unsicherheiten aussetzt, die dem Risiko zugrunde liegen. Wenn Sie zum Beispiel kein Geld am Aktienmarkt investiert haben, dann sind Sie nicht dem Risiko ausgesetzt, das mit einem Absturz der Aktienkurse verbunden ist – außer natürlich dann, wenn der Absturz so signifikant ausfällt, dass er sich auch auf andere Aspekte der Wirtschaft auswirkt. Wenn Sie nicht in einem bestimmten Land leben oder dort Geld investiert haben, dann sind Sie dem Risiko eines wirtschaftlichen Zusammenbruchs in diesem Land nicht ausgesetzt – außer natürlich dann, wenn der Zusammenbruch so schwer oder dieses Land so bedeutend ist, dass sich seine ökonomischen Probleme auf Regionen ausbreiten, wo Sie Geld investiert haben. Unsicherheit treibt Risiken an. Wenn wir wüssten, wie wir zukünftige Entwicklungen zuverlässig bestimmen können, dann könnten wir immer entscheiden, ob wir ein bestimmtes Risiko eingehen sollten oder nicht, indem wir einfach die potenziellen Konsequenzen berechnen. Wäre das Ergebnis vorhersagbar oder sicher, dann gäbe es kein Risiko.

In einigen Fällen haben wir allerdings nicht genug Informationen, um die „richtige" Entscheidung zu treffen. In anderen Fällen gibt es zu viele verkomplizierende Faktoren, als dass wir zukünftige Ereignisse zuverlässig prognostizieren könnten – unabhängig davon, wie viel Researcharbeit wir leisten oder wie intensiv wir alle möglichen alternativen Resultate studieren. Wir können das Wetter nicht für einen längeren Zeitraum als eine Woche vorhersagen. Wir können die Fluktuationen unserer Volkswirtschaft nicht prognostizieren. Wir kennen den zukünftigen Ölpreis nicht. Wir können weder die Stärke des Dollar noch die Stärke des Immobilienmarkts noch den Indexstand des S&P 500 in zwei Monaten vorhersagen.

Das illustriert die beiden verschiedenen Arten von Unsicherheit:

1. **Informationsbedingte Unsicherheit** – Unsicherheit, die durch einen Mangel an Informationen verursacht wird.
2. **Chaotische Unsicherheit** – Unsicherheit, die durch eine zu hohe Komplexität verursacht wird.

Die erste Art der Unsicherheit ist die Folge praktischer Beschränkungen. Es kann zu viel Zeit und Geld kosten, die nötigen Nachforschungen anzustellen, um die Unsicherheit zu reduzieren. Zum Beispiel kann die Durchsetzungsfähigkeit eines bestimmten Produkts an einem bestimmten Markt zunächst unbekannt sein, aber durch Marktforschung kann man diese Art von Unsicherheit reduzieren und vielleicht sogar eliminieren. Nehmen wir an, Sie wollen wissen, ob der Preis eines bestimmten Produkts am Markt akzeptiert wird. Sie können das Produkt nun einem Test auf einem Teilmarkt unterziehen; dann würden die Ergebnisse Ihrer Tests die vorherigen Annahmen entweder bestätigen oder widerlegen. Potenzielle Unsicherheiten und die Risiken, das Produkt auf den Markt zu bringen, würden dadurch effektiv vermindert. Wenn Sie nicht die nötige Zeit oder die nötigen Mittel haben, um einen Markttest durchzuführen, dann bleibt die mit der Entscheidung verbundene informationsbedingte Unsicherheit bestehen.

Chaotische Unsicherheit dagegen kann nicht durch Nachforschungen, Studien oder Untersuchungen eliminiert werden. Sie können nicht Monate im Voraus wissen, dass ein wilder Sturm oder eine Pflanzenkrankheit die gesamte Traubenernte in Ihrem Weinberg vernichten wird. Sie können nicht Monate im Voraus wissen, dass ein Wirbelsturm New Orleans zerstören wird. Es gibt einfach zu viele Variablen und zu viele mögliche Kombinationen zwischen ihnen, als dass man zukünftige Ereignisse mit einiger Sicherheit vorhersagen könnte, wenn chaotische Unsicherheit herrscht.

Wir lernen daraus, dass man einen bestimmten Teil der Unsicherheit – aber nicht alle – vermeiden kann. Es gibt keine Möglichkeit, sämtliche Unsicherheiten zu beseitigen, die mit den meisten Entscheidungen verbunden sind.

Konsequenzen sind die Auswirkungen der Unsicherheit. Finanzielle Konsequenzen sind Preisveränderungen von Assets oder Investitionen. Zum Beispiel fällt der Goldpreis, oder er steigt, der Immobilienmarkt sackt zusammen, eine Flutwelle zerstört Ihr Haus, das wirtschaftliche Klima wird unangenehmer und so weiter.

Während die genannten Beispiele Sie in finanzielle Schwierigkeiten verschiedenen Ausmaßes bringen können, gibt es auch andere Arten von Konsequenzen, die nicht primär monetärer Art sind. Wenn Sie zum Beispiel sieben Jahre lang dafür gearbeitet haben, Rechtsanwalt zu werden, dann haben Sie vielleicht eine Menge Mühe vergeudet, wenn Sie nach der Abschlussprüfung feststellen, dass Ihnen die Tätigkeit als Jurist nicht wirklich Spaß macht. Wenn Sie Produktmanager einer Elektronikfirma sind und ein Produkt herstellen, das niemandem gefällt und das niemand kaufen will, werden Sie die Konsequenzen der schwachen Performance Ihres Produkts tragen müssen. Vielleicht werden Sie degradiert, bei der nächsten Beförderung übergangen oder gefeuert.

In einem unsicheren Umfeld sind Konsequenzen eine Tatsache. Sie werden niemals in der Lage sein, exakt vorherzusagen, was in Zukunft passieren wird. Sie können nur so gut wie möglich schätzen, und sogar damit werden Sie oft falsch liegen. Die beste Art, wie Sie mit Konsequenzen umgehen können, wenn sie sich ereignen, besteht darin, sie nicht als Übel, sondern als unvermeidlichen Teil der Realität zu sehen – und das sind sie ja schließlich auch.

Ausgesetzt sein kann man so definieren, dass man in einer bestimmten Endsituation einen finanziellen oder sozialen Einsatz hält. Wenn Sie also nichts auf ein bestimmtes Unternehmen gesetzt haben, dann sind Sie auch den damit verbundenen Risiken nicht *ausgesetzt*. In den meisten Fällen kann man den Einsatz messen, indem man das potenzielle Gewinn- oder Verlustpotenzial ermittelt. Wenn Sie für 200.000 Dollar ein Haus kaufen und dann der alleinige Eigentümer sind, dann sind Sie den Risiken von Fluktuationen am lokalen Immobilienmarkt, Feuer, Überschwemmungen, Erdbeben und jeder anderen Art von Naturkatastrophen ausgesetzt. Wenn Sie 1.000 Apple-Aktien für 200 Dollar pro Stück kaufen, dann sind Sie dem Risiko der Kursschwankungen dieser Aktie ausgesetzt. Das Ausmaß Ihrer finanziellen Teilnahme bestimmt das Ausmaß Ihres Ausgesetztseins. In beiden genannten Fällen beträgt Ihr Einsatz insgesamt 200.000 Dollar.

Obwohl viele Menschen dieses Ausgesetztsein als direkte Folge von Unsicherheit und Risiko verstehen – und sich selbst folglich für nicht in der Lage dazu erachten, das Ausmaß ihres Ausgesetztseins zu kontrollieren –, gibt es immer Möglichkeiten, dessen Ausmaß zu erhöhen oder zu reduzieren. Während die Konsequenzen für Einzelpersonen in der Regel nicht zu vermeiden sind, kann man dieses Ausgesetztsein in der Regel teilweise oder sogar ganz vermeiden. Ein Beispiel: Wenn der Aktienmarkt fällt, können Sie ihn nicht aufhalten, aber Sie können Ihre Aktien verkaufen, damit Sie von dieser Entwicklung nicht betroffen sind.

Oder denken Sie an das Beispiel mit dem Hausbesitzer. Ein Hausbesitzer ist anfällig gegen einen Wertverlust seines Hauses – seines Investments –, wenn es zu einem Feuer oder zu einer Überschwemmung kommt. Aber der Hausbesitzer kann eine Versicherung abschließen, die durch Feuer oder Hochwasser verursachte Schäden an seinem Investment abdeckt. Langfristig kommen die meisten Leute zu dem Schluss, dass die Versicherung ein geringer Preis ist – und eine einfache Möglichkeit, Risiken zu reduzieren –, wenn man die schwerwiegenden finanziellen Folgen einer Beschädigung oder Zerstörung eines unversicherten Hauses bedenkt.

Investoren, vor allem institutionelle Investoren, halten Volatilität und Risiko oft für Synonyme. Das sind sie aber fast mit Sicherheit nicht. Volatilität ist ein notwendiges, aber kein hinreichendes Maß für Risiko. Mit anderen Worten: Volatilität ist ein notwendiger Bestandteil der Abschätzung von Risiken, für sich selbst genommen aber völlig unzureichend. Es gibt viele andere Arten von Risiken, die in auf Volatilität basierenden Maßstäben nicht auftauchen. Dazu gehören zum Beispiel:

a. Das Risiko der Illiquidität
b. Das Kreditrisiko
c. Das Volatilitätsrisiko bei Leerverkäufen

Diese Risiken zeichnet aus, dass sie in den meisten Situationen harmlos sind, bei sporadischen Ereignissen am Markt aber eine überragende Bedeutung erlangen können. Die Erfahrungen nach Mitte 2007 bergen eine Menge von Beispielen dafür, wie die Risiken, die zuvor kaum sichtbar waren, plötzlich Märkte und Kurse dominierten. Jeder Prozess der Risikoeinschätzung, der diese ereignisabhängigen Risiken nicht berücksichtigt, ist fehlerhaft und unvollständig.

Jack D. Schwager,

leitender Direktor und Chef der Fortune Group, einer alternativen Vermögensverwaltungsfirma, und Autor des Bestsellers *Magier der Märkte*.

Trotz der oft negativ interpretierten Bedeutung wissen erfahrene Anleger, dass das Eingehen von Risiken seine Vorteile hat, und oft setzen sie absichtlich Hebelinstrumente ein, um den Einsatz in ihren Investitionen noch zu erhöhen. Sie tun dies, weil das Gewinnpotenzial eines Investments desto höher ist, je stärker Kursveränderungen sich auf dieses Investment auswirken. Sehen Sie sich in den beiden folgenden Beispielen an, was die Hebelwirkung bei Finanzinstrumenten wie Futureskontrakten und Margin-Konten bewirken kann.

In unserem ersten Beispiel hat eine Anlegerin 4.500 Dollar, die sie in Gold investieren will. Wenn der Goldpreis bei 900 Dollar je Unze steht, kann sie beim Edelmetallhändler für ihre 4.500 Dollar fünf Unzen Gold kaufen. Sie kann sich aber auch dafür entscheiden, mit den 4.500 Dollar einen Gold-Futureskontrakt über 100 Unzen an der Rohstoffbörse Comex zu erwerben. Mit diesem Kontrakt kontrolliert sie Gold im Wert von 90.000 Dollar. Die Hebelwirkung des Kontrakts beträgt 20:1, denn jeder in den Kontrakt investierte Dollar entspricht einem Risiko von 20 Dollar. Einerseits bringt der Anlegerin jeder Goldpreisanstieg einen Gewinn von 20 Dollar pro von ihr investiertem Dollar. Andererseits würde schon ein relativ geringfügiger Rückgang um fünf Prozent oder 45 Dollar je Unze zum Verlust der gesamten 4.500 Dollar führen. Futureskontrakte verfügen über eine inhärente Hebelwirkung, weil sie es ermöglichen, dass man mit einem relativ kleinen ursprünglichen Investment eine große Menge der betreffenden Güter oder Rohstoffe kontrollieren kann.

Im zweiten Beispiel möchte ein Anleger bei seinem Broker sofort so viele Apple-Aktien wie möglich kaufen. Er weiß: Wenn er ein Finanzinstrument nutzt, das man *Margin-Konto* nennt, kann er mehr Aktien kaufen, als er sich sonst leisten könnte. Bei einer Margin von 2:1, einer von der US-Regierung festgesetzten Obergrenze, kann er mit jedem Dollar auf dem Margin-Konto Aktien im Wert von zwei Dollar erwerben, weil das Margin-Konto in der Praxis so funktioniert wie ein Wertpapierkredit von seinem Broker, mit dem er zusätzliche Aktien kaufen kann.

Unter Verwendung des Margin-Kontos kann der Anleger mit seinem Investment von 200.000 Dollar nun 2.000 Apple-Aktien zum Kurs von je 200 Dollar erwerben – das Doppelte von den 1.000 Aktien, die er sich mit einem normalen Konto leisten könnte. Das Margin-Konto erhöht zwar die Zahl von Apple-Aktien, die der Anleger kontrolliert, aber es erhöht auch sein Verlustrisiko. Ein Beispiel: Wenn der Anleger seine Aktien mit einem normalen Konto gekauft hätte, dann würde ein theoretischer Kursrückgang von 200 auf 100 Dollar für ihn einen Verlust von 100.000 Dollar bedeuten. Weil er aber ein Margin-Konto genutzt hat, um 2.000 Aktien kaufen zu können, verliert er durch diesen treoretischen Kursrückgang nun 200.000 Dollar – doppelt so viel wie auf einem normalen Konto.

Wie die beiden Beispiele zeigen, ist die Hebelwirkung ein zweischneidiges Schwert. Es erhöht gleichzeitig das Potenzial von Gewinnen und Verlusten, weil der Anleger den Konsequenzen der Unsicherheit nun stärker ausgesetzt ist.

Bereitwillig Risiken eingehen

Viele Menschen sind sich darüber einig, dass Risiko schlecht ist. Ihrer Meinung nach sollte man Risiken meiden – oder ihnen aus dem Weg gehen.

Ich tue das nicht.

Ich mag das Risiko. Ich gehe gern Risiken ein.

Wenn Ihr Ziel darin besteht, kleine und allmähliche Verbesserungen zu erzielen, dann brauchen Sie nicht mit Risiken zu spielen. Wenn Sie aber riesige Schritte nach vorn machen wollen, lassen sich Risiken nicht vermeiden.

Wenn Sie damit zufrieden sind, langsam zu lernen, dann können Sie den meisten Risiken ausweichen. Wenn Sie schnell lernen wollen, müssen Sie sich anschieben und riskieren, auf diesem Weg auch einmal zu scheitern.

Sie können zwar durch den größten Teil des Lebens kommen, ohne jemals wirklich riskante Schritte zu unternehmen, aber der risikolose Weg ist nicht immer der beste. Wie ich Ihnen in diesem Buch zeigen werde, kann sogar die risikoscheueste Person bereitwillig Risiken eingehen und von ihnen profitieren. Bewaffnet mit den Strategien, die dieses Buch Ihnen bietet, werden Sie in der Lage sein, mit Risiko wesentlich effektiver umzugehen, indem Sie es kontrollieren, managen und abmildern. Und wenn Sie das Buch gelesen haben, werden Sie vielleicht überrascht sein, wie viele Risiken Sie in Ihrem Leben bereitwillig eingehen.

Kapitel 3: Unsicherheit

Was mich betrifft, so weiß ich nichts mit Sicherheit,
aber der Anblick der Sterne lässt mich träumen.
VINCENT VAN GOGH

Unsicherheit ist die grundlegende Kraft, die Risiken antreibt. Wenn Sie irgendwie in der Lage wären, in einer bestimmten Situation das Element des Zweifels zu neutralisieren, könnten Sie die Risiken, denen Sie sich aussetzen, stets eliminieren, indem Sie eine Entscheidung treffen, die mit dem erwünschten Ergebnis konsistent ist. Sie könnten die beste Entscheidung treffen, weil es eine beste Entscheidung *gäbe*. Aber die Realität der Unsicherheit macht die Existenz einer einzelnen „besten Entscheidung" unmöglich.

Meistens lässt sich Unsicherheit nicht ausschalten. Oft haben die Menschen einfach nicht genug Ressourcen oder Zeit, um eine fundierte Prognose darüber abgeben zu können, was die Zukunft bringen wird. Aber selbst wenn Sie zufällig alle Zeit und alle Hintergrundinformationen der Welt haben, ist es unmöglich, perfekte Entscheidungen zu treffen. Es wird immer Ereignisse geben, die Sie nicht vorhersagen können; Konkurrenten, die Sie nicht sehen und komplizierende Faktoren, die man nicht antizipieren kann. Egal wie viele Informationen Sie auch haben mögen, wie groß und leistungsfähig Ihr Computer ist, welche Fortschritte die Wissenschaften erzielt haben oder wie lange Sie die Alternativen studieren – es gibt zu viele Ereignisse und sich verändernde Umstände, die sich über mehr als ein paar Tage oder Wochen in die Zukunft nicht mit irgendeinem Grad an Zuverlässigkeit vorhersagen lassen.

> Das größte Missverständnis über Risiko und Unsicherheit besteht meiner Meinung nach darin, dass Menschen immer noch glauben, man könne ohne Risiko und Unsicherheit investieren. Schwarze Schwäne, Rezessionen und Bärenmärkte kamen in der Geschichte immer wieder vor, und sie werden auch weiterhin vorkommen. Es ist schon seltsam, wie viele Investmentprofis und Privatanleger überrascht sind, wenn sie sich ereignen. Es gibt ein ganzes Jahrhundert amerikanischer Wirtschaftsgeschichte, das jedermann studieren kann. Kriege, Rezessionen, Mordanschläge, Baissemärkte, Bankpleiten und dergleichen waren keine einmaligen Ereignisse. Wenn man versucht, sich im Land, wo Milch und Honig fließen, ein Depot zusammenzustellen, hat man eine Schnellfahrkarte ins Armenhaus in der Tasche.
>
> *Niall Gannon,*
>
> Direktor der Vermögensverwaltung und leitendes Mitglied der Gannon Group bei Smith Barney, einem Vermögensverwalter für ultrareiche Privatkunden.

Wie schon in Kapitel 2 dargelegt, kann man Unsicherheit allgemein in eine von zwei Kategorien einordnen:

1. **Informationsbedingte Unsicherheit** – Unsicherheit, die aufkommt, weil man nicht die nötige Zeit oder die nötigen Ressourcen hat, um alle möglichen Resultate einer Situation so genau zu erforschen, wie es nötig wäre, um die Unsicherheit zu beseitigen.
2. **Chaotische Unsicherheit** – Unsicherheit, die aus der Komplexität eines Systems folgt, weil es so viele Unbekannte, so viele Einflussfaktoren und zu viele unabhängige Teilnehmer gibt.

Es ist wichtig zu beachten, dass jede Kategorie von Unsicherheit ihre eigenen charakteristischen Auswirkungen auf die Psyche eines Menschen hat. Dies wird durch die Tatsache bewiesen, dass Menschen bei chaotischer Unsicherheit ihre Entscheidungen anders treffen als bei informationsbedingter Unsicherheit. Wenn Sie also Ihre Fähigkeiten steigern wollen, mit Risiken umzugehen, die auf Unsicherheit beruhen und auf sie zu reagieren, müssen Sie zunächst ihre psychologischen Reaktionen auf chaotische und informationsbedingte Unsicherheit zu unterscheiden lernen.

Chaotische Unsicherheit ist eine Unsicherheit, die innerhalb eines Systems existiert, über das Sie wenig oder keinerlei Kontrolle haben. Das Wetter ist vielleicht das chaotischste unsichere System, mit dem es Menschen tagtäglich zu tun haben. Was Meteorologen auch anstellen mögen, sie haben keine Möglichkeit, Überschwemmungen, Hurrikans, Dürren und Schneestürme mehr als ein, zwei Wochen im Voraus mit einiger Genauigkeit vorherzusagen. Sie können noch nicht einmal den Weg eines Hurrikans innerhalb der nächsten Stunde mit 100-prozentiger Genauigkeit prognostizieren. Es gibt für eine absolut fehlerfreie Prognose einfach zu viele nicht kontrollierbare Kräfte, die alle gleichzeitig wirken.

Die Finanzmärkte funktionieren ganz ähnlich. Es gibt einfach zu viele verschiedene Marktteilnehmer mit zu vielen verschiedenen Plänen, als dass irgend jemand zukünftige Kurse mit einer Zuverlässigkeit prognostizieren könnte, die auch nur annähernd 100 Prozent erreicht.

Wenn Menschen bei chaotischer Unsicherheit wichtige Entscheidungen treffen müssen, besteht ihre emotionale Reaktion meist darin, einen Experten zu konsultieren. Sie haben sich wahrscheinlich ebenfalls schon in einer ähnlichen Situation befunden. Obwohl Sie wissen, dass es unmöglich ist, vorherzusehen, was die Zukunft bringen wird, führt Sie Ihr dringender Wunsch, zu wissen, was man nicht wissen kann, wahrscheinlich zu einem Experten für dieses Thema. Vielleicht haben Sie Experten auch schon gebeten, Ihnen die Zukunft vorherzusagen. Sie sind damit bei weitem nicht allein. Wenn Sie es wären, wie ließe sich dann die Vorherrschaft von „Experten" auf allen möglichen Fachgebieten in den Fernsehprogrammen erklären?

Vor allem die Finanzprogramme im Fernsehen bringen endlose Diskussionsrunden mit Experten und ihren Prognosen über bestimmte Aktien und die Märkte. Sie werden sinken. Sie werden steigen.

Die große Mehrheit der Anleger schätzt Risiken einzig auf Basis der bisherigen Bilanz eines Managers ein. Das mag vernünftig klingen, aber in Wirklichkeit ist es ein riesiger Fehler. Warum? Weil diese Bilanz vielleicht keine Ereignisse enthält, gegen die die Methode des Managers anfällig ist. Wenn sich solche Dinge in Zukunft ereignen, können die Verluste mit Leichtigkeit fünf oder zehn Mal so hoch ausfallen wie die bisher schlimmsten Verluste. Dieser Fehler entsteht dadurch, dass die Bilanz unvollständig und für eine vernünftige Spanne zukünftiger Umstände nicht repräsentativ ist.

Jack D. Schwager,

leitender Direktor und Chef der Fortune Group, einer alternativen Vermögensverwaltungsfirma, und Autor des Bestsellers *Magier der Märkte*.

> [Es ist ein verbreitetes Missverständnis, dass] frühere Rückschläge als Indikatoren für zukünftige Rückschläge dienen können. Es kann wesentlich schlimmer kommen.
>
> *Jerry Parker,*
>
> ebenfalls ein Turtle Trader und CEO von Chesapeake Capital, einer Firma, die Vermögen mit gemanagten Futures verwaltet und über eine Milliarde Dollar Kundengelder zu investieren hat.

Aber die Wahrheit ist ... dass die Experten auch nur raten. In Wirklichkeit wissen sie nicht so viel, wie sie zu wissen behaupten. In Wirklichkeit weiß dies niemand.

Viele Menschen haben die Ratschläge der „Finanzexperten" befolgt und sich damit in große Gefahr begeben, weil sich herausstellte, dass deren Ansichten über den Immobilienmarkt falsch und ihre Ansichten über den Aktienmarkt in den letzten Jahren extrem falsch waren. Die meisten „Fachleute", einschließlich der Leiter von Regierungsinstitutionen, die die Wirtschaft kontrollieren, haben die Tiefe und das Ausmaß der Finanzkrise völlig falsch eingeschätzt.

Während chaotische Unsicherheit fast unmöglich zu kontrollieren ist, kann es für Risiken, die mit informationsbedingter Unsicherheit zu tun haben, durchaus eine „korrekte" oder „richtige" Entscheidung geben. Aber informationsbedingte Unsicherheit ist ihrerseits mit speziellen Komplikationen verbunden. Trotz der Tatsache, dass man bei informationsbedingter Unsicherheit die richtige Entscheidung theoretisch kennen kann, ist der Aufwand an Zeit und Ressourcen, um zu dieser richtigen Entscheidung zu kommen oft nicht zu rechtfertigen. In dieser Hinsicht sind Sie bei informationsbedingter Unsicherheit auch nicht besser dran als bei chaotischer Unsicherheit. Wenn Sie eine Entscheidung treffen müssen, wissen Sie in beiden Fällen nicht, was die Zukunft bringen wird. Im Grunde genommen kann man Unsicherheit nicht eliminieren, und Sie müssen sich damit abfinden, unvollkommene Entscheidungen zu treffen.

Daher wird es im Geschäftsleben, in der Regierung und im persönlichen Leben immer Entscheidungen geben, die sich als falsch erweisen. Sie werden negative Folgen solcher Entscheidungen zu tragen haben. Sie werden unter diesen Entscheidungen leiden.

Dieses Problem hat in den letzten Jahren an Bedeutung gewonnen, weil die Produktzyklen im wirtschaftlichen Wettbewerb immer kürzer werden. Entscheidungen, für die man früher jahrelang Zeit hatte, müssen heute oft innerhalb von Monaten oder Wochen getroffen werden, was beim Prozess der Entscheidungsfindung für immer größeren Druck sorgt.

Zum Glück können Sie aber bessere und schnellere Entscheidungen treffen, wenn Sie verstehen, wie Sie mit der Möglichkeit umgehen sollten, dass Ihre Entscheidungen sich als falsch erweisen. Wie ich in den nächsten Abschnitten aufzeigen werde, stehen Ihnen viele Strategien zur Verfügung, wenn Sie mit Unsicherheit konfrontiert sind.

In Situationen, in denen Unsicherheit möglicherweise Gefahr bedeuten kann, kehren Menschen oft zu primitiven Denkweisen zurück – zum rohen Verstand. Am stärksten trifft dies dann zu, wenn es um Entscheidungen geht, die Verlust oder Verletzungen bedeuten könnten.

In evolutionärer Hinsicht ist dies alles andere als überraschend. Für primitive Menschen war es eine weise Entscheidung, so viel Risiko wie möglich zu vermeiden. Schließlich waren die Risiken, mit denen sie es zu tun hatten – von starkem Blutverlust über Infektionen und Vergiftungen bis zu Begegnungen mit Löwen, Bären und anderen wilden Tieren – zu groß, um sie bewältigen zu können. Wenn man Risiken einging, brachte das bestenfalls Verletzungen und andere Schäden mit sich – im schlimmsten Fall brachte es den Tod. Verglichen mit den relativ niedrigen Kosten der Risikovermeidung war es einfach nicht vernünftig, Risiken einzugehen. In der Welt der primitiven Menschen bedeuteten Entscheidungen Schwarz oder Weiß: Gehe dem Löwen aus dem Weg oder nicht, gehe dem Bären aus dem Weg oder nicht, gehe der Kobra aus dem Weg oder nicht. Da die Risiken so groß waren, ergab eine teilweise Strategie generell keinen Sinn. Wenn man von etwas getötet werden kann, dann ist es wirklich sinnvoll, ihm aus dem Weg zu gehen.

Es spielt keine Rolle, ob man die Risikoaversion der primitiven Menschen einem evolutionären Prozess, der natürlichen Auslese oder genetisch verankerten menschlichen Instinkten zuschreibt, das Endergebnis ist das gleiche: Die frühen Menschen fürchteten sich vor Gefahren und vermieden Risiken, wann immer es möglich war. Es war eine gute Strategie, sich auf die sichere Seite zu begeben. Als die Zeit verging und die Zivilisation sich von kleinen Dörfern zu riesigen Netzwerken von Nationen entwickelte, die miteinander auf fortschrittliche Weise interagierten und Handel trieben, wurde der rohe Verstand der Menschen allerdings zu einem Hindernis für sie. Wir haben Versicherungen, Futuresmärkte, Pools von Kapital und Ressourcen in Form von Unternehmen entwickelt. Unsere Risiken haben sich vom physiologischen hauptsächlich in den finanziellen Bereich verlagert. Und daher sind eben diejenigen Merkmale und Fähigkeiten, die unseren prähistorischen Vorfahren so gute Dienste geleistet haben, in der heutigen Zeit eher zu Belastungen geworden. Da sich unser Wettbewerb auf Geld und die daraus erwachsende Macht konzentriert, hält unser roher Verstand den Fortschritt auf. Er kann uns dazu verleiten, das Falsche zu tun.

Die beste Strategie beim Umgang mit Unsicherheit ist die Akzeptanz, dass Biologie in keiner Weise Schicksal ist. Sie werden nicht von den Neigungen des rohen Verstandes gefangen gehalten. In der Tat *müssen* Sie sich von dieser Einstellung befreien, wenn Sie effektiver mit Unsicherheit umgehen und die Tatsache akzeptieren wollen, dass es bei Ihrer Entscheidungsfindung und beim Resultat Ihrer Handlungen einen unbekannten Aspekt gibt.

Die schlimmsten Fehler in der Regierung, im Geschäftsleben und im Leben im Allgemeinen sind das direkte Resultat der unrealistischen Strategien, die angewendet werden, um mit Unsicherheit umzugehen. Nur zu oft konzentrieren sich Menschen und die von ihnen geleiteten Organisationen allein darauf, die *richtige* Antwort zu erhalten, die *beste* Lösung zu finden oder den *richtigen* Weg einzuschlagen. Aber letztlich verschwenden sie Energie und Arbeit, weil sie sich weigern, die Realität anzuerkennen, dass es *nicht immer richtige Antworten gibt*, dass es *oft keine beste Lösung gibt*, und dass *man den richtigen Weg oft erst im Nachhinein erkennt.*

Man kann immer behaupten, dass richtige Antworten existieren, und wenn Sie nicht in der Lage sind, selbst zu diesen Lösungen zu gelangen, wird es immer „Experten" und Gelehrte geben, die Sie um Rat fragen können, wenn Sie versuchen, die einzig „beste" Lösung zu finden. Besser ist es allerdings, wenn Sie zur Kenntnis nehmen, dass es so etwas wie bedingungslos richtige Antworten nicht gibt. Gehen Sie also mit dieser Realität um, indem Sie sich auf die Möglichkeit vorbereiten, dass Sie Fehler machen werden.

Was ich vorschlage, ist wirklich ganz einfach. Wenn Sie nicht mit Sicherheit wissen, dass sich die Dinge so entwickeln werden, wie Sie erwarten, dann sollten Sie die Möglichkeit einplanen, dass Sie falsch liegen. Beharren Sie nicht darauf, Ihre Entscheidung sei richtig gewesen, wenn die weitere Entwicklung für das Gegenteil spricht. Versuchen Sie stattdessen, *die Wahrheit über Ihre Situation herauszufinden und deren Status ständig im Auge zu behalten.* Verwenden Sie nicht alle Ihre Ressourcen darauf, den „richtigen" Plan umzusetzen. Stattdessen sollten Sie *Reserven einplanen, falls der ursprüngliche Plan nicht funktioniert.* Und warten Sie nicht, bis Sie vom Scheitern des ursprünglichen Plans überrascht werden. Suchen Sie lieber *aktiv nach Hinweisen darauf, dass dieser Plan verfehlt war, ehe Hinweise auf das Gegenteil auftauchen.*

Natürlich bemerke ich, dass dies für viele von Ihnen ziemlich selbstverständlich ist. *Natürlich* sollten Sie die Möglichkeit einplanen, dass Sie falsch liegen, wenn Sie nicht wissen, was die Zukunft bringen wird. *Natürlich* sollten Sie nicht alle Eier Ihrer Ressourcen in den einen, den „richtigen" Korb legen.

Mit einer Einschränkung: Die Wahrheit ist, dass die meisten Menschen nur selten so handeln, wie sie – was sie rational verstehen – am besten handeln sollten. Sehen Sie sich nur einmal an, wie die meisten Projekte ablaufen, die von der Regierung oder von großen Unternehmen finanziert werden. Diese Projekte zeichnen sich meist dadurch aus, dass der Gewinner alles einstreicht. Wenn sie dann aber dem siegreichen Bewerber anvertraut werden und Unsicherheit herrscht, was die Technologien und Ideen hinter dessen Bewerbung betrifft, dann kann diese Unsicherheit Konsequenzen haben. Wenn die Technologie oder die Ideen die Erwartungen nicht erfüllen, könnte das Projekt scheitern, und möglicherweise wird dann viel Zeit und Geld verschwendet. Und bei gescheiterten Orojekten der Regierung kommt dieses Geld aus den Taschen der Steuerzahler.

Zum Glück *gibt es viel, was Sie und ich von denjenigen lernen können, die es tagtäglich mit Unsicherheit zu tun haben.* Ich habe Ende der 1980er-Jahre mit dem Trading aufgehört und mich anderen Unternehmungen gewidmet, habe eine Softwarefirma gegründet und war Mitbegründer einiger anderer Unternehmen. Nachdem ich in meinem neuen Lebensabschnitt einige Erfolge genossen und einige Misserfolge erlitten hatte, begann ich zu bemerken, dass die erfolgreichsten Unternehmer und Business-Angels sehr ähnlich mit Risiken umgingen, wie meine Traderkollegen und ich selbst es taten. Das brachte mich auf den Gedanken, dass die Prinzipien, die ich mir als Trader angeeignet hatte, um mit Risiken umzugehen, vielleicht einen wesentlich weiteren Anwendungsbereich hatten. „Vielleicht", so dachte ich, „kann man einem Menschen beibringen, effektiv mit Unsicherheit und Risiko umzugehen."

Was zuerst nur ein flüchtiger Gedanke war, wurde verstärkt, als ich Anfang 2001 Bruce Tizes begegnete. Bruce ist ein erfolgreicher Trader und Immobilieninvestor, aber sein Vollzeitberuf war früher der eines Intensivmediziners im Mount Sinai Hospital in Chicago. Ich verstand schon bald, warum Bruce auf allen drei Gebieten so erfolgreich war. Nachdem ich von ihm ein wenig über Intensivmedizin gelernt hatte, bemerkte ich, dass diese mit Trading und Unternehmertum viele Merkmale teilt.

Auf jedem dieser Gebiete – Trading, Unternehmertum und Notfallmedizin – ergeben sich die häufigsten Krisen aus einer Kombination von Unsicherheit, begrenzten Ressourcen und der Notwendigkeit, schnelle und effiziente Entscheidungen zu treffen. Daraus folgt logisch, dass die besten Trader, Unternehmer und Notfallmediziner ähnliche Strategien entwickelt haben, um mit den Herausforderungen ihres Berufs fertig zu werden, wenn Sie so wollen – also mit Risiko und Unsicherheit. Ich nenne die Experten, die gelernt haben, Risiken zu managen, die *Meister des Risikos*, und in Kapitel 4 werde ich Ihnen die Strategien vorstellen, die sie alle beim Umgang mit Risiko und Unsicherheit anwenden.

Kapitel 4: Lernen von den Meistern des Risikos

Es ist nicht unsere wichtigste Aufgabe,
zu sehen, was in weiter Entfernung liegt, sondern zu tun,
was deutlich vor uns liegt.
THOMAS CARLYLE

Ich erinnere mich noch gut an meinen allerersten Trade. Mein erster Trading-Mentor, Rotchy Barker, ließ mich großzügigerweise im Sommerhaus seiner Familie am Lake Geneva in Wisconsin wohnen, wo viele der besten Trader aus Chicago Sommerdomizile haben. Rotchy musste noch vor Handelsschluss zurück zu seinem Haus in Illinois. Ich blieb zurück, um eine kleine Position von fünf S&P-500-Kontrakten zu beobachten. Er trug mir auf, sie zu verkaufen, falls der Kurs unter ein bestimmtes Niveau fallen sollte.

Ich kann immer noch das Adrenalin der Panik spüren, die mich ergriff, als sich der Kurs zu dem Punkt bewegte, an dem mir Rotchy den Ausstieg aufgetragen hatte. Ich musste schnell etwas tun, was ich nie zuvor getan hatte. Ich musste zum Telefon greifen und einen Trade platzieren. Sollte ich das verpatzen, dann könnte ich Rotchy ziemlich viel Geld kosten und sein Vertrauen verlieren.

Ich rief die Nummer an, die Rotchy mir hinterlassen hatte, und platzierte eine Order, um bei einem bestimmten Kurs auszusteigen. Dabei tat ich mein Bestes, um die Ausdrucksweise nachzuahmen, die Rotchy anwendete, wenn er seine Aufträge erteilte. Als der Kurs weiter sank und ich noch immer keine Bestätigung erhalten hatte, dass meine Order ausgeführt worden war, machte ich mir Sorgen. Ich dachte, Rotchy werde am nächsten Tag wütend sein, sollte er herausfinden, dass ich den Auftrag verpatzt hatte. Ich senkte den

Kurs der Order ein wenig, und als ich einen Anruf erhielt, dass der Auftrag ausgeführt worden war, war ich durch und durch erleichtert.

Das war meine Aufnahmeprozedur in die Bruderschaft der Unsicherheit. Es war außerordentlich belastend, nicht zu wissen, was passieren würde und abwarten zu müssen, wie sich der Markt entwickelte. Als ich den Auftrag erteilte, konnte ich unmöglich wissen, ob der Kurs danach steigen oder fallen würde; ich konnte unmöglich wissen, ob mein Auftrag ausgeführt wurde oder nicht und ebenfalls nicht, wie genau ich den Trade platzieren sollte. Es gab keine „richtige" Antwort, keine Prognosemöglichkeit.

Unsicherheit und das daraus erwachsende Risiko sind geradezu der Kern des Tradings. *Ohne Risiko gäbe es kein Gewinnpotenzial.* Trader nehmen Risiken im Austausch für Gewinnmöglichkeiten auf sich. Das ist ihre Funktion. Wer das gut erledigt, verdient Geld. Wer es schlecht macht, verliert Geld. Darum geht es bei diesem Spiel.

Gute Trader gehen Risiken auf die gleiche Weise an, wie gute Surfer sich den Wellen des Ozeans nähern, auf denen sie reiten. Timing und Urteilsvermögen sind entscheidend. Zunächst muss man sich die richtige Welle aussuchen. Wenn man sich für eine zu große Welle entscheidet, wird man vom Brett geschleudert, weil die Welle zu schnell bricht und einen mit Tonnen von Wasser überschüttet. Nimmt man eine zu kleine Welle, dann beraubt man sich selbst der Möglichkeit, auf einer großartigen Welle zu reiten. Zweitens muss man genau wissen, wann man startet. Ist man zu früh dran, wird man zurückgeworfen, kommt man zu spät, dann fließt die Welle vorbei, ohne einen nach vorn zu bringen.

Für Trader bieten die Märkte die gleichen Möglichkeiten, die Wellen Surfern bieten. Man sollte nicht jeden möglichen Trade wagen, ebenso wie man nicht jede Welle attackieren darf. Sichere Zeichen gibt es nicht, aber es gibt Trades, bei denen die Wahrscheinlichkeit zu Ihren Gunsten spricht. Diese Trades sollten Sie durchführen. Man braucht viel Geschick und spezifische Erfahrung, wenn man genau wissen will, wann die Wahrscheinlichkeit zu Gunsten des Traders spricht, aber überraschenderweise sind es nicht diese Fähigkeiten, die die großartigen Trader von den Verlierern und den durchschnittlichen Tradern unterscheiden.

Was den großartigen vom durchschnittlichen Trader unterscheidet ist, wie gut beide mit Risiken und Unsicherheit umgehen und wie sie mit dem Problem zurechtkommen, dass sie nicht wissen, was die Zukunft bringen wird. Ebenso wie Surfer riskieren müssen, vom Brett zu fallen und von den Wellen überspült zu werden, wenn sie auf den Wellen reiten wollen, müssen Trader dazu in der Lage sein, Verluste zu riskieren, um mit Trading Geld verdienen zu können. Ohne Risiko gibt es auch keine Belohnung. Die großen Trader können weitertraden, wenn andere aufhören, weil sie verstehen, dass es unmöglich ist, die Zukunft vorherzusehen, und dass Verluste ein Teil des Tradings sind.

Für die großen Trader sind Verluste ein Teil der Landkarte – die hohen Berge, die man überqueren muss, um zu den versprochenen Reichtümern auf der anderen Seite zu kommen. Großartige Trader wissen, dass sie sich den Weg den Hügel hinauf erkämpfen müssen. Sie müssen die harte Arbeit des Verlierens auf sich nehmen, wenn ein Trade unvermeidlicherweise schiefgeht. Damit sichern sie sich die Möglichkeit, Gewinne zu erzielen, wenn die guten Trades kommen. Gleichzeitig wissen wirklich gute Trader auch, dass man Risiken sorgfältig kontrollieren muss, weil sie sonst tödlich sein können. Risiko ist notwendig, aber gefährlich; etwa so wie eine Medizin, die in kleiner Dosierung helfen, aber in großer Dosierung töten kann. Gute Trader verwenden viel Zeit und Mühe darauf, die mit ihren Trades verbundenen Risiken zu managen.

Als ich mich vom Trading zurückzog, erkannte ich, dass sich viele der Prinzipien, die ich als Trader angewendet hatte, auch auf die Risiken anwenden ließen, die entstanden, als ich meine Firma gründete. Durch diese Erfahrungen als Trader und Unternehmer konnte ich die Tradingprinzipien in allgemeine Regeln für das Meistern von Risiko und Unsicherheit umsetzen. Hier sind die sieben Regeln, die wirklich gute Trader beachten, um Risiko und Unsicherheit zu managen. Man kann sie auf jedes Gebiet des beruflichen und privaten Lebens anwenden. Hier sind sie.

1. **Überwinden Sie Ihre Furcht.** Großartige Trader wissen, dass Furcht den Entscheidungsfindungsprozess abwürgen und dazu führen kann, dass man Risiken meidet. Furcht kann Sie auch lähmen, wenn Sie schnell und entschieden handeln müssen, um sich vor Gefahren in Sicherheit zu bringen – es handelt sich um das Syndrom des Hirsches im Scheinwerferlicht. Alle wirklich guten Trader haben ihre Furcht gemeistert und können entschieden handeln, wenn es erforderlich ist.
2. **Bleiben Sie flexibel.** Als Trader wissen Sie niemals, welche Aktie oder welcher Markt eine Bewegung vollziehen wird. Das ist das Wesen der Unsi-

cherheit. Sie wissen nicht, was passieren wird. Und wenn Sie nicht wissen, was geschehen wird, ist es die beste Strategie, auf alles vorbereitet zu sein.

3. **Gehen Sie vernünftige Risiken ein.** Viele Anfänger traden so, wie sie an einem Spieltisch in Las Vegas sitzen. Sie setzen zuviel Geld aufs Spiel, und sie traden auf Basis von Launen, Gerüchten oder Ratschlägen anderer Leute. Sie gehen verrückte Risiken ein. Gute Trader gehen vernünftige, abgewogene Risiken ein. Ein vernünftiges Risiko ähnelt eher einer fundierten Schätzung als dem Wurf eines Würfels. Gute Trader sind keine Glücksspieler.
4. **Rechnen Sie mit Fehlern.** Wenn Sie nicht wissen, was die Zukunft bringen wird, und mit der Annahme eines bestimmten Ergebnisses einen Trade durchführen, dann werden Sie möglicherweise falsch liegen. Je nach der Art des Trades können Verluste sogar wahrscheinlicher sein als Gewinne. Am Ende ist entscheidend, wieviel Geld sie insgesamt gewonnen und verloren haben, nicht aber, ob sie öfter recht als unrecht hatten. Sehr gute Trader haben kein Problem damit, Entscheidungen zu treffen, auch wenn sie wissen, dass sie sich irren könnten.
5. **Suchen Sie aktiv nach der Realität.** Für einen Trader ist nichts wichtiger als ein genaues Bild der Realität. Trader wissen, dass ihre Entscheidungen zu Verlusten führen. Sie wissen auch, dass sie von diesen Verlusten so schnell wie möglich erfahren müssen. Die Konzentration auf das, was am Markt wirklich vor sich geht, auf die Realität des Marktes, hält erfolgreiche Trader davon ab, den Kopf in den Sand zu stecken und zu behaupten, die Welt sei anders, als sie wirklich ist.
6. **Reagieren Sie schnell auf Veränderungen.** Ebenso wichtig wie die aktive Suche nach der Realität und das Akzeptieren dieser Realität ist es, zu reagieren, wenn die Realität nicht so aussieht, wie Sie es sich gewünscht hatten, wenn die unsichere Zukunft also das bringt, worauf Sie nicht gehofft hatten. Wenn sich der Markt auf ein Preisniveau zubewegt, das der Trader zuvor als Ausstiegsniveau festgelegt hat – indem er zum Beispiel verkauft, was er gekauft hatte – wird ein kompetenter Trader schnell reagieren und aussteigen. Daher ist er in keiner Weise mehr weiterer Unsicherheit ausgesetzt.
7. **Konzentrieren Sie sich auf Entscheidungen, nicht auf Ergebnisse.** Einer der Gründe, warum gute Trader so einfach die Richtung wechseln können, ist der, dass sie eine ausgefeiltere Sichtweise der Bedeutung von Fehlern bei Entscheidungen haben, die in unsicheren Situationen getroffen werden. Sie verstehen: Die Tatsache, dass sich die Dinge nicht wie erhofft entwickelt haben, muss nicht unbedingt bedeuten, dass der Trade ein Fehler war. Sie wissen, dass auch gute Ideen oft nicht funktionieren.

> Schon der Umstand der Unsicherheit garantiert, dass Sie von Zeit zu Zeit falsch liegen werden. Alle großen Trader führen Trades aus jeweils einem bestimmten Grund durch, und sie beenden sie auch aus einem bestimmten Grund. Wirklich gute Trader konzentrieren sich auf die Gründe der Trades, statt auf die Ergebnisse einiger weniger Trades.

Im Rest dieses Kapitels werde ich weiter ausführen, wie sich die einzelnen Regeln auf das Trading anwenden lassen. Im weiteren Verlauf des Buchs werde ich ein ganzes Kapitel der detaillierteren Erörterung jeder Regel und ihrer Anwendung auf sämtliche Lebensbereiche widmen.

> Mich selbst würde ich zwar nicht als Trader im klassischen Sinn bezeichnen, aber Curtis hat eine Liste mit Regeln zusammengestellt, von denen Langfristinvestoren ebenso profitieren können wie Trader. Ob man Positionen zehn Minuten oder zehn Jahre lang hält – diese Liste legt großen Wert auf Selbstbeurteilung, Kritik und Demut. Diese Dinge tragen dazu bei, dass Ihre Fehler minimiert werden, während Sie gleichzeitig versuchen, den Wert Ihrer Positionen zu maximieren.
>
> *Niall Gannon*

Überwinden Sie Ihre Furcht

Furcht kann im Leben sowohl eine Hilfe als auch eine Behinderung sein. Furcht veranlasst uns dazu, Gefahren zu meiden. Aber gute Trader wissen auch, dass Angst den Prozess der Entscheidungsfindung abwürgen und dazu führen kann, dass man Risiken völlig meidet. Furcht kann Sie auch lähmen, wenn Sie schnell und entschlossen handeln müssen, um sich selbst oder jemand anderen aus einer Gefahr zu retten – es handelt sich um das Syndrom des Hirsches im Scheinwerferlicht. Alle wirklich guten Trader haben ihre Furcht gemeistert und können entschieden handeln, wenn es erforderlich ist.

Furcht behindert Trader in zweierlei Hinsicht: Sie kann sie dazu verleiten, Risiken zu meiden, wodurch ihnen auch Chancen entgehen, und sie kann dazu führen, dass sie den Kopf in den Sand stecken und sich weigern, die Realität derjenigen Risiken zur Kenntnis zu nehmen, die sie schon eingegangen sind, weil sie nicht aus Trades ausgestiegen sind, die sich schwach entwickelt haben. Beide Aspekte der Furcht können einen Trader zerstören. Sie müssen lernen, Ihre Furcht zu überwinden, um in einem unsicheren Umfeld sicher navigieren zu können. Manche Trader müssen sehr hart daran arbeiten, ihre natürlichen Neigungen zu überwinden; anderen fällt es ein wenig leichter. Es gibt keine Ausnahmen: Jeder großartige Trader hat gelernt, seine Furcht beim Trading zu überwinden.

Bleiben Sie flexibel

Als Trader wissen Sie niemals, welche Aktie oder welcher Markt eine Bewegung vollziehen wird. Das ist das Wesen der Unsicherheit. Sie wissen nicht, was passieren wird. Und wenn Sie nicht wissen, was geschehen wird, ist es die beste Strategie, auf alles vorbereitet zu sein.

Ein Trader weiß niemals, wann ein bestimmter Markt hohe Renditen abwerfen wird. Er weiß nie, an welchem der vielen verfügbaren Märkte er Geld verdienen kann. Weil sie nicht wissen, welche Märkte sich bewegen werden, diversifizieren gute Trader, um ihre Erfolgschancen zu erhöhen. Das bedeutet, dass sie an vielen Märkten gleichzeitig traden, um von starken Kursveränderungen profitieren und Geld verdienen zu können. Den besten Tradern ist es egal, an welchen Märkten sie traden. Sie suchen ständig nach neuen Märkten und neuen Methoden des Geldverdienens beim Trading.

Trader wissen auch, dass sie Geld verlieren können, wenn sie Trades durchführen, und dass sie oft schnell die Richtung wechseln müssen. Kluge Trader wissen zudem, dass sie nur eine bestimmte Höchstzahl von Kontrakten oder Aktien traden können, ohne den Markt zu beeinflussen. Wenn sie diese Obergrenze überschreiten, wird es immer schwieriger, die Richtung zu ändern. Um flexibel zu bleiben, wissen gute Trader, dass sie ihre Positionsgrößen kontrollieren müssen.

> [Es ist eines der größten Missverständnisse, dass] offene Positionen mit großen Gewinnen „Risiken" bedeuten. Das stimmt nicht, es handelt sich um Volatilität. Trader sollten sich mehr mit dem Risiko von Kapitalverlusten und mit früheren, bereits realisierten Gewinnen beschäftigen. Wenn man sich zu große Sorgen um seine Buchgewinne macht und seinen Einsatz außerhalb der grundlegenden Ausstiegsregeln (der Strategie) reduziert, dann führt dies zu weniger Kapital und zu realen Verlusten.
>
> *Jerry Parker,*
>
> ebenfalls ein Turtle Trader und CEO von Chesapeake Capital, einer Firma, die Vermögen mit gemanagten Futures verwaltet und über eine Milliarde Dollar Kundengelder zu investieren hat.

Gehen Sie vernünftige Risiken ein

Viele Anfänger traden so, wie sie an einem Spieltisch in Las Vegas sitzen würden. Sie setzen zuviel Geld aufs Spiel, und sie traden auf Basis von Launen, Gerüchten oder Ratschlägen anderer Leute. Sie gehen verrückte Risiken ein. Sie hoffen. Sie beten.

Gute Trader gehen vernünftige, abgewogene Risiken ein. Ein vernünftiges Risiko ähnelt eher einer fundierten Schätzung als dem Wurf eines Würfels. Zudem begrenzt ein vernünftiges Risiko den Einsatz so, dass ein oder mehrere Trades das Konto des Traders nicht allzu sehr schädigen, wenn sie schlecht laufen. Trades mit vernünftigen Risiken sind Trades mit den folgenden Eigenschaften:

- **Vernünftiges Verlustrisiko** – genug Einsatz, um eine gute Rendite zu ermöglichen, aber nicht genug, um den Trader der Gefahr auszusetzen, durch eine starke und ungünstige Kursbewegung alles zu verlieren.
- **Ein positiver Vorteil** – Trading mit der Wahrscheinlichkeit auf Ihrer Seite.

Gute Trader führen nur Trades durch, die diese beiden Eigenschaften aufweisen. Zu viele Kontrakte mit zu großer Hebelwirkung zu traden ist einfach dumm. Trading, wenn die Wahrscheinlichkeit nicht für einen Gewinn spricht, ist eher wie Zocken in Las Vegas. Gute Trader sind keine Glücksspieler.

Rechnen Sie mit Fehlern

Wenn Sie nicht wissen, was die Zukunft bringen wird, und mit der Annahme eines bestimmten Ergebnisses einen Trade durchführen, dann werden Sie möglicherweise falsch liegen. Je nach der Art des Trades können Verluste sogar wahrscheinlicher sein als Gewinne. Am Ende ist entscheidend, wieviel Geld sie insgesamt gewonnen und verloren haben, nicht aber, ob sie öfter recht als unrecht hatten.

Da Sie mit ziemlicher Sicherheit Trades durchführen werden, die wahrscheinlich schiefgehen, brauchen Sie einen vorbereiteten Plan, was Sie in diesem Fall tun werden, und Sie müssen auch festlegen, welche Dinge möglicherweise schiefgehen könnten. Beim Trading bedeutet dies, dass Sie einen Kurs bestimmen, bei dem Sie aus einem Verlusttrade aussteigen, oder eine systematische Methode des Umgangs mit Verlusttrades, die Ihr weiteres Verlustrisiko auf null reduziert, auch wenn Sie falsch liegen.

Die Vertrautheit mit schlechten Ergebnissen und ihre Akzeptanz gehört zu den entscheidenden Eigenschaften eines wirklich guten Traders. Dies gehört auch zu den lehrreichsten Aspekten des Tradings für diejenigen, die die Lektionen auf andere Bereiche des menschlichen Lebens anwenden wollen, die ebenfalls mit Unsicherheit verbunden sind. Viele Entscheidungen im Leben sind mit ungewissen Ergebnissen verbunden. Wenn das Resultat unsicher ist, sollten Sie einen Plan haben, was Sie tun werden, wenn sich die Zukunft nicht als ideal erweist. Das ist leicht gesagt, aber oft weniger leicht getan.

Suchen Sie aktiv nach der Realität

Für einen Trader ist nichts wichtiger als ein genaues Bild der Realität. Zum Glück ist die Realität beim Trading in der Regel recht leicht zu finden. Der aktuelle Kurs an einem bestimmten Markt repräsentiert die Realität dieses Marktes. Es spielt keine Rolle, was Sie erwartet oder erhofft haben; der Kurs sagt aus, was vor sehr kurzer Zeit tatsächlich passiert ist, und was gerade jetzt passiert. Er repräsentiert die Realität.

In den frühen 1980er-Jahren, als ich meine ersten Erfahrungen mit dem Trading machte, war das allermodernste Tradinggerät ein Satellitenempfänger, der mit einem spezialisierten Computersystem verbunden war und es Tradern ermöglichte, das Marktgeschehen mit einer Verzögerung von vielleicht fünf oder zehn Sekunden zu verfolgen. Angestellte der Börse saßen außerhalb des Handelssaals und gaben die aktuellen Kurse in die elektronischen Systeme der Börse ein. Diese Kurse wurden wiederum über spezielle Telefonverbindungen zu Satelliten-Aufladezentren geschickt, von wo aus sie an Kunden in der ganzen Welt gesandt wurden. Die erfolgreichsten Trader gaben – und geben – zwischen 300 und 500 Dollar je Monat für brandaktuelle Kursdaten aus. Das war gut angelegtes Geld.

Trader wissen, dass ihre Entscheidungen zu Verlusten führen. Sie wissen auch, dass sie von diesen Verlusten so schnell wie möglich erfahren müssen. Die Konzentration auf das, was am Markt wirklich vor sich geht, auf die Realität des Marktes, hält erfolgreiche Trader davon ab, den Kopf in den Sand zu stecken und zu behaupten, die Welt sei anders, als sie wirklich ist.

Reagieren Sie schnell auf Veränderungen

Ebenso wichtig wie die aktive Suche nach der Realität und das Akzeptieren dieser Realität ist es, zu reagieren, wenn die Realität nicht so aussieht, wie Sie es sich gewünscht hatten; wenn die unsichere Zukunft also das bringt, worauf Sie nicht gehofft hatten. Wenn sich der Markt auf ein Preisniveau zubewegt, das der Trader zuvor als Ausstiegsniveau festgelegt hat – indem er zum Beispiel verkauft, was er gekauft hatte – wird ein kompetenter Trader schnell reagieren und aussteigen. Daher ist er in keiner Weise mehr weiterer Unsicherheit ausgesetzt.

Anders vorzugehen ist einfach dumm. Beim Trading scheint das offensichtlich zu sein, aber für viele Trader – vor allem für Neulinge – kann das ein sehr schmerzvoller Prozess sein, der viel Überwindung kostet. Das Problem ist oft die Trennung von der zuvor vertretenen Meinung. Um schnell die Richtung ändern zu können, dürfen Sie kein Problem damit haben, falsch zu liegen. Das muss ganz einfach für Sie sein. Dieses Stadium zu erreichen ist oft sehr schwer; viele Trader verfallen in eine Lähmung des Zögerns und der Untätigkeit, was manchmal dazu führt, dass sie ihr gesamtes Kapital verlieren. In manchen Fällen hat diese Lähmung schon zum Bankrott ganzer Unternehmen geführt; zum Beispiel Brian Hunter bei Amaranth Advisors (6 Milliarden Dollar) und Nick Leeson bei der Barings Bank (1,4 Milliarden Dollar).

Konzentrieren Sie sich auf Entscheidungen, nicht auf Ergebnisse

Einer der Gründe, warum gute Trader so einfach die Richtung wechseln können, ist der, dass sie eine ausgefeiltere Sichtweise der Bedeutung von Fehlern bei Entscheidungen haben, die in unsicheren Situationen getroffen werden. Sie verstehen: Die Tatsache, dass sich die Dinge nicht wie erhofft entwickelt haben, muss nicht unbedingt bedeuten, dass der Trade ein Fehler war. Sie wissen, dass auch gute Ideen oft nicht funktionieren. Schon der Umstand der Unsicherheit garantiert, dass Sie von Zeit zu Zeit falsch liegen werden.

Allerdings haben die meisten verlustreichen Trader keine Strategie für ihre Trades. Sie haben überhaupt keinen Plan. Sie schießen aus der Hüfte und entscheiden aus dem Bauch heraus. Oder vielleicht wäre es besser zu sagen, dass sie raten. Das ist so, weil die meisten Neulinge Unsicherheit nicht verstehen und nicht wissen, wie sie mit Trading Geld verdienen können.

Wirklich gute Trader haben eine Strategie. Sie haben die Märkte analysiert, an denen sie traden, und sie haben ihre Strategien geprüft, um sicherzustellen, dass sie funktionieren. Durch diese Nachforschungen haben sie auch gelernt, wie sie erkennen, ob sie richtig oder falsch liegen. Sie wissen, wann sie kaufen und verkaufen müssen. Einige großartige Trader haben ihre Regeln und ihre Strategie derart verfeinert, dass ein Computer ermitteln kann, wann sie kaufen und verkaufen sollen. Andere herausragende Trader haben für ihre Strategien allgemeinere Richtlinien festgelegt. Sie wenden sie in Echtzeit an und benutzen ihr Gehirn, um die Details einzufügen. Alle wirklich guten Trader führen Trades aus einem ganz bestimmten Grund durch und beenden sie aus einem ganz bestimmten Grund. Kein guter Trader versucht, etwas zu erraten.

Beim Trading geht man aufs Ganze. Die weltweite Konkurrenz, die schnellen Entscheidungen und das riesige monetäre Potenzial vermitteln einen ungefähren Blick auf die Kraft und die Gefahren der Entscheidungsfindung unter unsicheren Bedingungen. Entscheidend beim Trading ist eine gute Basis für das Verständnis, wie wichtig es ist, Unsicherheit zu akzeptieren, zu überwinden und nur vernünftige Risiken einzugehen. In späteren Kapiteln werde ich genauer darauf eingehen, dass die Überwindung von Furcht nicht nur beim Trading, sondern auch auf anderen Gebieten, wo man bei Unsicherheit Entscheidungen treffen muss, eine wichtige Regel ist.

Im Vergleich dazu operieren Unternehmer in einem langsameren, weniger unsicheren und mehr geplanten Umfeld, was das Verständnis erleichtert, wie wichtig Flexibilität ist, zu wissen, wann man falsch liegt und aktiv nach der Realität zu suchen. Dagegen erleichtert das, was wir von Intensivmedizinern lernen, das Verständnis, wie wichtig es ist, schnell auf Veränderungen zu reagieren und sich auf Entscheidungen statt auf Ergebnisse zu konzentrieren. Durch die Untersuchung von Risiko und Unsicherheit aus diesen drei verschiedenen Perspektiven können Sie ein vollständigeres Verständnis der sieben Risikoregeln erlangen.

In Kapitel 5 werde ich erklären, wie sich die sieben Regeln auf die Gründung und die Führung eines Unternehmens anwenden lassen.

Kapitel 5: Ein unsicheres Geschäft

Die Gründung einer Firma hat viel damit zu tun,
aus nichts etwas zu machen. Man beginnt mit einem leeren Blatt Papier
und erfindet alles Mögliche. ... Man weiß nie, ob es sich letztlich
als richtig herausstellen wird.
Man muss sich einfach auf sein eigenes Urteil verlassen, Entscheidungen
treffen und dann weitermachen.
... Einigen Menschen macht das richtig Angst: keine Antworten zu haben,
die man irgendwo in einem Buch nachschlagen kann.
STEPHEN WOLFRAM

Ich interessiere mich schon seit 1980 für Geschäfte. Damals war ich 16 und arbeitete nach der Schule für George Arndt, einen Unternehmer in der Stadt, wo ich lebte. Es war eine kleine Softwarefirma, die Programme für Rohstofftrader und solche Leute verkaufte, die dies werden wollten.

Ich arbeitete in einem Büro im Haus des Firmenbesitzers. Es war ein kleines, für New England typisches Haus mit zwei Schlafzimmern und vielen Tieren. Wir mussten jeden Tag eine Schar Gänse und einen verrückten Truthahn ins Haus und wieder hinaustreiben. Schnell lernte ich, dass Gänse – und vor allem der Truthahn – Furcht riechen konnten. Wenn man auf sie zurannte, liefen sie auseinander. Wenn man aber zögerlich daherkam, dann pickten sie einem beim Vorbeigehen auf die Beine. Der Truthahn war dabei am aggressivsten – und auch am größten.

Unsere Schreibtische bestanden aus dem Küchentisch und einem Klapptisch an der Küchenwand. Es war chaotisch, schlecht organisiert, aber viel interessanter als die Schule.

Was mir wirklich gefiel war die Freiheit des Programmierens. Man übertrug mir bestimmte Aufgaben, und ich war dafür verantwortlich, die Arbeit zu machen. Es war das erste Mal, dass ich an einem Computer arbeitete. Ich muss immer noch lächeln, wenn ich daran denke, dass ich meinen ersten Job als Programmierer bekam, als ich noch gar nicht programmieren konnte. Bis heute glaube ich, dass George das nicht wusste.

Früher in diesem Jahr hatte ich mein erstes Computerprogramm gesehen. Es lief auf dem Computer, der im Laden von Radio Shack in Ayer, Massachusetts, ausgestellt war, ungefähr drei Meilen von meinem Wohnort entfernt. Ein ortsansässiger Ingenieur von DEC (Digital Equipment Corporation) – damals eine der größten Computerfirmen, mit Sitz im etwa zehn Meilen entfernten Maynard, Massachusetts – hatte ein Programm verfasst, das seinen Namen diagonal über den Bildschirm laufen ließ. Er zeigte mir die drei Codezeilen, und ich war fasziniert.

Ich kaufte mir das Fortgeschrittenen-Handbuch der Programmiersprache Basic, denn ich wollte Programmieren lernen und sehen, wie es funktionierte, obwohl sich meine Familie die mehr als 1.000 Dollar für einen Computer nicht leisten konnte. Ich las das Handbuch mehrmals durch, und es erschien mir relativ einfach zu sein. Man gab Befehle ein, die dem Computer sagten, was er tun sollte, dann tippte man auf „run", und der Computer durchlief nacheinander alle Codezeilen. Ziemlich simpel.

Von Zeit zu Zeit schaute ich bei Radio Shack in Ayer vorbei und gab ein paar Zeilen ein.

Dann, im Herbst 1980, bewarb sich meine Schwester Valerie für eine Stelle als Buchhalterin in der kleinen Softwarefirma von George Arnst. George stellte auch Schüler ein, die nach Schulschluss Programmierarbeiten für ihn erledigten. Meine Schwester meinte, ich sollte mich bewerben. Ich kannte ein paar Mitschüler, die solche Nebenjobs hatten, und ich hielt mich für schlauer als sie. Also begleitete ich eines Tages meine Schwester, um zu sehen, ob ich einen Job bekommen konnte. George sagte mir, die freien Stellen seien bereits besetzt worden. Das entmutigte mich ein wenig. Da ich aber alles in allem über ungefähr zwei Stunden Programmiererfahrung verfügte, hatte ich ohnehin nicht damit gerechnet, den Job zu bekommen.

Etwa vier oder fünf Wochen später sagte meine Schwester, George sei daran interessiert, dass ich noch einmal zu ihm käme. George war sehr enttäuscht über die Arbeit der meisten anderen Schüler, und meine Schwester hatte ein gutes Wort für mich eingelegt. Also suchte ich ihn an einem Freitag nach der Schule auf.

Das Bewerbungsgespräch war sehr kurz. Er sagte: „Ich gebe dir einen Job für nächste Woche. Wenn du die Arbeit schaffst, behalte ich dich als Angestellten. Wenn nicht, dann ist es deine letzte Woche." Also hatte ich nun meinen Job als Programmierer. Wenn ich programmieren könnte, würde ich den Job behalten. George riskierte dabei nicht viel, und für mich war es eine große Chance.

Das Problem war nur, dass ich nicht wirklich programmieren konnte. Daher verbrachte ich das Wochenende damit, immer wieder mein Fortgeschrittenen-Handbuch für Basic zu lesen und hoffte, das Einpauken könne die Erfahrung ersetzen.

Es funktionierte. Ich behielt den Job für die folgenden drei Jahre; in meinem letzten Jahr an der Highschool und in meiner Zeit am College, ehe ich ihn aufgab, um Rohstoffe zu traden. In diesem Job kam ich mit Trading und mit meinem ersten Trading-Mentor Rotchy Barker in Kontakt; letztlich vermittelte er mir das Wissen, um einer von den zwölf Leuten zu werden, die für das vom berühmten Trader Richard Dennis geleitete Trainingsprogramm ausgewählt wurden, das später als *Turtle-Programm* bekannt wurde.

Die Art und Weise, wie ich meinen ersten Job als Programmierer bekam, ist ein gutes Beispiel für eine Eigenschaft erfolgreicher Unternehmer: Es macht ihnen nichts aus, Risiken einzugehen. Sie springen einfach hinein, ohne zu wissen, was vor ihnen liegt. Sie sind dazu bereit, möglicherweise ihre Zeit damit zu verschwenden, etwas auszuprobieren, das vielleicht nicht funktionieren wird.

Im Rest dieses Kapitels werden wir uns die sieben Regeln des Meisterns von Risiken detaillierter aus der Sicht von Unternehmern und Leuten ansehen, die in Startup-Unternehmen investieren, als Business-Angels oder als Venture-Kapitalisten agieren. Bei Startups sind drei von den Regeln besonders wichtig: Flexibilität, das Akzeptieren von Fehlern und die aktive Suche nach der Realität.

Diese drei Gründe sind deshalb so wichtig, weil sich die Art von Unsicherheit, die es bei einem Startup-Unternehmen gibt, von der Unsicherheit beim Trading unterscheidet. Bei Startups handelt es sich in der Regel um informationsbedingte Unsicherheit – die daraus erwächst, dass die Unternehmen innerhalb eines engen Zeitrahmens agieren müssen und unzureichende Ressourcen haben, um alle potenziellen Möglichkeiten so genau zu erforschen, dass die Unsicherheit beseitigt wird. Daher müssen Unternehmer fundierte Schätzungen erstellen.

Bei der Gründung des Unternehmens und dessen Aufbau nach Plänen, die das Gesamtergebnis aller fundierten Schätzungen ausdrücken, stellt ein Unternehmer fest, dass einige, vielleicht viele oder sogar die meisten dieser Schätzungen falsch waren. Manche sind nur geringfügig falsch: Einige Ausgaben sind ein wenig niedriger als erwartet, die Umsätze schwanken stärker als erwartet, es dauert länger als erwartet, das für die Geschäftseröffnung nötige Personal zu finden, und noch ein paar weitere kleine Abweichungen. Einige Schätzungen werden komplett falsch sein, vielleicht auf katastrophale Weise.

Wenn das passiert, dann ist ein Unternehmer nicht so leicht zu erschüttern, der für Flexibilität gesorgt und sich auf Fehler vorbereitet hat und der aktiv nach der Realität sucht.

Wenn sich die Realität entfaltet, wird er in dieser neuen Realität nach Erfolg streben. Ein guter Unternehmer weiß, dass es kein Problem ist, Fehler zu begehen. Das Problem ist, niemals damit zu rechnen, falsch liegen zu können und weiterhin falsch zu liegen, wenn sich die Realität bemerkbar macht.

Betrachten Sie die sieben Regeln für das Meistern von Risiken noch einmal aus der Sicht eines Unternehmers:

1. Überwinden Sie Ihre Furcht.
2. Bleiben Sie flexibel.
3. Gehen Sie vernünftige Risiken ein.
4. Rechnen Sie mit Fehlern.
5. Suchen Sie aktiv nach der Realität.
6. Reagieren Sie schnell auf Veränderungen.
7. Konzentrieren Sie sich auf Entscheidungen, nicht auf Ergebnisse.

Überwinden Sie Ihre Furcht

Viele Menschen träumen davon, ihre eigene Firma zu leiten. Vielleicht haben sie ihren bisherigen Job satt, weil sie dort bei ihrer Arbeit nicht viel zu sagen haben. Vielleicht sind sie anderer Meinung als ihr Chef oder ihr Management, was bestimmte ethische Fragen betrifft. Vielleicht haben sie eine Idee, von der sie glauben, dass sie die Welt verändern wird. Für die meisten Menschen wird dieser Traum ein Traum bleiben. Er schafft es nicht vom Traum über den Plan zur Realität.

Andere gehen einen Schritt weiter. Sie planen schon für den Tag, an dem sie ihre Firma gründen werden. Sie sprechen mit allen ihren Freunden über ihre Idee. Sie erstellen Umsatzprojektionen, Marketingpläne und Budgets; sie träumen von all dem Geld, das sie verdienen werden und von der Freiheit, die ihnen ihre neue Firma bringen wird. Und sie sparen Geld und warten auf das perfekte Umfeld, um die neue Firma zu gründen. Aber anscheinend vollziehen sie niemals den konkreten Schritt, ihren Job aufzugeben und mit dem neuen Geschäft zu beginnen.

Um keine Missverständnisse aufkommen zu lassen: Die Gründung einer Firma kann einem schon Angst machen. Es ist riskant. Man kann alles dabei verlieren. Manche Menschen haben einfach nicht den nötigen Appetit auf Risiken, den man braucht, um mit einem Startup-Unternehmen erfolgreich zu sein.

Wenn Sie als Unternehmer Erfolg haben wollen, dürfen Sie keine Probleme damit haben, in einem unsicheren Umfeld Risiken einzugehen. Sie müssen bereit sein, alles zu riskieren und zu verlieren, wenn Sie gewinnen wollen.

Bleiben Sie flexibel

Wenn Sie nicht wissen, was die Zukunft bringen wird, müssen Sie darauf vorbereitet sein, Fehler zu machen. Sie müssen dementsprechend organisiert sein. Das ist es, was Flexibilität bedeutet. Da Sie wissen, dass Sie die Zukunft nicht mit völliger Exaktheit vorhersagen können, müssen Sie Ihr Geschäft so organisieren, dass Sie Prognosefehler und die unzutreffenden Schätzungen kompensieren können, die Teil jeder Unternehmung sind.

Die Bewahrung der Flexibilität in einem Startup-Unternehmen umfasst vier wichtige Ideen:

1. **Ein flexibles Team.** Eine kleine Gruppe intelligenter Menschen, die fähig und willens sind, gleichzeitig drei oder vier Jobs zu erledigen, statt einer größeren Gruppe von Menschen, die nur eine einzige Aufgabe erfüllen können. Das Team sollte so weit wie möglich aus Leuten mit einem breiten Erfahrungsspektrum bestehen statt mit sehr ausgeprägter Erfahrung auf einem bestimmten Gebiet. Entscheidend für die Bewahrung der Flexibilität ist es, ein Team aus Menschen zu haben, die psychologisch gut zum Umfeld eines Startup-Unternehmens passen. Manche Leute passen einfach nicht zu einem Startup.
2. **Ein flexibler Plan.** Der Plan muss flexibel sein und mehrere verschiedene Ergebnisse einbeziehen. Es sollte Pläne für sehr konservative Schätzungen oder Umsätze, erwartete Umsätze und für die Umsätze im schlimmstmöglichen Fall geben. Das heißt: Was soll man tun, wenn es überhaupt keine Einnahmen gibt?
3. **Alternative Einkommensströme.** Wenn möglich sollte der Plan alternative Produkte oder Dienstleistungen umfassen, die das Startup-Team erstellen kann. Wenn sich die Umsätze des Hauptprodukts nicht wie geplant oder unerwartet langsam entwickeln, können alternative Einkommensströme die Firma am Leben erhalten.
4. **Eine strategische Reserve.** Sie sollten etwas Geld und weitere Ressourcen in Reserve halten. Wenn Sie eine Reserve haben, können Sie die wahrscheinliche Abweichung des ursprünglichen Plans von der Realität kompensieren, auf die Sie stoßen werden, wenn sich die Firma entwickelt.

Gehen Sie vernünftige Risiken ein

Bei Startups ist das Investitionsrisiko in der Regel lange vorher bekannt. Sie können *alles Geld verlieren, das Sie persönlich in die Firma investiert haben,* wenn die neue Firma die Gewinnschwelle nicht erreicht und mit ihren Produkten und Assets nicht genug Werte geschaffen hat, dass man sie an ein anderes Unternehmen verkaufen könnte.

Nicht alle Risiken sind Investmentrisiken. Tatsächlich haben die wichtigsten Risiken bei einem Startup mit dem Verlust von Investments nichts zu tun. Es gibt

Marktrisiken. Betreten Sie einen Markt mit einem starken Wettbewerber? Betreten Sie einen Markt, auf dem vor dem Start hohe Kapitalkosten anfallen?

Kapitalrisiken. Werden Sie ständig neues Kapital benötigen, um das Geschäft in die Gewinnzone zu führen? Werden Sie dieses Kapital absichern können, wenn sich die Marktbedingungen verändern?

Personalbedingte Risiken. Wie viele Mitglieder des Startup-Teams haben den Job schon einmal gemacht, den sie dort machen müssen? Wie viele von ihnen lernen neue Jobs? Wie viele von ihnen können einspringen, um andere zu unterstützen oder sie, falls nötig, vorübergehend zu ersetzen?

Technologische Risiken. Verwenden Sie neue, noch nicht geprüfte Technologien? Gibt es weniger riskante Alternativen? Besitzt Ihr Team Expertise in diesen neuen Technologien oder genügend Erfahrung, um sie effektiv zu managen?

Ganz allgemein ist es sinnvoll, die Anzahl der Gebiete, auf denen Sie Risiken eingehen, so weit wie möglich zu reduzieren. Wenden Sie wenn möglich bewährte Technologien an. Wenn Sie neue Technologie anwenden müssen, dann stellen Sie sicher, dass Sie ein erfahrenes Technikteam haben. Verwenden Sie wenn möglich bewährte Teammitglieder. Wenn möglich sollten Sie vor dem Start alles Geld angesammelt haben, das sie benötigen. Noch besser ist ein Plan, der nur wenig oder gar kein Geld erfordert. Ein Plan mit einem erfahrenen und flexiblen Team, in dem jedes Mitglied die Aufgaben vieler anderer Mitglieder erfüllen kann, mit einer Technlogie, die das Team bereits versteht und mit genügend Startkapital zur Umsetzung des Plans, hat viel größere Erfolgschancen.

Um ein Unternehmer zu sein braucht man eine etwas fehlerhafte Wahrnehmung von Risiken. Ein Unternehmen aufzubauen ist extrem schwierig; ständig geht es nach oben oder nach unten. Normale Menschen lassen sich dadurch entmutigen und geben auf. Es ist eine entscheidende Eigenschaft eines erfolgreichen Unternehmers, die Volatilität ignorieren zu können und optimistisch zu bleiben.

Aber diese Eigenschaft ist ein zweischneidiges Schwert.

Viele Unternehmer sehen ihre Risiken zu optimistisch, und daher schwanken sie ständig zwischen Boom und Pleite. Die Bereitwilligkeit, Risiken zu akzeptieren, kann einen erfolgreich machen, aber sie kann auch zum Ruin führen.

> In vielen Fällen kommt dem Venture-Kapitalisten die Rolle zu, diesen manischen Zyklus abzumildern. Ein Teil des Wertschöpfungsprozesses besteht darin, am Beginn überschäumenden Optimismus zu bändigen und dem Unternehmer zu helfen, der verführerischen Kraft des Optimismus zu widerstehen, wenn ein späteres Stadium erreicht ist.
>
> *Simon Olson,*
>
> Partner der Venture-Kapital-Firma DFJ FIR Capital

Rechnen Sie mit Fehlern

Der erste Schritt bei der Vorbereitung auf Fehler ist die Akzeptanz der Tatsache, dass die Zukunft nicht das bringen wird, was Sie glauben. Daher müssen Sie schon im Voraus entscheiden, welche Ereignisse, welche Nicht-Ereignisse, welche Maßnahmen und welche Kombinationen von Ereignissen anzeigen werden, dass eine bestimmte „Schätzung" der Zukunft in Ihren Plänen falsch war, und was Sie in diesem Fall tun werden.

Die Vorbereitung auf Fehler bedeutet, dass man klare Maßstäbe und eine eindeutige Strategie hat, die man umsetzen wird, wenn sich die Dinge nicht wie erhofft entwickeln. In manchen Fällen kann das sogar bedeuten, die Firma auf ordentliche Weise wieder zu schließen.

Sie müssen sich schon zuvor überlegen, wie Sie feststellen können, ob sich die Dinge wie geplant entwickeln oder nicht. Wenn Sie diesen Denkprozess schon im Voraus abgeschlossen haben, entdecken Sie eventuell Möglichkeiten, Ihre Firma zu retten, falls sich der ursprüngliche Plan als völlig unrealistisch erweisen sollte. Wenn Sie warten, bis die Realität von Ihrem Plan abweicht, sind Sie vielleicht so sehr damit beschäftigt, ein sinkendes Schiff zu retten, dass Sie nicht mehr genug Zeit oder Energie haben, um einen anderen Kurs einzuschlagen.

Suchen Sie aktiv nach der Realität

Das ist vielleicht diejenige Regel, die am häufigsten erfolgreiche von gescheiterten Startup-Teams unterscheidet. Siegreiche Teams suchen ständig nach Anzeichen für Fehler. Verliererteams versuchen ständig den Eindruck zu erwecken, sie seien auf dem richtigen Weg, wenn die Realität das Gegenteil beweist. Verliererteams verbringen zuviel Zeit damit, ihre früheren Entscheidungen zu rechtfertigen und zu wenig Zeit mit Veränderungen.

Manchmal ist die Realität gar nicht so einfach zu finden. Eine inspirierende Chefin stellt vielleicht fest, dass ihr Team die Wahrheit vor ihr verbirgt, um sie nicht zu enttäuschen. Ein strenger Chef stellt vielleicht fest, dass sein Team die Wahrheit aus Furcht vor Sanktionen vor ihm verbirgt. Sogar in einem kleinen Team von 20 oder 30 Leuten kann es schwerfallen, alle Teile der Firma mit der nötigen Genauigkeit im Auge zu behalten, um den Erfolg bei einer riskanten Unternehmung sicherzustellen. Die Realität ist manchmal schwer zu finden.

Daher verwenden erfolgreiche Unternehmer viel Zeit, Geld und Mühe darauf, sicherzustellen, dass die Dinge sich plangemäß entwickeln. Das ist deshalb so wichtig, weil kleinere Abweichungen von der prognostizierten Realität, wenn man sie früh genug bemerkt, vielleicht nur unwesentliche Veränderungen des Plans erfordern. Wenn man diese Probleme aber nicht frühzeitig als solche erkennt, dann können sie das ganze Unternehmen zum Scheitern bringen.

Das ist ein wenig so, wie wenn man Auto fährt. Neulinge haben Schwierigkeiten damit, all die neuen Informationen zu verarbeiten. Sie konzentrieren sich oft so sehr auf die Mechanik des Fahrens, dass sie eine rote Ampel übersehen. Vielleicht bremsen sie dann sehr plötzlich, weil sie die rote Ampel spät sehen und hart auf die Bremse treten müssen, um einen Unfall zu vermeiden. Ein erfahrener Autofahrer achtet die ganze Zeit über auf die Ampel, wenn er sich einer Kreuzung nähert. Und wenn die Ampel umschaltet, bremst er sanft ab.

Ein sicherer und defensiver Fahrer beobachtet zudem den Verkehr genau, um zu sehen, ob die anderen Autos tatsächlich stoppen oder gerade abbremsen, ehe er in die Kreuzung einfährt. Ein sicherer Fahrer geht nicht davon aus, dass die anderen Fahrer alle aufpassen, weil er aus Erfahrung weiß, dass schon ein einziger unaufmerksamer Fahrer ausreicht, um einen Unfall zu verursachen.

Kluge Unternehmenschefs gehen ebenso vor. Sie erledigen ihre eigene Aufgabe, aber sie haben auch das ganze Team und die ganze Firma im Auge, für den Fall, dass irgendjemand nicht aufmerksam genug ist. Wenn man Fehler und Unaufmerksamkeiten früh genug entdeckt, wirken sie sich in der Regel nicht fatal aus. Falls man sie erst spät entdeckt, kann es zum Zusammenbruch kommen. Ich weiß das. Ich habe mehr als einen harten Crash erlebt. Ich musste diese Regel auf die harte Tour lernen.

Reagieren Sie schnell auf Veränderungen

Es ist wichtig, aufmerksam zu sein und aktiv nach der Realität zu suchen, aber nicht weniger wichtig ist es, schnell auf Veränderungen der Rahmenbedingungen zu reagieren, die anzeigen, dass Veränderungen erforderlich sind. Geschwindigkeit ist wichtig.

Wenn es früh Anzeichen dafür gibt, dass potenzielle Kunden Ihr Produkt nicht schätzen, müssen Sie sofort reagieren, nicht zehn Tage später, nicht zwei Monate später und nicht erst dann, wenn die Umsätze enttäuschend niedrig ausfallen. Finden Sie heraus, was den Kunden nicht gefällt und warum – und verändern Sie es – sobald Sie Anzeichen eines Problems erkennen.

Frühe Kurskorrekturen sind relativ schmerzlos und leicht durchzuführen. Spätere Kurskorrekturen sind vielleicht gar nicht mehr möglich. Stellen Sie sich einen Supertanker vor, der einen Hafen anläuft. In hundert Meilen Entfernung benötigt man vielleicht nur eine winzige, fast nicht wahrnehmbare Kurskorrektur, um einem großen Hindernis auszuweichen. In einer Meile Entfernung ist eine heroische Anstrengung nötig, mit einem Motor im Rückwärtsgang und dem Steuerrad scharf in Richtung Steuerbord. In 100 Metern Entfernung gibt es vielleicht überhaupt keine Möglichkeit mehr, dem Hindernis auszuweichen; die Physik lässt es einfach nicht zu. Das ist der Grund, warum Seeleute versuchen, sich in weiter Entfernung von Supertankern zu halten. Wenn man ihnen in den Weg kommt, können sie einem wahrscheinlich nicht ausweichen, und dann kommt es zum Zusammenstoß.

Konzentrieren Sie sich auf Entscheidungen, nicht auf Ergebnisse

Ein gutes Team fürchtet sich unter anderem deshalb nicht vor Kursveränderungen, weil es weiß, was Unsicherheit bedeutet. Die Teammitglieder wissen, dass sie Fehler machen werden. Daher bereitet es ihnen auch kein Problem, den Kurs oder ihre Pläne zu verändern, wenn es ratsam erscheint. Sie wissen, dass es entscheidend ist, wie gut man Entscheidungen mit den jeweils verfügbaren Informationen treffen kann, und nicht etwa, wie oft man recht oder unrecht hat.

Sie wissen auch, dass man den richtigen Kurs oft dadurch findet, dass man früh Fehler macht und die Richtung verändert. Sie wissen, dass man oft nicht genug Informationen hat, um den richtigen Kurs zu kennen, ehe man einen falschen ausprobiert hat. Dann, durch das Ausprobieren eines falschen Kurses, wird es offensichtlich, wie man vorgehen sollte. Zu diesen Zeiten besteht die beste Möglichkeit zum Finden einer praktikablen Vorgehensweise darin, vernünftige Entscheidungen mit ständig aktualisierten Informationen zu treffen.

Wirklich gute Teams erwarten nicht, die Zukunft mit einer Genauigkeit von 100 Prozent vorhersagen zu können. Sie erwarten auch nicht, dass alle ihre Pläne perfekt sein werden. Sie sind mit einer unklaren Sicht der Zukunft zufrieden, weil sie wissen, dass sie mit ihrem flexiblen Plan, ihrem flexiblen Team und ständiger Beobachtung erfolgreich sein können, auch wenn die Zukunft etwas bringt, mit dem sie nicht von Anfang an gerechnet hatten. Für Unternehmer sind Flexibilität und Reaktionsvermögen entscheidend.

In Kapitel 6 werde ich untersuchen, wie Mediziner in Intensivstationen die sieben Regeln des Meisterns von Risiken anwenden.

Kapitel 6:
Die Risiko-Ärzte

Wie wenig man doch in einem Klima der Furcht tun kann.
Florence Nightingale

Im Sommer 2001 wohnte ich nur ein paar Blocks von der University Avenue, der Hauptstraße von Palo Alto in Kalifornien entfernt. Dies war das Herz des Silicon Valley. Die Stanford University lag nur ungefähr eine Meile die Straße hinauf. Vielleicht die Hälfte aller Venture-Kapitalisten im Silicon Valley hatten ihre Hauptquartiere im Umkreis einiger Meilen um meine Wohnung.

Sun Microsystems, Hewlett-Packard, Google – sie alle hatten dort angefangen. Palo Alto war auch der Sitz des berühmten Xerox PARC (Palo Alto Research Center), wo das Ethernet-Networking erfunden wurde, das im größten Teil des Internets verwendet wird; zudem die Computermaus und die grafische Benutzeroberfläche, die später von Apple im Macintosh und von Microsoft in Windwows vermarktet wurde, sowie zahlreiche andere, weit verbreitete Erfindungen.

Zu den erstaunlichsten Merkmalen von Silicon Valley gehörte die Konzentration wirklich intelligenter Menschen mit ähnlichen Ansichten über das Leben. In Palo Alto, vor allem auf dem Höhepunkt der Internet-Spekulationsblase von 1998 bis 2000, hatte jeder etwas mit Startups zu tun und sah die Zukunft sehr optimistisch. Wenn man ausging traf man ständig Leute, die mit anderen in kleinen Gruppen als Mitglieder einer neuen Startup-Firma arbeiteten.

An einem schönen Samstag saß ich zufällig in dem kleinen Park, der auf halbem Weg zwischen meiner Wohnung und meinem Arbeitsplatz lag und las das neue Buch von Larry Downes. Da kam ein junger Mann Ende 20 auf mich zu, der ein paar Parkbänke weiter ein anderes Buch gelesen hatte und fragte mich, ob mir das Buch gefiel. Er sage mir, er kenne Larry, der vor ein paar Jahren sein Professor an der Northwestern Law School gewesen war. Wir redeten ein wenig miteinander, und dann las ich weiter. In den folgenden Monaten traf ich diesen Mann des Öfteren im Park; wir unterhielten uns über Startups, Strategie und Geschäfte. Sein Name war Simon Olson, und er wurde ein guter Freund von mir.

Gegen Ende des Jahres sagte mir Simon, er werde mit Bruce Tizes zusammenarbeiten, einem Freund, den er an der Northwestern kennengelernt hatte. Bruce baute gerade einen neuen Hedge-Fonds auf den Virgin Islands auf. Zunächst hatte ich keine Ahnung, was ein Hedge-Fonds ist, weil ich mich seit ungefähr 15 Jahren nicht mehr mit Finanzen oder Trading beschäftigt hatte. Irgendwann dämmerte es mir dann doch, dass Hedge-Fonds etwas mit Trading zu tun hatten. Daher fragte ich Simon, ob er je etwas von den Turtles gehört habe. Natürlich habe er davon gehört, war seine Antwort. Ich sagte ihm, dass ich einer von den Turtle Tradern gewesen war.

Später erzählte er seinem Freund Bruce von mir, und als Bruce wieder einmal in der Gegend war, gingen wir zusammen zum Mittagessen. Bruce und ich sprachen darüber, ob ich auf die Virgin Islands kommen könnte, um an dem neuen Hedge-Fonds teilzunehmen, den sie gerade gründeten. Diese Diskussion fand zu einem Zeitpunkt statt, als den meisten Leuten klar war, dass die Internet-Party im Silicon Valley vorbei war und überall Kündigungsschreiben eintrudelten. Ich dachte mir also, es könnte eine gute Idee sein, ein paar Jahre lang etwas Neues zu machen. Ich hatte oft darüber nachgedacht, wieder mit dem Trading anzufangen, daher stieß das mögliche Angebot von Bruce bei mir durchaus auf Interesse. Nach einigen Monaten entschloss ich mich dazu, zusammen mit Bruce und Simon diesen Hedge-Fonds zu gründen, und später wurden Bruce und ich gute Freunde.

Der Arzt, der Anwalt und der Trader

Bruce hatte einen sehr interessanten Hintergrund. Er war unglaublich intelligent, mit einem höchst flexiblen Verstand. Er hatte die Highschool mit 15 Jahren abgeschlossen, das College mit 16 und sein Medizinstudium mit 20. Später verdiente er viel Geld mit Immobilien-Investments und Aktientrading.

Als er Ende 30 war, schloss Bruce ein Jurastudium an der Northwestern Universtity in Chicago ab, wo er Simon kennenlernte.

Als Arzt hatte Bruce die meiste Zeit in der Notfallstation des Mount Sinai Hospitals in Chicago gearbeitet. Mount Sinai war das Vorbild für die Fernsehserie *Emergency Room*, die ebenfalls in Chicago spielt. In dieser Klinik landen die meisten Opfer von Unfällen und Schießereien in der Innenstadt von Chicago.

In den Jahren unserer Zusammenarbeit diskutierten wir beim Mittag- oder beim Abendessen oft über das Leben eines Notfallmediziners, und ich lernte einiges dabei. Einmal sagte ich Bruce, dass Ärzte nach meiner Erfahrung keine besonders guten Trader seien. Im Prinzip stimmte er mir zu, meinte aber, Notfallmediziner seien da eine Ausnahme. Mit der Zeit überzeugte er mich, und ich verstand, dass es Ähnlichkeiten dabei gibt, wie Notfallmediziner und Trader mit Risiken und Unsicherheit umgehen.

Viele von Ihnen kennen Notfälle, bei denen es um Leben oder Tod geht, weil Sie damit Erfahrung gemacht haben, als Sie selbst oder ein geliebter Mensch ernsthaft krank oder verletzt war. Damit fällt es Ihnen vielleicht ein wenig leichter, Unsicherheit zu verstehen, wenn Sie sie aus der Perspektive eines Notfallmediziners sehen. In den nächsten Abschnitten werde ich die sieben Regeln des Meisterns von Risiken aus der Perspektive eines Notfallmediziners betrachten. Hier sind noch einmal die sieben Regeln:

1. Überwinden Sie Ihre Furcht.
2. Bleiben Sie flexibel.
3. Gehen Sie vernünftige Risiken ein.
4. Rechnen Sie mit Fehlern.
5. Suchen Sie aktiv nach der Realität.
6. Reagieren Sie schnell auf Veränderungen.
7. Konzentrieren Sie sich auf Entscheidungen, nicht auf Ergebnisse.

Überwinden Sie Ihre Furcht

In der Notaufnahme eines Krankenhauses gibt es überall Risiken. Man kann ihnen nicht entgehen. Wenn man nichts tut, stirbt der Patient womöglich. Wenn man etwas Falsches tut, kann er ebenfalls sterben. Und er kann sogar sterben, wenn man das Richtige tun. Man kann das Risiko nicht vermeiden.

Manchmal gibt es so viele Patienten, die Hilfe brauchen, dass es unmöglich wird, für sie alle zu sorgen. Aber dennoch muss man Entscheidungen treffen. In der Intensivmedizin ist der zeitliche Aspekt entscheidend, und dies erhöht das Risiko enorm, das mit Verzögerungen oder Fehlentscheidungen verbunden ist. Der Arzt muss schnell Entscheidungen treffen, wenn in der Notaufnahme Hochbetrieb herrscht, und diese Entscheidungen sind extrem wichtig. Anders als beim Trading oder bei Startup-Unternehmen können Fehlentscheidungen in der Notaufnahme einen Menschen das Leben kosten.

Um als Notfallmediziner erfolgreich zu sein, muss man jeden Tag Entscheidungen treffen können, bei denen es um Leben und Tod geht. Sie müssen auf Ihre eigenen Fähigkeiten und auf Ihr Urteilsvermögen vertrauen, schnell zu handeln, wenn nur wenig Zeit zur Verfügung steht. Kein Arzt kann lange in der Notaufnahme arbeiten, wenn er Angst davor hat, Entscheidungen zu treffen, bei denen es um Leben und Tod geht.

Bei jedem Notfall, der lebensrettende oder lebenserhaltende Maßnahmen erfordert, gibt es so etwas wie Furcht und Anspannung; vor allem dann, wenn sich der Zustand des Patienten plötzlich verschlechtert. Neulich kam eine Patientin in die Notaufnahme, die über leichte Beschwerden im Brustbereich klagte. Sie sprach ohne Probleme, wir machten ein paar Witze, und sie sagte, sie habe diese Beschwerden schon seit ein paar Tagen, aber sie seien wohl nicht besonders ernsthaft. Ich ordnete einige der üblichen Tests an, um die schlimmsten Szenarien auszuschließen, rechnete aber nicht damit, viel dabei zu finden. Plötzlich wurde sie kurzatmig und ihre Lebensfunktionen ließen stark nach. Ich musste schnell handeln. Meine Ausbildung und meine Erfahrung ließen mich vor dem Personal und der Patientin ruhig aussehen, aber innerlich verspürte ich starke Furcht und wusste, dass ich sie überwinden musste. Mit einer langen Nadel setzte ich ein Brustkatheter, aus dem viel Luft drang. Zum Glück verbesserte sich der Zustand der Patientin rasch. In diesem Fall hatte mein Eingreifen das Problem gelöst. Einer der Lungenflügel war kollabiert, blockierte Luft im Brustbereich und drückte auf das Herz, die Blutgefäße und den anderen Lungenflügel. Wäre ich nicht erfolgreich gewesen, dann hätte sie sterben können.

Ich musste zunächst meine Furcht überwinden, um diese Aktion durchzuführen und mit der Prozedur anzufangen. Furcht verursacht Zögern. Was, wenn die Prozedur scheitert und der Zustand der Patientin sich weiter verschlechtert? Was könnte der Patientin sonst noch fehlen, und was passiert, wenn ich es nicht rechtzeitig herausfinde? Wir können nicht mit absoluter Sicherheit sagen, was passieren wird, wenn jemand krank ist. Wir können es allerdings mit einem gewissen Maß an Sicherheit prognostizieren, auf Basis von Erfahrung, Ausbildung und Fallstudien. Dennoch bleibt immer ein Rest an Unsicherheit. Beim Trading können wir Rücktests, Technische Analyse und Erfahrung einsetzen, um unsere Entscheidungen zu stützen, was wir wann traden sollten,

> Dennoch bleibt der Ausgang des Trades stets unsicher und wird daher auch immer ein gewisses Maß an Furcht auslösen. Diese Furcht müssen wir überwinden, wenn wir zur richtigen Zeit den richtigen Trade durchführen wollen.
>
> *Dr. med. Ted Patras,*
>
> Arzt, Vorstandsmitglied und Manager-Partner bei EHP Corp., einer Notfallmedizingruppe in mehreren Kliniken Chicagos. (Dr. Patras tradet zudem seit 15 Jahren Optionen und Futures.)

Bleiben Sie flexibel

Eines der wesentlichen Merkmale der Notaufnahme eines Krankenhauses ist die Fähigkeit, sehr schnell zu handeln, um mit praktisch jeder Art von medizinischer Notfallsituation umgehen zu können. In einer gut ausgestatteten Notaufnahme gibt es diagnostische und chirurgische Geräte, Defibrillatoren für Herzinfarktpatienten und sogar chirurgisches Werkzeug zur sofortigen Versorgung derjenigen, die den Transport mit dem Aufzug in den OP vielleicht nicht überleben würden.

Für Flexibilität in einer Notaufnahme ist auch dadurch gesorgt, dass jederzeit genügend Ärzte mit einer hohen Bandbreite spezieller Qualifikationen zur Verfügung stehen. Die Belegschaft ist nicht auf eine durchschnittliche, sondern auf die maximal zu erwartende Arbeitsbelastung ausgerichtet. Es gibt strategische Reserven von Ärzten und Krankenschwestern, die einspringen können, wenn die Auslastung extrem wird.

Gehen Sie vernünftige Risiken ein

Die Triage ist eine Möglichkeit, die mit der Unsicherheit medizinischer Diagnosen und Behandlungen verbundenen Risiken zu managen. Darunter versteht man die Einteilung der Patienten in der Weise, dass denen zuerst geholfen wird, die sofort medizinische Versorgung benötigen. Dann kommen diejenigen, die sich in einem potenziell kritischen Zustand befinden und schließlich diejenigen, die sich nicht in unmittelbarer Gefahr befinden. Wenn Sie zum Beispiel mit einem gebrochenen Bein in die Notaufnahme kommen, dann sind Sie wohl nicht der Erste, der behandelt wird. Falls das Opfer einer Schießerei eingeliefert wird, rutschen Sie auf der Warteliste nach hinten. Ihre Verletzung ist zwar schwer, aber sie kann warten, weil Sie nicht in unmittelbarer Lebensgefahr sind, und weil es unwahrscheinlich ist, dass bleibender Schaden entsteht, wenn man die Behandlung eines gebrochenen Knochens um ein paar Stunden verschiebt.

Die Diagnose selbst ist einer der wichtigsten Aspekte der Notfallmedizin. Eine falsche Diagnose kann zum Tod des Patienten führen. Die richtige Diagnose kann ein Leben retten. Aber die Diagnose ist eine komplizierte Sache; es gibt keine richtigen, sondern nur wahrscheinlich richtige Antworten.

Die Ärzte wägen die Wahrscheinlichkeit bestimmter Krankheiten oder Verletzungen gegen die Schwere der Ergebnisse bei den wahrscheinlichen Bedingungen und gegen die Zeitsensitivität einer bestimmten Behandlung ab. Einige Probleme erfordern sofortige Behandlung, während andere weniger dringlich sind. Gute Ärzte können die Symptome und die Resultate der diagnostischen Tests schnell auswerten, um zur besten Diagnose zu gelangen. Die Diagnose kann falsch sein, aber ein guter Arzt wird alle Faktoren auswerten, um die wahrscheinlichste Diagnose zu bestimmen. Zudem wird er weitere Tests durchführen, um seltenere, aber möglicherweise gravierendere Probleme rechtzeitig zu eliminieren, die sich auf die relevante Behandlung auswirken könnten.

> Wenn Sie einen Trade durchführen, wissen Sie nicht, wie das Ergebnis aussehen wird. In der Notfallmedizin wissen Sie auch nicht, wie es ausgehen wird. Daher kann man auch nicht versuchen, ein bestimmtes Ergebnis zu prognostizieren oder zu erzwingen. Sie müssen geistig flexibel bleiben und immer dazu bereit sein, sich neuen Daten anzupassen, wenn sie verfügbar werden.
>
> *Dr. med. Ted Patras*

Rechnen Sie mit Fehlern

Eine vorläufige Diagnose kann falsch sein. Das Auftreten gravierenderer Probleme kann anzeigen, dass ein Problem dringender als ursprünglich erwartet ist. Ärzte wissen das. Daher überwachen sie und ihr Personal ständig den Gesundheitszustand ihrer Patienten.

Während nach der ursprünglichen Diagnose behandelt wird, ordnen Ärzte oft zusätzliche Tests an, um die Richtigkeit der ursprünglichen Diagnose zu bestätigen. Sie wissen, dass ihre Einschätzung falsch sein kann. Deshalb prüfen sie Alternativen, selbst wenn sie entsprechend der ersten Diagnose behandeln.

Ärzte verstehen vielleicht besser als andere Experten, die mit Unsicherheit konfrontiert sind, auf welche Weise sich Unsicherheit manifestieren kann. Ärzte haben einen fast kompletten Aktionsplan entwickelt, wie man mit objektiven und sogar mit subjektiven Tests eine bestimmte Diagnose verifizieren oder widerlegen kann. Daher weiß ein Arzt fast bei jeder Diagnose ganz genau, wann er falsch liegt und was er dann tun muss. Ärzte wissen zudem, welche anderen und selteneren medizinischen Probleme die gleichen Symptome aufweisen können wie es die ursprüngliche Diagnose tat.

Wenn zum Beispiel ein Arzt mit leichtem Fieber in seine Praxis kommt, wird der Arzt in der Regel die Ohren, die Nase, die Nebenhöhlen, die Lymphknoten und die Atmung untersuchen, um organspezifische Ursachen auszuschließen, und dann wird er wahrscheinlich eine Erkältung diagnostizieren. Wenn das Fieber allerdings über 39 Grad steigt, wird der Arzt wahrscheinlich zusätzliche Tests durchführen, um gravierendere Probleme ausschließen zu können – zum Beispiel eine bakterielle Infektion oder eine durch Viren übertragene Meningitis.

> Das Eingeständnis, unrecht zu haben, fällt den meisten Menschen äußerst schwer. Beim Trading und in der Notfallmedizin kommt oft induktives Denken zum Einsatz (man beginnt am Ende und arbeitet sich von dort an zurück). Wenn man die Möglichkeit, falsch zu liegen, offen anerkennt, kann man vorausschauend planen, um die Ergebnisse zu optimieren. Natürlich kann man bei alledem auch recht haben, was ebenfalls vorausschauende Planung ermöglicht.
>
> *Dr. med. Dr. jur. Bruce Tizes,*
>
> Managing Director bei Galt Capital und früherer Notfallmediziner im Mount Sinai Hospital in Chicago, das die Anregung fü die Fernsehserie *Emergency Room* gab.

Suchen Sie aktiv nach der Realität

Da Ärzte nicht hundertprozentig sicher sein können, dass ihre Diagnose für einen bestimmten Patienten korrekt ist, überwachen sie weiterhin die Gesundheit dieses Patienten. Wenn der Patient in ernster Gefahr ist, wird er ständig beobachtet. Wer die Notaufnahme eines Krankenhauses betritt, wird all die verschiedenen Monitore und diagnostischen Geräte bemerken. Es gibt EKG-Monitore zur Überwachung der Gesundheit des Herzens, Pulsmonitore, Testgeräte zur Sauerstoffversorgung des Blutes und so weiter. Die Belegschaft der Notaufnahme verfügt über absolut aktuelle Informationen über den Gesundheitszustand der Patienten. Diese sofort verfügbaren Daten alarmieren

Ärzte und Krankenschwestern schnell, wenn sich der Gesundheitszustand eines Patienten verschlechtert.

Sobald die Monitore installiert worden sind (in der Regel vom Pflegepersonal) prüfen die Notfallmediziner ihre Diagnosen immer wieder, indem sie Tests durchführen, um schwerere Erkrankungen oder Verletzungen ausschließen zu können, die vielleicht weniger verbreitet sind. Je schlechter der Gesundheitszustand eines Patienten, desto mehr Tests werden durchgeführt. Ein kleiner Diagnosefehler kann einen Patienten das Leben kosten, wenn er in schlechtem Zustand ist und schwache Lebensfunktionen aufweist, zum Beispiel einen niedrigen Blutdruck oder einen erratischen Puls. Ein schwerer Diagnosefehler bleibt dagegen vielleicht folgenlos, wenn der Patient relativ gesund ist. Daher werden mehr Zeit und Mühe für die Verifizierung der Diagnosen von Patienten in schlechterem Gesundheitszustand und weniger Zeit und Mühe für die Verifizierung der Diagnosen relativ stabiler Patienten aufgewendet.

In der Notfallmedizin ist es extrem wichtig, aktiv nach der Realität zu suchen, weil die Wahrscheinlichkeit besteht, dass die ursprünglichen Diagnosen zu einem hohen Prozentsatz in gewissem Maß fehlerhaft sein können. Solche Fehldiagnosen können Menschen das Leben kosten, und daher werden Zeit und Mühe darauf verwendet, eine Diagnose zu prüfen und sicherzustellen, dass sich der Gesundheitszustand eines Patienten nicht verschlechtert.

Reagieren Sie schnell auf Veränderungen

Wenn sie schnell bemerkt werden, dann müssen eine Fehldiagnose oder eine deutliche Zustandsverschlechterung eines Patienten kein Grund zur Sorge sein. Wenn sie zu spät bemerkt werden, kann dies zu ernsten Komplikationen führen, zu langen Klinikaufenthalten oder sogar zum Tod. Bei schweren Krankheiten und Verletzungen ist der Zeitfaktor sehr wichtig.

Bei der genauen Beobachtung eines Patienten geht es vor allem darum, dass der Arzt schnell entscheiden kann, ob es größere Probleme gibt als zunächst vermutet. Die ursprüngliche Diagnose eines Arztes bezieht sich auf die offensichtlichen Symptome. Ein guter Arzt weiß, dass diese Symptome auch von einer schwereren Erkrankung verursacht werden können, die eine andere Behandlung erfordert. Manchmal ist der Zustand eines Patienten so ernst, dass ein paar

Stunden den Unterschied zwischen Leben und Tod oder zwischen vollständiger Erholung und einem bleibenden Gehirnschaden ausmachen können.

Ein Beispiel: Eine Mutter kommt mit ihrem Sohn im Grundschulalter in die Notaufnahme. Er hat 39 Grad Fieber, Kopfschmerzen und muss sich übergeben. Das sind die üblichen Symptome einer Grippe, die nicht besonders ernsthaft ist. Die Behandlung besteht in der Regel einfach aus Bettruhe und viel Flüssigkeitsaufnahme. Wenn in der Notaufnahme Hochbetrieb herrscht, wird der Grippepatient also in der Regel warten müssen, bis die Patienten mit schwereren Problemen versorgt sind.

Wenn aber auch nur ein einziges Symptom hinzukommt, kann sich die Behandlung komplett verändern. Wenn der Patient, der in der Notaufnahme wartet, zusätzlich zu den Grippesymptomen über einen steifen Hals klagt, dann kann dies ein Anzeichen spiraler Meningitis sein, die eine lebensgefährliche Krankheit ist, wenn sie nicht schnell behandelt wird. Der verantwortliche Arzt wird eine sofortige Entnahme von Wirbelsäulenflüssigkeit anordnen, um zu prüfen, ob sie mit den Organismen infiziert ist, die spirale Meningitis verursachen. Wenn es sich um eine bakterielle Infektion handelt, wird er sofort Antibiotika verordnen. Bei bakterieller spiraler Meningitis können ein paar Stunden ein Leben retten.

Man muss beachten, dass ein guter Arzt weiß, wonach er suchen muss, und was anzeigt, dass eine schwerere als die ursprünglich vermutete Erkrankung vorliegt. Er wird auch sehr schnell reagieren und eine angemessene Behandlung einleiten, wenn die Symptome oder die Tests auf eine schwerere Erkrankung hinweisen. Ein guter Arzt hat keine Angst davor, falsch zu liegen. Ein guter Arzt sucht nach jedem Anzeichen eines Fehlers, damit er dem Patienten mit einer schwereren Erkrankung rechtzeitig helfen und ihn so behandeln kann, dass er sich vollständig erholt.

Konzentrieren Sie sich auf Entscheidungen, nicht auf Ergebnisse

Eines der Probleme, mit denen Notfallmediziner wegen der Unsicherheit medizinischer Diagnosen und Behandlungen konfrontiert sind, ist die Tatsache, dass ein Arzt alles richtig machen und der Patient dennoch sterben oder bleibende Schäden erleiden kann. Der Arzt kann eine perfekte Leistung bringen und den Patienten dennoch verlieren.

„Konzentrieren Sie sich auf Entscheidungen, nicht auf Ergebnisse" – das ist eine wichtige Verschiebung der Perspektive, weg vom Unkontrollierbaren und hin zu dem, was man mit Disziplin und rigorosem, planendem Denken kontrollieren kann. Alle anderen Regeln stecken in dieser einen Regel.

Bruce Tizes

Manchmal ist ein riskanter Eingriff erforderlich, um das Leben eines Patienten zu retten. Der Arzt wird das Risiko der Operation selbst gegen das Risiko alternativer Behandlungsmethoden abwägen. Wenn der Eingriff die Überlebenschancen eines Patienten erhöht, wird der Arzt sie anordnen oder im extremen Notfall selbst durchführen.

Ein Arzt kann unter den gegebenen Umständen und seines Informationsstandes die beste Entscheidung treffen – und dennoch kann der Patient sterben. Ein guter Arzt wird die Entscheidung nicht auf der Basis treffen, wie das Ergebnis ist, sondern er wird sich an der relativen Wahrscheinlichkeit des Ergebnisses orientieren. Wenn das Ergebnis ein toter Patient ist, so bedeutet das nicht, dass die Operation ein Fehler war. Andererseits ist es auch möglich, dass man eine Operation besser nicht durchgeführt hätte, auch wenn sie zum Erfolg führte.

Würden Notfallmediziner ihre Entscheidungen an den Ergebnissen ausrichten, dann würde dies zu schlechter Medizin führen. Ein Beispiel: Wenn ein bestimmter Eingriff eine Sterberate von zehn Prozent aufweist, was bedeutet, dass zehn Prozent der Patienten kurz danach sterben, dann handelt es sich um eine riskante Operation. Wenn der Patient eine Verletzung hat, an der er ohne diese Operation mit einer Wahrscheinlichkeit von 60 Prozent sterben wird, dann besteht die korrekte Vorgehensweise darin, die Operation durchzuführen, weil die Überlebenschance des Patienten bei einer Operation sechs Mal so hoch ist wie ohne sie. Wenn ein Notfallmediziner die Operation anordnet, die dann fehlerfrei durchgeführt wird, kann der Patient dennoch sterben. Das ändert aber nichts an der Tatsache, dass, wenn keine weiteren Informationen vorlagen, die Entscheidung für den Eingriff richtig war.

Wenn schlimme Dinge geschehen, hinterfragen wir oft unsere Entscheidungen. Schlimme Dinge geschehen unabhängig von dem, was wir tun.

Dr. med. Ted Patras

Die inhärente Unsicherheit der Diagnose und der Behandlung bedeutet, dass auch die richtige Behandlung oft zu einem schlimmen Ergebnis führen wird. Ein guter Arzt weiß dies und wird weiterhin die bestmögliche Behandlung verschreiben, auch wenn einige wenige Fälle schlecht verlaufen.

In den folgenden sieben Kapiteln werde ich die sieben Regeln des Meisterns von Risiken detaillierter beschreiben. In diesen Beispielen werde ich mich auf das verfeinerte Verständnis von Tradern, Unternehmern und Notfallmedizinern beziehen, um die sieben Regeln zu illustrieren. Wenn Sie diese Kapitel lesen, werden Sie bemerken, dass die Methoden dieser drei Gruppen eine gemeinsame Perspektive von Unsicherheit und Risiko aufweisen.

Kapitel 7: Furcht bringt den Verstand um

Ich darf mich nicht fürchten.
Furcht bringt den Verstand um.
Furcht ist der kleine Tod, der zur völligen Vernichtung führt.
Ich stelle mich meiner Furcht.
Ich lasse es zu, dass sie mich überkommt und durchdringt.
Frank Herbert, „Litany against Fear" aus *Dune*

Ich hatte fast einen Monat lang auf diesen Flug gewartet. An drei Samstagen waren mein Freund Tyson Langdon und ich je eine Stunde lang zum Flughafen gefahren, nur um zu erfahren, dass wir nicht fliegen konnten. Die Windgeschwindigkeit war zu hoch – vor allem für Anfänger.

Schließlich, am Ende eines weiteren langen Samstags, an dem wir auf ein Nachlassen der Windgeschwindigkeit gewartet hatten, sagten uns die Ausbilder, einer von uns könne fliegen. Tyson meinte, ihm sei nicht danach, also konnte ich fliegen. Unsere Maschine war eine Cessna 206, ein kleines, sechssitziges Flugzeug mit obenliegenden Tragflächen und fixiertem Fahrgestell, das Flugzeug unserer Wünsche. Ich wollte aus ihm herausspringen. Schon als ich wenig älter als zehn war, hatte ich mir eine Liste mit all den verrückten Dingen angelegt, die ich im Leben tun wollte. Einige davon hatte ich schon Jahre zuvor abgehakt. An diesem Wintertag 2001 wollte ich das Fallschirmspringen abhaken.

Mein Freund Alan hatte mir von dem Fallschirmgebiet erzählt, in dem er an jedem Wochenende drei Tage lang zeltete. Alan war Fallschirmlehrer und hatte schon ungefähr 9.000 Sprünge hinter sich. Meist traf ich mich mit ihm und seinen Fallschirmkumpels am Mittwochabend in der Hausbrauerei Gordon Biersch, zwei Blocks von meiner Wohnung in Palo Alto entfernt. Schon seit über einem Jahr hatte ich mir jetzt Geschichten von Leistungen beim Fallschirmspringen angehört. Das wollte ich nun selbst erleben.

Für mich hatte Fallschirmspringen nach viel Spaß ausgesehen. Während wir auf besseres Wetter warteten, sahen Tyson und ich viele Videos über das Fallschirmspringen. Die interessantesten waren diejenigen, die Menschen zeigten, die so etwas wie dreidimensionale Tänze in der Luft aufführten. Später hörte ich, dass dies eine Form des Fallschirmspringens ist, die man freien Flug nennt. Manche Springer führten das sogar kopfüber aus. Es sah so aus, als könnten sie tatsächlich ihre Körper in der Luft steuern. Das wollte ich ausprobieren. Ich wollte wie ein Vogel sein, wenn auch ein sehr schwerer Vogel mit sehr kleinen Flügeln. Ich hatte viel Zeit, darüber nachzudenken, wie ein Vogel zu fliegen, bis wir die Erlaubnis erhielten, tatsächlich zu springen.

Ich zog mir einen der Sprunganzüge für Schüler und die Schutzbekleidung an. Ich hatte keinen eigenen Fallschirm, weil ich einen Tandemsprung durchführen wollte. Alle meine Fallschirmfreunde hatten mir empfohlen, dies bei meinem ersten Sprung so zu machen. Im Prinzip war ich Passagier. Wir würden zu zweit am selben Fallschirm hängen, und meine Ausbilderin, eine Frau, die fast 20 cm kleiner und 30 kg leichter war als ich, würde das Fliegen übernehmen.

Da ich knapp 100 kg wog, war ihre Aufgabe nicht einfach. Um den Fallschirm sicher öffnen zu können, mussten wir uns beide in einem stabilen, geradlinigen Fall befinden. Sollten wir uns nämlich überschlagen, dann könnten wir uns in den Seilen des Fallschims verhaken. Daher sagte man mir, ich solle meine Hände und Arme weit ausstrecken und den Rücken durchdrücken. So könnte die Ausbilderin Fehler meinerseits ausgleichen und für unser beider Sicherheit sorgen.

Da ich schon fast 1.000 Stunden als Pilot oder Copilot in kleinen Flugzeugen verbracht und in einer Cessna 172, dem kleinen Bruder der 206 das Fliegen gelernt hatte, fühlte ich mich sehr wohl, als wir starteten und dann an Höhe gewannen. Ich fühlte mich gut und freute mich schon auf den Sprung. Als wir uns der Absprunghöhe von 10.500 Fuß näherten, kam meine Ausbilderin auf mich zu und verband unsere Sprunganzüge miteinander. Nun war ich mit starkem Nylongewebe und großen Haken aus Edelstahl an meine Ausbilderin gekoppelt.

Ich glaube, es war das Geräusch des Windes, als sich bei 190 km/h die Tür öffnete, das meine Furcht an die Oberfläche brachte. Man hatte mich davor gewarnt, aber das half mir nun auch nicht viel weiter. Ich hatte Angst. Das war kein normaler Flug mit einer kleinen Maschine, wie ich sie schon zu Hunderten hinter mir hatte. Diesmal würde ich hinausspringen.

Meine Aufgabe – die ich vor dem Start noch für relativ leicht gehalten hatte – bestand darin, den Fuß auf die kleine Aluminiumstufe neben dem Rad zu stellen. Das würde dafür sorgen, dass wir beim Absprung nicht in Kontakt mit dem Rad kamen. Schon bald bemerkte ich, dass es nicht so einfach ist, wie es sich anhört, Fuß und Bein bei einer Windströmung von 190 Stundenkilometern herauszustrecken. Der Wind blies so stark gegen meinen Fuß und mein Bein, dass ich viel Muskelkraft einsetzen musste; es fiel mir schwer, meinen Fuß genau dorthin zu stellen, wo ich ihn hinstellen wollte.

Das andere Problem war, dass ich starke Höhenangst habe. Ich weiß noch, wie ich als Kind warten musste, als mein älterer Bruder und meine jüngere Schwester auf dem Jahrmarkt auf die große Rutsche stiegen, weil ich zuviel Angst davor hatte, die Treppe hinaufzusteigen. Auch heute noch hasse ich es, auf Aussichtstürme zu steigen, weil sie in der Regel sehr offene Treppen haben. Ich bekomme ein starkes Gefühl der Furcht im Bauch, wenn ich über den Rand einer Klippe oder von einem hohen Balkon herunterschaue. Daher löste der Blick auf die Erde durch diese offene Tür meinen wichtigsten Furchtimpuls aus. Trotzdem war ich zum Absprung entschlossen.

Meine Ausbilderin, die wahrscheinlich schon viele ängstliche Anfänger gesehen hatte, versuchte mich aus der Tür zu schieben. Ich spürte einen starken Stoß, und wir taumelten kopfüber in den Luftstrom. Nach ein paar Sekunden waren wir frei und stabil. In den nächsten 60 Sekunden beobachtete ich, wie der Erdboden immer näher kam und dachte die ganze Zeit, dass Fallschirmspringen eine unglaublich intensive Erfahrung ist. Noch nie hatte ich den Erdboden mit einem derartigen Gefühl für die Macht der Schwerkraft beobachtet. Der Lärm überwältigte meine Ohren, und der Wind fühlte sich so stark an, dass es schien, wir schwebten während unseres Falls in der Luft.

Aber wenn das schon alles wäre, dann hätte diese Geschichte in einem Buch über Risiko und einem Kapitel über Furcht wenig Sinn. Also was soll das? Ich hatte also Angst, aus einem Flugzeug zu springen. Die meisten Leute würden das für eine ziemlich rationale Reaktion halten, wegen der man sich keine

Sorgen machen muss. Aber das war noch nicht das Ende. Dieser kurze, 60 Sekunden währende freie Fall löste etwas in mir aus. Ich wollte das wieder erleben, und zwar allein. Ich war der Idee verfallen. Es gab da nur dieses Problem, dass ich das Flugzeug tatsächlich verlassen musste. Und ich hatte enormen Bammel davor, das noch einmal zu tun.

Sich der Furcht stellen

Aber wenn ich schon Fallschirmspringen wollte, so dachte ich mir, dann sollte ich nicht zögern. Ich unterzeichnete einen Vertrag für die acht Sprünge, die ich brauchte, um meine Fallschirmspringer-Lizenz zu bekommen, und ich zahlte im Voraus. Und ich brachte einen anderen Freund von mir dazu, gleich mit mir zu unterschreiben. Wir mussten am frühen Samstagvormittag kommen, dann begann ein ganztägiger Anfängerkurs – Fallschimspringen mit Trainingsrädern. Ich verließ das Flugzeug mit meinem eigenen Fallschirm, und zwei Ausbilder folgten mir nach unten, bis ich meinen Fallschirm öffnete, um sicherzustellen, dass ich in der Lage war, eine stabile Fallposition einzunehmen und den Fallschirm erfolgreich zu öffnen. Danach musste ich den Fallschirm in die Landezone steuern und landen, ohne Personen oder Gegenstände auf dem Boden zu treffen – zum Beispiel Gebäude, Telefonleitungen oder Ähnliches.

Das Flugzeug für diesen zweiten Sprung, meinen ersten Solosprung, war eine viel größere Maschine, eine de Havilland Twin Otter. Sie hat zwei große Turbo-Propellermaschinen unter einer großen obenliegenden Tragfläche. Die normale, etwa 1,20 x 1,50 Meter große Ladetür des Flugzeugs hatte man durch eine Rolltür ersetzt, die man öffnen und schließen konnte, während die Maschine flog. Und dann gab es noch eine Edelstahlstange etwa 20 Zentimeter oberhalb der Tür an der Außenseite des Flugzeugs. An dieser Stange konnte man sich festhalten, und daher konnten viele Fallschirmspringer die Maschine gleichzeitig verlassen. Die Stange war gut für Formationsflüge, weil bis zu acht Springer gleichzeitig abspringen konnten.

Man sagte mir, ich solle hinausklettern, mich draußen hinstellen und auf die beiden Ausbilder warten. In Anbetracht der Windgeräusche bei 190 Stundenkilometern konnten wir nichts hören, und daher sagte man mir, ich solle beide Ausbilder anschauen und ihnen zunicken, damit sie wussten, dass mit mir alles in Ordnung war. Dann sollten wir die Knie beugen und mit dieser

Beugungsbewegung unser Timing in Einklang bringen. Wir würden auf eins und zwei zählen und dann bei drei gemeinsam abspringen.

Als ich aus dem Flugzeug kletterte, bemerkte ich, dass die Windgeschwindigkeit weitaus höher war als damals, als ich bei meinem ersten Sprung aus der Cessna 206 gestiegen war. Der linke Motor der Twin Otter lag direkt vor der Tür. Daher gab es neben dem normalen, durch die Bewegung der Maschine verursachten Luftzug noch eine starke Luftströmung durch den Propeller des Flugzeugs. Das verstärkte meine Angst noch weiter. Nicht in dem Sinn, dass ich eine intensive bevorstehende Gefahr verspürte, aber ich war wegen zu vieler neuer sensorischer Empfindungen ängstlich, die ich mangels Erfahrung nicht einordnen konnte.

Dieses Übermaß an neuen sensorischen Erfahrungen bedeutete, dass es wichtig für mich war, ruhig, cool und konzentriert zu bleiben. Eine Vergnügungsfahrt war das nicht für mich. Mein Leben hing von meiner Fähigkeit ab, meine Aufgaben einigermaßen vernünftig zu erfüllen.

Als wir absprangen und mit dem Fall begannen, ließ meine Angst nach. Ich zog die Reißleine, steuerte den nun offenen Fallschirm wie einen Paraglider und erreichte in der Landezone den Boden. Die meisten modernen Fallschirme lassen sich wie Paraglider steuern. Als Privatpilot hatte ich keine Probleme damit, weil der Flug mit dem Fallschirm ganz ähnlich war wie der Flug und die Landung mit einem kleinen Flugzeug.

Es dauerte dann ungefähr einen Monat, bis ich die acht Sprünge absolviert hatte, die man für die Lizenz als Fallschirmspringer nach den Vorschriften der U.S. Parachuting Association benötigt. Mit jedem weiteren Sprung ließ meine Angst beim Verlassen des Flugzeugs spürbar nach.

Der siebte Sprung war eine Ausnahme. Statt langsam aus der Maschine auszusteigen war es bei diesem Sprung gefordert, mit ausgestreckten Armen aus dem Flugzeug zu springen, so wie man in einen Swimmingpool taucht. Da ich es hasste, das Flugzeug zu verlassen, und da man mir den gesamten Lehrplan schon vor dem ersten Sprung vorgestellt hatte, baute sich mein Grauen vor dem siebten Sprung immer weiter auf.

Als wir ins Flugzeug stiegen, fasste ich den Entschluss, ich würde diesen Sprung nur bewältigen können, wenn ich mich einfach darauf einließe. Als ich an der Reihe war, hielt ich mich mit den Händen an beiden Seiten der Tür fest und stieß mich dann ab, worauf ich kopfüber in den 180 m/h schnellen Wind stürzte. Ich bemerkte, dass ich offenbar von Anfang an stabil flog, und dass dieser Kopfsprung tatsächlich auch leichter war, weil man schneller außer Reichweite der Luftturbulenzen in der Nähe des Flugzeugs kam. Meine Befürchtungen waren unberechtigt gewesen.

Nach diesem Sprung waren meine Furcht und meine Angst vollständig verschwunden. Ich hatte meine größte Furcht überwunden und dabei gelernt, dass es letzten Endes nichts zu fürchten gab. Ich hatte meine Furcht überwunden.

> Meiner Ansicht nach ist die Überwindung von Furcht äußerst wichtig (aber ich würde hier auch jede andere Emotion einschließen). Das liegt daran, dass man nur traden kann, woran man glaubt. Und unnütze Glaubenssätze sind leicht zu verändern, wenn sie nicht mit starken Gefühlen wie Furcht verbunden sind. Wenn man aber beim Trading Furcht oder andere starke Emotionen verspürt, dann werden dadurch einschränkende Glaubenssätze möglicherweise derart verstärkt, dass sie ohne professionelle Hilfe nicht überwunden werden können.
>
> *Dr. phil. Van K. Tharp,*
>
> Trading-Coach und Autor des Bestsellers *Trade Your Way to Financial Freedom*

Die Psychologie der Furcht

Es ist dieser Aspekt meiner Angst beim Fallschirmspringen, der für diejenigen am lehrreichsten ist, die die erste der sieben Regeln des Meisterns von Risiken verstehen wollen: *Überwinden Sie Ihre Furcht.* Die mit Unsicherheit und Risiken verbundene Furcht, die einen schwächt, ist die Furcht, die durch Bedrohungen ausgelöst wird. Wie das Knacken eines Astes lösen Unsicherheit und Risiko bei den meisten Menschen in der modernen Welt eine Reihe primitiver biochemischer Reaktionen aus, die einen extrem alarmierten Geisteszustand verursachen, der oft mit Angst verbunden ist. In einigen Fällen kann sich diese Angst bis zu einer voll ausgeprägten Panikattacke steigern.

Diese schwächende Furcht macht es sehr schwer oder sogar unmöglich, klar zu denken. Die Überwindung von Furcht ist entscheidend für den Erfolg als Trader, Unternehmer oder Notfallmediziner, weil Furcht und Angst normale Beurteilungsvorgänge behindern. Und dennoch sind Furcht und Angst sehr verbreitete Reaktionen auf Risiko und Unsicherheit. Wenn man also angesichts von Unsicherheit erfolgreich sein will, muss man sie überwinden.

Denjenigen, die Angst und Furcht empfinden, erscheint dies oft als riesiges Hindernis. Zum Glück haben viele Leute speziell beim Trading gelernt, ihre Angst zu überwinden, und die Lektionen aus dem Trading sind auch im Geschäftsleben und in der Notfallmedizin sehr nützlich. In einem Artikel mit dem Titel „Emotionen und Trading: Angst verstehen", schrieb der Trader und klinische Psychologe Dr. Brett Steenbarger (Autor von *The Psychology of Trading*, Wiley, 2006), folgendes über die Angst beim Trading, die aus Unsicherheit und Risiko erwächst:

> *Da Trading mit dem Eingehen von Risiken in einem unsicheren Umfeld verbunden ist, ist es für uns notwendigerweise eine emotionale und intellektuelle Herausforderung ... Wir werden uns eine Reihe emotionaler Erfahrungen ansehen, die mit Angst zu tun haben. Dazu gehören Nervosität, Anspannung, Stress, Furcht und Sorge. Sie alle sind Reaktionen auf empfundene Bedrohungen. Sie sind ein Teil der Reaktionen des Fliehens oder Kämpfens, die uns dazu befähigt, mit gefährlichen Situationen umzugehen.*
>
> *Es gibt keine zwei Trader, die Angst auf die gleiche Weise erfahren. Für manche ist sie hauptsächlich ein kognitives Phänomen, bei dem sich die Gedanken beschleunigen und Besorgnis einsetzt. Bei anderen kommen physische Manifestationen zur kognitiven Komponente hinzu: Pulsbeschleunigung, Muskelanspannung, flache Atmung ...*
>
> *Da Angst ein genetisch verankertes, adaptives Verhaltensmuster repräsentiert, bei dem es darum geht, zu fliehen oder zu kämpfen, macht sie uns handlungsbereit. Verstärkter Blutzufluss in bestimmten Bereichen des Gehirns stimuliert die motorischen Gehirnareale, wobei der vordere Bereich der Großhirnrinde umgangen wird, der für Planung, Urteilsfindung und rationale Entscheidungen zuständig ist. Aus diesem Grund können wir, wenn wir Angst empfinden, Entscheidungen treffen, die wir in einem coolen, ruhigen und besonnenen Zustand nicht auf diese Art treffen würden.*

Beachten Sie, dass Dr. Steenbarger die duale emotionale und kognitive Reaktion auf Angst beschreibt. Es gibt eine viszerale Reaktion mit physischen körperlichen Empfindungen und eine bewusste Reaktion, bei der das Denken ins Spiel kommt, um unsere spezielle und individuelle Reaktion auf Angst zu definieren. Lesen Sie nun, was Dr. Steenbarger über die Ursachen der Angst schreibt:

> *Denken Sie daran, dass Angst eine Reaktion auf eine wahrgenommene Bedrohung ist. Solche Bedrohungen können real sein, sie können aber auch durch unser (negatives) Denken verursacht werden. ... Es geht nicht nur um die Realität, sondern um unsere Interpretationen der Realität, die unsere Reaktionen des Fliehens oder Kämpfens bestimmen.*
>
> *Die beiden unmittelbaren Herausforderungen für Trader, die Angst empfinden, bestehen darin, sich deren Manifestationen bewusst zu werden und zu entscheiden, ob die Bedrohungen hauptsächlich real oder nur erdacht sind. Wir müssen unsere individuellen Manifestationen der Angst kennen, um die Reaktion des Fliehens oder Kämpfens zu unterbrechen und so schnell wie möglich wieder den kognitiven Status zu erreichen, in dem wir unsere gesunden, aktiven Fähigkeiten anwenden können.*

In einem Umfeld der Unsicherheit kommt unsere Angst also aus zwei verschiedenen Quellen. Einerseits gibt es die sehr reale inhärente Bedrohung wegen der Unsicherheit des Ergebnisses selbst. Andererseits gibt es eine wahrgenommene Bedrohung, die deutlich stärker sein kann und davon abhängt, wie Sie die tatsächliche Bedrohung in Ihrem persönlichen Kontext sehen. Wenn Sie den kognitiven Kontext verändern können, innerhalb dessen Sie diese Bedrohung platzieren, dann können Sie auch Ihre Wahrnehmung dieser Bedrohung verändern und Ihre Angst vermindern.

Am Anfang sind Ihre durch Unsicherheit verursachten Ängste in der Regel zu stark oder zu schwach, weil es noch keinen ausreichenden Kontext gibt, in dessen Rahmen Sie sie einordnen könnten. Wenn Sie dieses Phänomen noch nie kennengelernt haben, dann beruht Ihre Wahrnehmung der Bedrohung und der Gefahr nur auf Geschichten, die Sie gehört haben und auf den primitiven Emotionen, die jeder neue und unbekannte Reiz auslöst. Manche Menschen haben anfangs kaum Angst, entwickeln diese Angst aber später, wenn ein tatsächlicher oder gerade noch vermiedener Unfall sie dazu zwingt, ihre hochmütige Einstellung zu überdenken. Andere dagegen empfinden zu starke Furcht; eine Furcht, die ans Irrationale grenzt.

Als ich damit vertraut wurde, aus einem Flugzeug zu springen, ließ meine Angst nach. Als ich zum ersten Mal sprang, fiel es mir schwer zu entscheiden, welche der vielen Regeln und Lektionen die wichtigsten waren. Daher musste ich sie alle als extrem wichtig betrachten, bis ich genug Erfahrung für meine eigene Einschätzung gesammelt hatte. Zum Beispiel machte ich mir ganz am Anfang Sorgen, eine stabile Fallposition zu erreichen, um mich nicht in den Leinen zu verheddern, wenn der Fallschirm ausgelöst wurde. Später wurde dieses stabile Fliegen so einfach, dass ich mir über diesen Aspekt des Fallschirmspringens nie wieder Gedanken machte. Er war einfach kein Grund mehr, Angst zu haben.

Die Läuterung der Furcht

Wir können durch Unsicherheit ausgelöste Furcht und Angst auf drei separate Quellen unterteilen:

Die Angst vor dem Neuen – die Angst, die durch unbekannte Menschen, Umstände oder Herausforderungen entsteht.

Die irrationale Angst – die emotionale Reaktion und die Furcht, die über ein rationales Maß der Bedrohung hinausgeht.

Die Angst vor der inhärenten Bedrohung – die Angst, die durch eine rationale Einschätzung der Bedrohung entsteht.

Die Aufgabe der ersten Regel des Meisterns von Risiken besteht darin, die Furcht derart zu läutern, dass sie nur noch aus dem besteht, was man als rationale Reaktion auf die durch Unsicherheit verursachte Bedrohung bezeichnen kann. Dazu müssen Sie so gut es geht Ihre Angst vor dem Neuen und Ihre irrationale Angst reduzieren. Wenn dann die von Ihnen empfundene Angst *nur noch* auf der *tatsächlich drohenden* Gefahr basiert, können Sie die Auswirkungen der *tatsächlichen* Bedrohung auf Ihren Prozess der Entscheidungsfindung effektiv minimieren.

Wie man die Angst vor dem Neuen reduzieren kann

Die Angst vor dem Neuen ist diejenige Art von Angst, die man am leichtesten lindern kann. Diese Furcht wird durch unbekannte Menschen, Umstände oder Herausforderungen verursacht. Sie weicht in der Regel, wenn man einfach weitermacht. Wenn man mit der neuen Aufgabe oder mit dem neuen Umfeld vertraut wird, verschwindet die Angst.

Auf Gebieten, in denen die Angst dafür sorgen kann, dass Sie zu einer Gefahr für sich selbst werden, können Sie in der Regel von der Supervision durch einen Ausbilder profitieren, der mit den Fehlern vertraut ist, die Anfänger begehen, wenn sie Angst haben. Beim Fallschirmspringen geht es bei den ersten Sprüngen um dieses Thema. Die Ausbilder rechnen damit, dass Sie starke Angst empfinden. Es ist ihre Aufgabe, Ihre wahrscheinlich sehr schwache, durch diese starke Angst verursachte Leistung zu kompensieren. Wenn diese Angst vor dem Neuen nachlässt, schafft ein Anfänger beim Fallschirmspringen immer mehr und wird auch immer weniger ängstlich.

Wenn Sie lernen zu traden wollen Sie sicherstellen, dass Sie nicht all Ihr Geld wegen der Fehler verlieren, die Sie während dieses Lernprozesses machen. Manche traden zunächst nur auf dem Papier und dokumentieren ihre Trades schriftlich oder auf einem Computer-Spreadsheet, um nachprüfen zu können, wie viel Geld sie theoretisch gewonnen oder verdient hätten. Diese Art der simulierten Börsenpraxis hilft in gewisser Weise dabei, die Angst vor dem Neuen zu reduzieren, was die mechanischen Abläufe beim Trading betrifft. Allerdings vermittelt sie keine praktische Erfahrung mit den Emotionen des Tradings. Es gibt keinen Ersatz dafür, reale Trades auf einem realen Markt durchzuführen, wo es ein reales Verlustrisiko gibt. Neue Märkte wie die Forex bieten Trading-Neulingen die Möglichkeit zu traden und dabei bei jedem Trade nur sehr kleine Geldsummen zu riskieren. Das ermöglicht ein realistischeres Training, denn die Gewinne und Verluste, so gering sie auch sein mögen, helfen Ihnen dabei, etwas über Ihre eigenen emotionalen Reaktionen auf Risiken und Unsicherheit zu lernen.

Die Angst vor dem Neuen ist auch einer der Gründe dafür, dass junge Ärzte von sehr erfahrenen Ärzten ausgebildet und überwacht werden. Zunächst werden die neuen Ärzte sehr genau beobachtet. Im Lauf der Zeit verlieren sie ihre Angst und benötigen ein geringeres Maß an direkter Supervision.

Die Anwesenheit erfahrener Ärzte hilft dabei, die Angst vor dem Neuen abzubauen, und Patienten sind somit keinen höheren Risiken ausgesetzt, weil die jungen Ärzte noch wenig Erfahrung in der medizinischen Praxis haben.

Die Reduzierung irrationaler Angst

Irrationale Angst ist ein wenig schwerer zu überwinden. Zum Glück gibt es viele Untersuchungen über psychologische Phobien, die denjenigen nützen, die ihre Angst vor Risiken und Unsicherheit abbauen wollen. Eine *Phobie* ist eine unnatürliche Furchtreaktion, wobei sich die Furcht auf Situationen oder Objekte bezieht, die keine oder allenfalls eine geringfügige Gefahr darstellen; die Gefahr wird vom Betroffenen aber als weit größer empfunden. Oft erkennt dieser auch, dass seine Furcht irrational ist und sucht professionellen psychologischen Beistand. Im Lauf der Zeit haben Psychologen Therapien für Phobien entwickelt. Zwei der bekanntesten davon sind die systematische Desensibilisierung und die Reizüberflutung.

Systematische Desensibilisierung. Die systematische Desensibilisierung ist ein Prozess, bei dem die Patienten dem Furcht auslösenden Objekt immer stärker ausgesetzt werden, bis sie eine Toleranz dagegen entwickeln. Stellen Sie sich einen Patienten mit einer irrationalen Furcht vor Spinnen vor; auch vor solchen, die nicht giftig sind. Zunächst bringt man solchen Patienten kognitive Fähigkeiten bei, die ihnen einen engeren Umgang mit Spinnen ermöglichen, als sie normalerweise ertragen könnten. Dies ist deshalb nötig, weil die Patienten zunächst über keine zureichenden Mechanismen verfügen, um ihre Furcht zu kontrollieren. Die Therapie der systematischen Desensibilisierung zielt darauf ab, den Patienten zureichende kognitive Fähigkeiten zu vermitteln, damit sie ihre irrationale Furcht vollständig überwinden können.

Nachdem sie diese Fähigkeiten erworben haben, werden die Patienten immer mehr dem Kontakt mit den gefürchteten Spinnen ausgesetzt. Zunächst zeigt man Ihnen vielleicht nur Bilder von Spinnen. Dann, wenn sie mit den Bildern effektiv umgehen können, führt man sie eventuell in ein Zimmer, in dem sich eine – zum Beispiel in einem Glaskasten verwahrte – echte Spinne befindet. Später wird die Zahl der Spinnen erhöht. Und schließlich berühren die Patienten vielleicht lebende Spinnen. Zwischen den einzelnen Sitzungen werden die kognitiven Fähigkeiten des Patienten gefördert, damit er die folgenden Konfrontationen mit dem Objekt seiner Phobie erfolgreich bewältigen kann.

Reizüberflutung. Die Reizüberflutung ist eine ähnliche Form der Behandlung von Phobien, die auf eine Überwältigung des emotionalen Reaktionsmechanismus abzielt. Bei der Reizüberflutung geht es nicht um den Aufbau kognitiver Fähigkeiten. Die grundlegende Vorstellung dabei ist, dass der Körper nicht zeitlich unbegrenzt ängstlich sein kann. Wenn man den Patienten also mit den Furcht auslösenden Reizen überflutet, wird er sich schließlich wieder ruhig fühlen und bemerken, dass das Furcht auslösende Objekt eigentlich gar nicht so schrecklich ist. Eventuell entwickelt der Patient sogar ein Gefühl der Ruhe, wenn er mit dem früheren Auslöser seiner Furcht konfrontiert wird.

Wie man mit der Furcht vor Unsicherheit umgeht

Jede dieser Therapien ist für diejenigen lehrreich, die sich vor dem Eingehen von Risiken und vor Unsicherheit fürchten. Die systematische Desensibilisierung zeigt, wie die Entwicklung kognitiver Fähigkeiten, kombiniert mit schrittweise intensiver werdender Konfrontation dazu dienen kann, mit Ängsten umzugehen. Die Überflutung dagegen zeigt, wie wiederholte extreme Konfrontation die Effekte der Angst auslösenden Reize mildern kann. Beide Therapien demonstrieren, wie wichtig einerseits die Gewöhnung und andererseits das Springen mit beiden Füßen in die Angst erregende Situation sein kann.

In einem anderen Artikel in seinem Blog spricht Brett Steenbarger speziell darüber, wie er einem fiktiven Trader namens John helfen würde, dem es wegen des erhöhten Drucks und der damit verbundenen Risiken schwer fällt, seine Positionsgrößen nach einem Gewinn zu erhöhen. Vielleicht war John erfolgreich, als er kleinere Summen tradete, zum Beispiel einen einzelnen Goldkontrakt, aber er hat Angst davor, die Zahl der Kontrakte zu erhöhen, um mehr Geld verdienen zu können.

Hier sind Bretts Kommentare:

> *Man kann ein Muster nicht rapide verändern, wenn man nicht in Echtzeit mit diesem Muster konfrontiert ist. Das Sprechen über ein*

Problem löst, für sich selbst genommen, dieses Problem nicht. Menschen lernen durch neue Erfahrungen. John wird sich mit größeren Positionen wohl fühlen, wenn er sie tatsächlich tradet und nicht nur über seine Unsicherheit diskutiert. Daher würde ich John zunächst einmal einige größere Trades an einem Simulator überlassen. Ich würde ihm einige grundlegende kognitive und verhaltensbezogene Fähigkeiten beibringen, damit er ruhig und konzentriert bleibt, und ihn dazu ermutigen, diese Fähigkeiten bei den simulierten Trades einzusetzen. Sobald das funktioniert, würden wir seine Positionsgrößen lediglich ein wenig erhöhen und ihn live traden lassen – wobei er wiederum die erlernten Fähigkeiten einsetzen müsste. Erst wenn das klappt, würden wir die Positionsgrößen erneut ein wenig erhöhen, dann noch einmal und später noch einmal. John würde die wiederholten Erfolgserlebnisse verinnerlichen und sich im Lauf der Zeit selbst für einen Trader größerer Positionen halten.

Diese Prinzipien sind gültig, egal ob es sich um die Arbeit an der Tradingdisziplin, um Ehestreitigkeiten oder um Höhenangst handelt. Ihre Arbeit an sich selbst wird Erfolge zeitigen, wenn Sie einen sicheren Kontext für die Veränderungen finden, die Sie vornehmen wollen. Veränderung durch die Verordnung von Lösungen statt durch das Diskutieren von Problemen ist eine wirkungsvolle Möglichkeit, sich als Trader – und als Mensch – weiterzuentwickeln.

Beachten Sie, dass Bretts Therapie große Ähnlichkeit mit dem beschriebenen Beispiel einer systematischen Desensibilisierung bei einer Spinnenphobie aufweist. Brett setzt seine Klienten immer stärker den gefürchteten Reizen aus, bis sie keine Probleme mehr damit haben. Die Behandlung irrationaler Phobien ähnelt Bretts Behandlung irrationaler Ängste beim Trading, weil unser innerer Furchtmechanismus der gleiche ist – ob die irrationalen Ängste nun von etwas Physischem oder von etwas in unserem Kopf ausgelöst werden, wenn wir über Risiko nachdenken.

Der wichtige Punkt dabei, den man sich merken muss: Mit Übung und fachlicher Unterstützung können wir unsere irrationalen Ängste überwinden. Indem wir die Konfrontation mit dem Objekt der Furcht erhöhen, können wir die Furcht langsam besiegen.

Was den Verstand umbringt

Die Eliminierung irrationaler Furcht ist deshalb so wichtig, weil Furcht den Prozess der Entscheidungsfindung stört. Wenn eine bestimmte Schwelle überschritten wird, kann die Furcht tatsächlich den Verstand umbringen. Die Furcht veranlasst Sie dazu, Ihren Sinneseindrücken extreme Aufmerksamkeit zu widmen und sie mindert Ihre Fähigkeit, rational zu denken. Furcht veranlasst Menschen dazu, Risiken zu meiden, die einen rationalen Sinn ergeben und Risiken einzugehen, die man rational meiden sollte.

Irrationale Furcht veranlasst ansonsten sehr intelligente Menschen oft dazu, selbst die Verantwortung für den finanziellen Aspekt ihres Lebens zu übernehmen. Da sie sich vor Unsicherheit fürchten, verlassen sich viele auf sogenannte Profis, was die Investitionen in ihren Altersvorsorgekonten betrifft, weil sie Angst vor der mit solchen Entscheidungen verbundenen Unsicherheit haben. Andere entscheiden sich für die „sichere" Lösung, weil sie Angst vor Unsicherheit haben, und diese Lösung kann sie im Lauf vieler Jahre Tausende oder Hunderttausende von Dollars kosten, weil sie zu Investitionen mit niedrigeren Renditen führt.

Irrationale Furcht hält Menschen davon ab, Aktien zu verkaufen, wenn sie nach jahrelangen Kursanstiegen zu fallen beginnen. Sie hält Menschen davon ab, Aktien zu kaufen, wenn sie nach einer jahrelangen Baisse wieder zu steigen beginnen.

Irrationale Furcht fördert den Herdentrieb. Manche denken: „Es ist riskant, sich gegen die Mehrheit zu wenden. Jeder wird es erfahren. Es ist besser, sich in guter Gesellschaft zu befinden und sich der Herde anzuschließen. Ich mache besser, was alle anderen auch machen, ehe es zu spät ist."

Irrationale Furcht veranlasst Menschen dazu, in der Übertreibungsphase einer Hausse zu investieren, wenn die Renditen am dünnsten und die Risiken am fettesten sind. Am Anfang fürchten die Menschen Verluste und bleiben dem Markt daher fern. Später, wenn sie dann all das Geld sehen, das ihre Freunde mit ihren Investments verdienen, befürchten sie, das leicht verdiente Geld zu verpassen. Und wenn sich der Markt dann dreht und wieder zu fallen beginnt, haben sie Angst bei sinkenden Kursen zu verkaufen, weil sie irrtümlich hoffen, der Markt werde seine früheren Hochs wieder erreichen.

Viele Menschen sind weniger ängstlich als andere, und daher fällt es ihnen leicht, Furcht zu überwinden, aber viele andere sind von Natur aus furchtsam. Wenn Sie von Furcht betroffen sind, dann hoffe ich, dass Ihnen der Schluss meiner Geschichte über das Springen aus einem Flugzeug helfen wird.

Nach meinem achten oder neunten Fallschirmsprung bemerkte ich, dass ich keine Angst mehr davor hatte, das Flugzeug zu verlassen. Und dann bemerkte ich noch mehr. Ich sah den Erdboden da unten und sah, wo sich das Fugzeug relativ zur Landezone befand. Ich bemerkte die Wolken und die anderen Fallschirmspringer, die vor mir abgesprungen waren. Ich bemerkte das Gefühl, das die Luft auf meinem Körper verursachte. Und wegen dieser Dinge wurde ich zu einem sichereren Fallschirmspringer. Die Wahrscheinlichkeit war nun viel geringer, dass ich unabsichtlich mit einem anderen Fallschirmspringer kollidieren könnte – was sehr gefährlich sein kann. Es war auch weniger wahrscheinlich, dass ich weit entfernt von der Landezone aufkommen und in bergigem oder felsigem Gelände landen würde, was Verletzungen verursachen kann.

Und die Sache machte mir nun auch mehr Spaß. Tatsächlich wurde nach einigen weiteren Sprüngen das Verlassen des Flugzeugs und der Sprung mit dem Kopf voraus mein liebster Teil der ganzen Prozedur. Indem ich mich meiner Furcht stellte, verwandelte ich Furcht in Spaß. Zudem baute ich Selbstvertrauen auf, dass ich mich meinen Ängsten stellen und sie überwinden kann.

Also stellen Sie sich Ihrer Furcht. Sehen Sie ihr ins Auge. Bezwingen Sie sie mit Ihrem Blick. Lassen Sie nicht zu, dass Ihre Ängste die Kontrolle über Sie erlangen. Überwinden Sie sie.

Kapitel 8: Anpassen oder sterben

Der Fluss des Wassers hängt von der Struktur des Bodens ab;
der Soldat erarbeitet den Sieg in Abhängigkeit von dem Feind,
dem er gegenübersteht.
Daher hat eine militärische Einheit ebenso wie Wasser
eine beständige Form. Die Fähigkeit, durch Veränderung und
Anpassung an den Gegner den Sieg zu erringen,
nennt man Genie.
SUN TZU, AUS *DIE KUNST DES KRIEGES*

Die wichtigste Regel zum Meistern von Risiken lautet, dass man *flexibel bleiben* muss. Wenn Sie nicht wissen, was die Zukunft bringen wird, müssen Sie damit rechnen, dass Sie etwas Unerwartetes bringen wird. Man kann diesen Punkt gar nicht stark genug betonen.

Es reicht nicht aus, lediglich einen flexiblen Plan zu haben. Sie müssen flexibel bleiben. Das bedeutet, dass Sie sich nicht festlegen und sich wenn möglich keine Optionen für die Zukunft verbauen sollten. Flexibel zu bleiben ist ebenso wichtig wie am Anfang flexibel zu sein. Denken Sie daran: Um mit Unsicherheit umgehen zu können ist es entscheidend, auf das vorbereitet zu sein, was tatsächlich passiert. Wenn Sie auf ein bestimmtes Resultat fixiert und nicht dazu in der Lage sind zu reagieren, wenn die Zukunft etwas anderes bringt als eben dieses Ergebnis, werden Sie wesentlich schlimmere Konsequenzen zu tragen haben als wenn Sie flexibel bleiben und auf die neuen Umstände reagieren können. Flexibilität ermöglicht größere Anpassungsfähigkeit und Reaktionen auf sich verändernde Umstände. Flexibilität ist in Zeiten rapider Veränderungen und Innovationen besonders wichtig.

Flexibilität fördert Innovationen

Wenn man den wichtigsten Grund für die Dominanz der amerikanischen Industrie in der Welt des 20. Jahrhunderts benennen sollte, dann wäre es der Erfolg amerikanischer Innovationen. Das Telefon, die Glühbirne, das Grammofon, die Filmkamera, das Flugzeug, der Transistor, der integrierte Schaltkreis, der Mainframe-Computer, der PC und das Internet wurden sämtlich in den USA erfunden, entwickelt und industriell verwertet.

Der wichtigste Grund des Erfolgs amerikanischer Technologie sind vielleicht nicht deren Erfinder, sondern die Kultur der Innovation und die enorme Flexibilität des Systems der Finanzierung junger Unternehmen, die diesen Erfolg ermöglicht.

Als Land der Pioniere und Einwanderer sind die USA mit Menschen bevölkert, die willens waren, alles zu riskieren, um sich eine Chance auf ein besseres Leben für sich selbst und ihre Nachkommen zu sichern. Auch heute kommen noch Tausende aus allen Teilen der Welt mit der Hoffnung auf ein besseres Leben. Die Immigranten kommen mit dem Wissen, dass sie hart arbeiten müssen, um wirtschaftlich über die Runden zu kommen. Wer den Willen dazu aufbringt ist fast schon definitionsgemäß risikobereit – furchtlos, abenteuerlustig und vielleicht ein wenig verrückt. Der Geist der Einwanderer ist einer des Eingehens durchdachter Risiken. Dieser Geist beeinflusst Kultur, Politik und Geschäftsleben in den USA.

General Motors versus Ford

Eine der interessantesten Stories der amerikanischen Wirtschaftsgeschichte bezieht sich auf die beiden rivalisierenden und größten Automobilhersteller des 20. Jahrhunderts, also auf die Ford Motor Company und auf General Motors.

Die meisten Menschen kennen die Geschichte von Henry Ford, dem großen industriellen Erneuerer und Gründer der Ford Motor Company. Er erfand das System der Massenproduktion am Fließband, das später die Arbeit in Fabriken auf der ganzen Welt dominieren sollte. Ford erfand auch das Modell T, das 50 Jahre lang das meistverkaufte Auto der Automobilgeschichte war. In seiner 18-jährigen Produktionszeit ab 1909 wurde das Modell T über 16 Millionen Mal verkauft. (Was die Verkaufszahlen betrifft, wurde das Modell T erst 1973 vom VW Käfer überholt.)

Allein im Jahr 1924 verkaufte Ford fast zwei Millionen Exemplare des Modells T. Das entsprach in diesem Jahr über 60 Prozent des gesamten Automobilmarkts. Aber dieser Erfolg war nicht von Dauer. 1924 war für Ford auch der Beginn eines enormen Verlustes von Marktanteilen. Bis 1927, als Ford den Bau des Modells T einstellte, waren die Umsätze auf 400.000 Autos und auf einen Marktanteil von 13,2 Prozent geschrumpft. In nur drei Jahren war der Autoabsatz bei Ford um 80 Prozent gesunken. Der Hauptgrund für diesen Rückgang war der Aufstieg von General Motors.

Die meisten Leute kennen zwar die Geschichte von Ford und des Weges des Modells T zum Ruhm, aber die Geschichte, wie General Motors unter der Führung von Alfred P. Sloan Ford und das Modell T überholte ist weit weniger bekannt. Alfred P. Sloan war einer der wichtigsten Erneuerer auf dem Gebiet der Managementpraxis. Seine strategischen Erkenntnisse über General Motors in den 1920er-Jahren waren entscheidend dafür, dass General Motors Ford überholte und zum größten Automobilhersteller der Welt wurde.

Zunächst, 1921, hatte Sloan eine Firma geerbt, die eine Ansammlung verschiedener Automarken war, die William C. Durant als Gründer von General Motors zusammengekauft hatte. Zu diesen Marken gehörten Chevrolet, Oakland, Buick, Oldsmobile und Cadillac. Sloan straffte die operativen Abläufe und trennte die verschiedenen Abteilungen voneinander. Somit produzierte jede Abteilung Autos zu verschiedenen Preisen, mit denen verschiedene Zielgruppen von Kunden angesprochen wurden. Chevrolet stellte die Autos mit den niedrigsten Preisen her und trat in direkten Wettbewerb zu Ford. Oakland (später Pontiac) baute etwas teurere Autos. Dann kam Buick, dann Oldsmobile, und die Luxuswagen wurden von Cadillac produziert.

Henry Ford hatte nur sein einziges Modell – das Modell T –, das seit seiner Markteinführung 1908 größtenteils unverändert produziert wurde. Unter Sloan hatte General Motors Dutzende verschiedener Modelle; jedes mit einem anderen Preis und jedes mit einem anderen Design und Styling.

Sloan war das noch nicht genug. Die Autoindustrie veränderte sich rasant. 1922, in Sloans erstem vollen Jahr als Manager von General Motors, wurde der aufblasbare Reifen erfunden. Dieser Reifen, heute als moderner *pneu-*

matischer Reifen bekannt, ermöglichte ein viel bequemeres Fahren als die früheren Vollgummireifen. Erfindungen wie hydraulische Bremsen, Einzelradaufhängung, Windschutzscheiben aus Sicherheitsglas, Bremsen mit Vakuumwirkung, genormte Schraubverbindungen, Stoßdämpfer und viele andere, die die Gesellschaft heute für selbstverständlich hält, wurden im ersten Jahrzehnt eingeführt, als Sloan General Motors managte.

Sloan führte die moderne Praxis jährlicher Modellwechsel ein, die seither in der Autoindustrie zum Standard geworden ist. Jedes Jahr schlossen die Fabriken für ein paar Wochen, und in dieser Zeit wurden die Neuerungen des betreffenden Jahres jedem Modell hinzugefügt. Die neuesten Erfindungen kamen zunächst bei den höherpreisigen Modellen von Cadillac und Oldsmobile zum Einsatz. Später, als der Preis einer Innovation durch die Technologie und die Produktionskosten sank, wurde sie auch in den preiswerteren Modellen der Marken Pontiac und Chevrolet eingesetzt.

In den 1920er-Jahren begann General Motors das T-Modell von Ford zu überholen, bis es selbst für Henry Ford offensichtlich wurde, dass die Tage dieses Modells vorbei waren, und dass Ford ein neues Modell brauchte. Aber sogar dann wurden die Vorteile von Sloans flexiblerer Strategie offensichtlich. Da die Fabriken von General Motors jedes Jahr aufgerüstet werden mussten, um die Verbesserungen umsetzen zu können, waren diese Fabriken selbst mit geistiger Flexibilität ausgestattet. Die Fließbänder hatten rund um die Maschinen genügend Platz, um Anpassungen zu ermöglichen. Dagegen war Fords riesiges Werk in River Rouge, das darauf ausgerichtet war, das Modell A als Nachfolger des Modells T zu bauen, derart auf dieses neue Modell ausgerichtet, dass es später wesentlich schwerer fiel, dort Maschinen für zusätzliche Aufgaben aufzubauen. Die Fabrik konnte keine umfangreichen jährlichen Modellwechsel gewährleisten, wie es die Fabriken von General Motors konnten.

Heute erscheinen uns Sloans Fortschritte als sonnenklar. Er wusste, dass General Motors nicht zuverlässig prognostizieren konnte, welche Ausstattungsmerkmale oder Modelle die erfolgreichsten sein würden. In gewisser Hinsicht war jede Abteilung und jedes einzelne Modell ein Experiment. Den Modellen, die sich gut verkauften, widmete man erhöhte Produktionskapazitäten. Das Scheitern eines einzelnen Modells bedeutete für General Motors keine Gefahr. Indem General Motors Autos auf jedem Preisniveau und mit verschiedenen Ausstattungsmerkmalen anbot, konnte das Unternehmen Ford überholen und zum größten Automobilhersteller der Welt aufsteigen. General Motors hat diese Position ununterbrochen für 77 Jahre gehalten.

Erst in den 1970er-Jahren begann General Motors seine Dominanz zu verlieren, weil das Unternehmen die Flexibilität aufgab, die früher sein Kennzeichen war. Heute sind Buicks und Oldsmobiles praktisch identisch. Der Geist der Experimentierfreudigkeit und der Innovation, der für den Aufstieg von General Motors entscheidend war, ist schon lange tot.

Flexibel bleiben

Die entscheidenden Erkenntnisse, die Sloan anwandte, erlaubten General Motors extreme Flexibilität in einer Zeit umfassender Innovationen in der Automobilbranche. Diese Flexibilität war der Grund, warum General Motors Ford so rasch überholte. Ford dagegen setzte das Schicksal des Unternehmens auf das Modell T und sah seinen Marktanteil in den wenigen Jahren zwischen 1924 und 1927 um über 80 Prozent fallen. Ford lernte nichts aus diesem Fehler und kam erneut mit einem einzigen Modell auf den Markt, dem Modell A, das das Modell T ablöste. Dieses Modell verkaufte sich gut, aber Ford wurde nie wieder zum größten Autohersteller. Die flexible Firma war der rigiden Firma überlegen.

Man kann die wichtigsten Prinzipien der Flexibilität aus den frühen Jahren von General Motors entnehmen. Wenn man nicht weiß, was die Zukunft bringen könnte oder welche Methode am besten funktionieren wird, dann sollte man Sloans Beispiel folgen und

Experimentieren. Es ist besser, viele Methoden auszuprobieren als nur eine oder zwei.

Differenzieren. Es ist besser, viele sehr verschiedene Methoden auszuprobieren als viele Methoden, die sich nur marginal unterscheiden.

Adaptieren. Lernen Sie aus dem, was funktioniert; verändern und adaptieren Sie Ihre Strategie weiter, bis Sie Erfolg haben.

Organisieren Sie auf organische Weise. Stellen Sie sicher, dass Ihre Pläne die Tatsache einbeziehen, dass die Zukunft etwas bringen wird, mit dem Sie nicht rechnen können.

Experimentieren

Manchmal ist es erforderlich, sich für eine bestimmte Route und nur für einen einzigen Pfad zu entscheiden und niemals davon abzuweichen. Meist ist dies aber keine kluge Vorgehensweise, wenn man nicht weiß, was die Zukunft bringen wird. In diesem Fall ist es besser, mit vielen Methoden zu experimentieren. Jedes der von General Motors produzierten Modelle war ein Experiment. Die Verkäufe waren die Ergebnisse dieses Experiments. In keinem Jahr wusste Sloan, welches Automodell sich gut verkaufen würde. Er überließ die Entscheidung dem Markt und stellte lediglich sicher, dass General Motors unabhängig vom aktuellen Trend immer ein Modell im Angebot hatte, das den Kunden gefiel.

Experimentieren bedeutet nicht notwendigerweise, dass man viel Zeit mit dem Entwurf von Designs und umfangreichen Marktstudien verbringen muss. Denken Sie an eine andere Geschichte aus der Autoindustrie: an die Geschichte von Lee Iacocca und die Wiedergeburt des Cabriolets.

1983 leitete Lee Iacocca – zuvor erfolgreicher Präsident der Ford Motor Company, ehe er von Henry Ford II. gefeuert wurde – Fords Wettbewerber Chrysler Corpoation. Iacocca war bei Ford für viele Erfolge verantwortlich gewesen, darunter der Ford Mustang. Iacocca meinte, Chrysler brauche etwas Aufregendes. Er wollte ein Cabriolet auf den Markt bringen.

Nach Ralph Naders Buch über den Chevrolet Corvair sorgte eine Kombination aus Sicherheitsbedenken und sehr hohen Benzinpreisen dafür, dass Cabriolets in den vorhergegangenen zehn Jahren praktisch vom Markt verschwunden waren. Cadillac hatte 1977 seine letzten Cabrios verkauft, und man verehrte dieses Modell als „Amerikas letztes Cabriolet“.

Normalerweise hätte es Monate oder gar Jahre gedauert, die Marktchancen eines Cabrios zu bestimmen. Iacocca wollte nichts dergleichen. Er ließ eine neue Limousine zu einem Customizer in Kalifornien und dann wieder zurück nach Detroit bringen. Dann benutzte Iacocca dieses Fahrzeug als sein persönliches Auto und betrieb seine eigenen Marktforschungen auf Basis der Reaktionen, auf die er stieß. In seiner Autobiografie schrieb er: „Ich fühlte mich wie der Rattenfänger von Hameln. Leute in Autos von Mercedes und Cadillac hielten mich auf der Straße an und stoppten mich, als wären sie Verkehrspolizisten. „Was fahren Sie denn da?“, wollten sie alle wissen. „Wer hat dieses Auto gebaut. Wo kann ich so ein Auto kaufen?“ Auf Basis dieser Erfahrung baute Chrysler dieses Cabrio in Serie in verkaufte im ersten Jahr 24.000 Exemplare, obwohl die Marketing-Experten nur mit 3.000 Exemplaren gerechnet hatten.

Differenzieren

Die Durchführung vieler verschiedener Experimente, von denen jedes den anderen stark ähnelt, eliminiert nicht so viele Risiken wie die Durchführung vieler Experimente, von denen jedes von seiner Ausrichtung her unterschiedlich ist. Denken Sie daran, was Sloan machte, als er eine Preisstrategie für die verschiedenen Modelle entwarf. Dadurch wurde sichergestellt, dass man bei den Modellen von Chevrolet mit billigen Mitteln arbeitete, während Cadillac den neuesten Stand an Ausstattung und Design repräsentierte.

Diese Differenzierung war auch die Folge einer dezentralisierten Kontrollstruktur. Jede Abteilung bei General Motors genoss ein hohes Maß an Autonomie. Das ist ein großer Gegensatz zu den Abteilungsstrukturen von heute. Die Autonomie führte zu einer stärkeren Differenzierung und zu einer robusteren Gesamtproduktlinie; zudem zu einem stärkeren Gefühl von Stolz und Eigentum bei den Angestellten jeder Abteilung.

Die Verkäufe von General Motors weiteten sich aus, als sich der Automarkt weiterentwickelte. Nun waren nicht mehr Einheitsaustos wie das Modell T gefragt, sondern Modelle für verschiedene Einsatzzwecke. Einige Experimente von General Motors scheiterten; vielleicht sogar die meisten. Diejenigen, die funktionierten, wurden allmählich auch bei preisgünstigeren Modellen eingesetzt, weil Fortschritte in der Produktion dies immer mehr ermöglichten.

Sehen Sie sich im Gegensatz dazu die heutige Situation der amerikanischen Autoindustrie an. Sie ist derart abhängig vom Verkauf teurer und schwerer SUVs und Lastwagen geworden, dass sie die kleinen, spritsparenden Modelle nicht anbieten kann, die die Kunden angesichts steigender Ölpreise und der Bedrohung einer globalen Erwärmung haben wollen. Weil sie nur auf eine einzige Art von Fahrzeug setzten, haben General Motors, Ford und Chrysler ihr Überleben riskiert. Sie waren nicht in der Lage, sich an neue Marktbedingungen anzupassen, weil sie keine gegensätzlichen Experimente durchführten.

Je unsicherer das Geschäftsklima, desto wichtiger ist es, verschiedene und differenzierte Experimente durchzuführen. Wenn die Zukunft etwas völlig anderes bringt als das, was man erwartet hat, dann kann es sein, dass nur die verrückten Ideen Rettung bringen.

Adaptieren

Die Art, wie Sloan General Motors organisierte, erleichterte es dem Unternehmen auch eine rasche Anpassung vorzunehmen, wenn sich die Marktbedingungen veränderten. Die Anpassung verlief natürlich und schrittweise. Modellen, die sich gut verkauften, gewährte man ausreichende Ressourcen hinsichtlich Marketing und Produktion, und so konnte General Motors auf Nachfrageveränderungen reagieren, wenn sich beim Geschmack der Kunden neue Nischen auftaten. General Motors organisierte seine Finanzkontrolle und die Beziehungen zu den Zulieferern in der Weise, dass man schnell Ressourcen von Abteilungen mit schwachen Verkäufen auf Abteilungen mit starken Verkäufen umschichten konnte.

Die wichtige Überlegung ist hier, dass Anpassung keine Prognosen erfordert. Man muss nicht wissen, was die Zukunft bringen wird. Man kann sich angesichts eines erheblichen Maßes an Unsicherheit anpassen. Entscheidend dabei ist, darauf zu achten, was einem die aktuelle Situation über die aktuellen Vorstellungen sagt. Ideen, die besser als andere Ideen funktionieren, liefern Informationen über den Trend der Bewegung im externen Umfeld. Wenn man das, was in der jüngsten Vergangenheit funktioniert hat, auf das extrapoliert, was in der Gegenwart funktioniert, ist dies oft die beste Prognose dessen, was in der näheren Zukunft funktionieren wird.

Indem es die funktionierenden Ideen unterstützt und den nicht funktionierenden Ideen Ressourcen entzieht, kann ein Unternehmen während eines entscheidenden Veränderungsprozesses wichtige Anpassungen vornehmen. Das ist der Schlüssel.

Organisch strukturieren

Sloan sorgte dafür, dass es in jeder Abteilung identische finanzielle Berichte und Kontrollsysteme gab. Das ermöglichte es General Motors, die Strategien und die Effektivität der einzelnen Abteilungen und Modelle miteinander zu vergleichen. Ideen, die in einer Abteilung gut funktionierten, konnten so in anderen Abteilungen angewendet werden. General Motors überwachte jede einzelne Abteilung durch die Entwicklung von Systemen der Zulieferung und der Finanzkontrolle, um die Bedürfnisse jeder Abteilung zu erfüllen. Das Wachstum kam aus den Abteilungen und wurde durch die zentrale Kommandostruktur unterstützt. Das war ein Managementstil von unten nach oben, ganz im Gegensatz zum Management von oben nach unten, wie es bei Ford durchgeführt wurde, wo Henry Ford jede Entscheidung persönlich traf.

Das Modell bei General Motors war organischer. Ähnlich wie bei einem Baum, der auf felsigem Grund wächst, entsteht Wachstum in der Wurzelstruktur nur dann, wenn der Boden fruchtbar ist und wenn der Baum Platz hat, um sich zwischen den Felsen auszubreiten. Der Baum verstärkt sein Wurzelsystem, indem er breitere Wurzeln bildet und so größere Mengen an Nährstoffen befördern kann. Die Abschnitte des Wurzelsystems, die stärker wachsen, schaffen eine stärkere und dickere Verbindung zum Baum; die Abschnitte, die nicht wachsen, werden nicht mehr stärker. Der Baum belohnt Erfolg und bestraft Misserfolg. Dies ist die flexibelste Methode und die beste Strategie, wenn man in einem Umfeld hoher Unsicherheit agiert.

Die wichtigste Erkenntnis lautet, dass diese Methode nicht prognostiziert, was geschehen wird; sie reagiert auf das, was gerade geschieht und schon geschehen ist.

> Ich bin ein Investor, ein wenig auch ein Trader, ein Unternehmer und ein Business-Angel ...
>
> Ich glaube, (flexibel zu bleiben) ist die wichtigste Regel für die oben genannten Interessen und Tätigkeiten. Immer wenn ich mich zu sehr auf eine bestimmte Art der Erledigung von Aufgaben konzentriere, stehe ich am Rand eines größeren Problems im Geschäftsleben oder vor einem Verlust beim Trading.
>
> Ich denke viel über Golf nach. Die besten Spieler sind geschickt, aber auch flexibel. Das gleiche Loch, das sie gestern mit einem Driver angespielt haben, erfordert heute vielleicht den Einsatz eines Dreier-Eisens. Der Wind, die Position der Fahne und viele andere Dinge spielen dabei eine Rolle, und man muss flexibel sein. Auch an der Börse können sich die Umstände jederzeit ändern. Innerhalb weniger Tage kann ein Trend bei einer Aktie in eine Seitwärtsbewegung übergehen, und man muss flexibel bleiben.
>
> *Howard Lindzon,*
>
> Hedge-Fonds-Manager, Business-Angel, Unternehmer und Schöpfer der beliebten Internet-Videoshow *WallStrip,* die sich Finanzthemen widmet.

Das Überleben des Anpassungsfähigsten

In der Wissenschaft von der Evolution ist das ursprünglich von Charles Darwin eingeführte Hauptkonzept die Vorstellung vom Überleben des Stärksten, oder besser: des Anpassungsfähigsten. Es mag eine typisch männliche Sichtweise sein, aber als ich zum ersten Mal von diesem Konzept hörte, dachte ich, es handele sich dabei um den Stärksten oder den Gesündesten. Im Lauf der Zeit habe ich bemerkt, dass diese Interpretation falsch war. Die aus der Perspektive der Evolution geeignetsten Lebewesen sind nicht die stärksten, sondern diejenigen, die sich am effektivsten an neue Lebensumstände anpassen können.

Ob man nun glaubt, der Prozess der Evolution sei von Gott eingeleitet worden oder es handle sich dabei um einen inhärenten natürlichen Vorgang, so kann doch kein Zweifel daran bestehen, dass auf unserer Erde schon viele verschiedene Arten entstanden und wieder verschwunden sind. Diejenigen, die ausgestorben sind, waren nicht in der Lage, sich an neue Lebensumstände anzupassen. Sie gerieten in eine Sackgasse der Evolution und konnten nicht daraus entkommen. Eine Theorie lautet zum Beispiel, dass die großen Dinosaurier enorme Mengen an Nahrung benötigten und daher ausstarben, als eine Klimaveränderung das Nahrungsangebot reduzierte.

Man kann das mit der Situation großen Geländewagen in den USA vergleichen, zum Beispiel des Hummer oder des Cadillac Escalade. Ihr Einsatz erfordert enorme Mengen an Benzin und ist für die meisten Kunden nur dann ökonomisch vertretbar, wenn die Ölpreise niedrig sind. Dieses billige Öl war bis vor kurzer Zeit nur in den USA verfügbar, und daher wurden auch nur in den USA Geländewagen und große Lkws als wichtigste Transportmittel benutzt. Sie waren ein Nischenprodukt, dessen Erfolg von einem sehr speziellen Umfeld abhing. Als sich dieses Umfeld änderte, waren die Fahrzeuge wirtschaftlich nicht mehr vernünftig einsetzbar. Sie sterben aus, weil sie in einer evolutionären Sackgasse stecken.

In den USA betrachten die Anleger gern simple Maßstäbe wie die Quartalsgewinne und das Wachstum als Zeichen der Gesundheit. Diese Maßstäbe sind ebenso falsch wie meine Einschätzung als Teenager, Stärke sei der Maßstab für Erfolg im evolutionären Prozess. Die stärksten Unternehmen sind diejenigen, die sich am besten anpassen können. Es sind diejenigen, die Werte gewährleisten und weiterhin Produkte schaffen, die die Käufer haben wollen, unabhängig von veränderten Vorlieben der Kunden, Energiepreisen und den Kosten der globalen Erwärmung.

Sehen Sie sich einmal die aktuelle Wirtschaftskrise an. Viele große Finanzinstitutionen stehen am Rand des Bankrotts und der Pleite. Der Grund dafür: Sie sind zu hohe Risiken eingegangen, in Form von Collateralized Debt Obligations (CDOs) und Convertible Debt Swaps (CDSs). Sie sind ins Abseits geraten. Sie haben so große Verpflichtungen übernommen, dass ihre Verbindlichkeiten weit höher wurden als ihre beträchtlichen Assets. Auch sie wurden, wie die Dinosaurier, zerbrechlich und anfällig für kleinere Veränderungen ihres äußeren Umfelds.

Eine relativ kleine Veränderung der Ausfallquote bestimmter Arten von Hypotheken, also etwas, das in der Risikoplanung eines Unternehmens ohnehin berücksichtigt werden müsste, hat einige der größten Firmen an der Wall Street zu Boden gezwungen. Diese großen Banken waren verletzlich, weil sie nicht flexibel blieben.

Das Maß für die Gesundheit eines Unternehmens sollte nicht sein, wie viel es aus dem aktuellen Umfeld herausquetschen kann, sondern eher die Wahrscheinlichkeit, dass es auch in Zukunft Werte schaffen wird. Was die kommenden Jahrzehnte betrifft, ist eines sicher: Es wird Veränderungen geben, bedeutende Veränderungen. Die mit dem modernen Leben verbundene Unsicherheit wird stärker. Wenn Sie überleben wollen, ist es entscheidend, dass Sie flexibel bleiben und bereit sind, sich an alles anzupassen, was die neuen Umstände bringen werden.

Das Zeitalter des Mega-Dinosauriers ist vorbei. Das Zeitalter des kleineren, warmblütigen und anpassungsfähigeren Säugetiers hat begonnen.

Kapitel 9:
Die richtigen Risiken eingehen

Für die meisten von uns liegt die größere Gefahr nicht darin, unsere Ziele zu hoch zu stecken und sie dann nicht zu erreichen, sondern darin, sie zu niedrig zu stecken und sie zu erreichen.

MICHELANGELO

Als ich 19 war und in das Turtle-Programm eingeführt wurde, brachte man mir und den anderen Turtles im Dezember 1983 zwei Wochen lang die Methoden unseres Mentors Richard Dennis bei (den wir alle Rich nannten). Bei diesem Training wurden uns zwei Punkte immer und immer wieder eingebläut.

Erstens: Beim Trading nicht übertreiben, also nicht zu viel Hebelwirkung anwenden, indem man zu viele Kontrakte tradet. Rich und sein Partner Bill zeigten uns, dass das Risiko einer Pleite exponentiell anstieg, wenn man eine bestimmte optimale Tradinggröße überschritt. Er zeigte uns auch eine spezielle Methode zur Bestimmung, wie viele Kontrakte man in jedem Markt traden sollte. Zum Glück mussten wir keine Übertreibung befürchten, wenn wir uns an Richs Methode hielten. Er vermittelte uns strikte Limits, damit wir diesem verbreiteten Problem aus dem Weg gehen konnten.

Zweitens: Bei unserer Ausbildung betonte Rich immer wieder, wie wichtig es ist, keine Trends zu verpassen. Als Turtles wollten wir durch starke Marktbewegungen Geld verdienen. Einen Trend zu verpassen bedeutete, eine Marktbewegung zu beobachten, ohne eine Position aufzubauen. Wenn man zum Beispiel 100 Goldkontrakte an der COMEX kaufte, kontrollierte man 10.000 Unzen Gold, weil jeder Kontrakt 100 Unzen entspricht. Wenn der Goldpreis also von 400 auf 1.000 Dollar je Unze stieg, hatte man pro Unze 600 Dollar verdient. Multipliziert mit 100 Kontrakten zu 100 Unzen ergab sich daraus ein Gewinn von sechs Millionen Dollar. Wenn man keine Kontrakte kaufte, verdiente man *überhaupt kein Geld*. Im Sprachgebrauch der Turtles bedeutete das, dass man „den Trend verpasst" hatte.

Den Trend nicht zu verpassen ist deshalb so wichtig, weil es in jedem Jahr vielleicht nur zwei oder drei starke Trends gibt. Wenn man einen bestimmten Trend verpasste, konnte das den Unterschied zwischen einem Gewinn von 50 bis 100 Prozent und einem Verlust ausmachen. Ein großer Trade kann den Gewinnen eines ganzen Jahres entsprechen. Die beiden wichtigsten Botschaften unserer Ausbildung lauteten also: Übertreibe das Trading nicht und verpasse keinen Trend.

In dieser zweiwöchigen Trainingsphase brachte man uns zwei spezifische Tradingstrategien bei, die wir System 1 und System 2 nannten. Beide Strategien waren eng miteinander verbunden. Bei beiden ging es darum, Kontrakte eines Rohstoffs zu kaufen, wenn der Preis ein neues Hoch erreicht hatte. System 1 schrieb vor, mit den Käufen zu beginnen, wenn der Preis das Hoch der letzten vier Wochen überschritt, und bei System 2 wurde nach Überschreitung des Elf-Wochen-Hochs gekauft. Man brachte uns bei, bei beiden Strategien je vier Positionen oder Einheiten zu kaufen; die erste, wenn der Kurs über das alte Hoch stieg und die anderen, wenn er sich noch ein wenig weiter nach oben bewegte. Bei beiden Strategien gab es sehr spezielle Regeln, die sicherstellen sollten, dass wir niemals einen Trend verpassten.

Nach dem Ende der Trainingsphase gab es einen kurzen Urlaub über die Feiertage. Anfang Januar 1984 kamen wir zurück, um mit dem Trading zu beginnen. Rich sagte, dass er uns anhand unserer Trades im Januar beurteilen und denen, die gut abschnitten, ein Tradingkonto von je einer Million Dollar anvertrauen werde. Er gab jedem von uns zwei Tradingkonten; eines für System 1 und eines für System 2. Wir sollten diese Konten während eines Versuchszeitraums traden, der mindestens bis Ende Januar dauern würde. Um den Vorgang während der Versuchsphase einfacher zu gestalten, sagte man uns, eine Einheit entspreche je drei Kontrakten bei jedem Rohstoff, den wir tradeten.

Außerdem sagte man uns, wir sollten in einem Notizbuch festhalten, warum wir jeden einzelnen Trade durchführten. Das konnte so einfach sein wie: „Ich habe Gold zu 400 Dollar gekauft, weil der Preis das Elf-Wochen-Hoch überstiegen hat." Es wäre also für jeden recht einfach gewesen, die Orders eines anderen Traders nachzuvollziehen, auch wenn derjenige nicht verstanden hätte, was man uns beigebracht hatte. Um das zu verhindern wollte Rich, dass wir unsere Begründung für jeden Trade erklärten, damit er sehen konnte, ob jeder von uns die Inhalte der Ausbildung verstanden hatte.

In diesem ersten Monat, also im Januar 1984, stieg der Heizölpreis bis zu einem Punkt, an dem unsere beiden Handelssyteme, System 1 und System 2, einen Kauf anzeigten. Der Heizölpreis überstieg das Elf-Wochen-Hoch von 0,8450 Dollar je Gallone. Entsprechend der Regeln für System 1 und System 2 hätten wir also unsere erste Einheit kaufen sollen, sobald der Preis auf 0,8451 Dollar stieg.

Nachdem der Preis noch ein wenig weiter gestiegen war, sollten wir den Regeln entsprechend zusätzliche Einheiten kaufen, bis die maximal zulässigen vier Einheiten erreicht waren. Für die Ausbildungsphase hatte Rich an jedem Montag Formulare vorbereitet, die anzeigten, welche Preisbewegungen für den Kauf jeder einzelnen zusätzlichen Einheit erforderlich waren. Beim Heizöl zeigten diese Trainingsformulare an, dass wir nach jedem weiteren Kursanstieg um 0,0050 Dollar je Gallone zukaufen sollten. Wir hätten also die zweite Einheit bei 0,8501 Dollar, die dritte bei 0,8551 Dollar und die vierte und letzte bei 0,8601 Dollar gekauft.

Der Heizölpreis überstieg nicht nur die Marke von 0,8601 Dollar, sondern er kletterte innerhalb weniger Tage bis auf 0,9800 Dollar. Nach jeder vernünftigen Interpretation der Regeln, die man uns vermittelt hatte, sollte also jeder von uns alle vier Einheiten gekauft haben. Jeder hätte zwölf Heizölkontrakte im Depot haben müssen. Die Regeln, die verhindern sollten, dass wir einen Trend verpassten, zeigten an, dass jeder von uns alle zwölf Kontrakte gekauft haben sollte.

Wir zwölf Turtles saßen in einem mittelgroßen Raum von etwa zehn mal sieben Metern mit sechs Reihen von je zwei Schreibtischen. In der Versuchsphase des Tradings gab es keinerlei Abtrennungen – das kam erst später. Daher konnte jeder problemlos mithören, wenn ein anderer am Telefon einen Auftrag erteilte. Ich rechnete damit, dass wir alle das Trading auf ähnliche Weise angehen, und dass unsere Ergebnisse nach dem ersten Monat mehr oder weniger identisch sein würden.

Um es noch einmal klarzustellen: Ich sah in den uns vermittelten Regeln keinen Interpretationsspielraum, der zu einem anderen Ergebnis hätte führen können als zum Kauf aller zwölf Kontrakte. Sie können sich daher meine Überraschung vorstellen, als ich herausfand, dass ich nicht nur der einzige Trader unter den Turtles war, der alle zwölf Kontrakte gekauft hatte, sondern dass viele Turtles überhaupt keine Heizöl-Positionen aufgebaut hatten. Keine sechs Kontrakte, keine drei Kontrakte, sondern nichts, null, nada.

Der Unterschied zwischen meiner Sichtweise und derjenigen der anderen Turtles ließ sich auf einen einfachen Grund zurückführen: Wir hatten eine unterschiedliche Sichtweise von Gefahren und Risiken. Die Turtles, die den Heizöl-Trade ausgelassen hatten, fürchteten sich davor, Geld zu velieren. Ich fürchtete mich nicht davor. Ich wusste, dass Rich sehr genau verstand, dass Verluste ein Teil des Tradings sind. Er wusste, dass wir Verluste riskieren mussten, um uns die Chance zu sichern, hohe Gewinne zu erzielen. Ich wusste, dass es Rich lieber war, wenn wir die Regeln befolgten, die er uns gegeben hatte, als sie nicht zu befolgen, selbst wenn dies zu Verlusten führen sollte.

Rich verstand, dass das aktive Trading mit seinem Geld signifikante Risiken beinhaltete. Also erwartete er, dass sein Geld für ihn arbeitete. Er sagte uns zwei Dinge. Erstens, dass wir es beim Trading nicht übertreiben sollten, und zweitens, dass wir keinen Trend verpassen sollten. Die erste Regel stellte sicher, dass wir nicht zu viel von seinem Geld verloren, wenn sich der Markt gegen uns wandte. Die zweite sorgte dafür, dass wir es nicht versäumten, Geld für ihn zu verdienen. Ich hatte das Gefühl, dass er uns belohnen würde, wenn wir seine Regeln befolgten. Ich dachte, die riskanteste aller Handlungen wäre es, nicht in einen Trade einzusteigen, wenn sich ein Markt in Bewegung setzte und somit zu riskieren, einen bedeutenden Trend zu verpassen.

Wie sich herausstellen sollte, lag ich damit richtig. Als nach der Versuchsphase vom Januar die wirklichen Kontogrößen zugeteilt wurden, erhielten einige Trader das erhoffte Konto im Volumen von einer Million Dollar, einige andere erhielten ein 500.000-Dollar-Konto und vielen sagte man, sie sollten weiterhin, wie in der Versuchsphase, die kleinen Einheiten aus je drei Kontrakten traden. Mir vertraute Rich das größte Konto im Umfang von zwei Millionen Dollar an. Ab Februar 1984 tradete ich das größte Konto aller Turtles. Richs Beurteilung erfolgte fast ausschließlich auf Basis der Fragen und Antworten während der zweiwöchigen Ausbildung und des ersten Tradingmonats. Ich glaube, der wichtigste Faktor bei seiner Entscheidung war unser Umgang mit dem Heizöl-Trade – und folglich war das auch der wichtigste Einflussfaktor auf unsere Gewinne in den nächsten gut vier Jahren.

Manchmal ist es das größte aller Risiken, nichts zu riskieren.

Vernünftige Risiken eingehen

Viele Menschen setzen Risiken mit Gefahr gleich, mit der Möglichkeit, einen Schaden zu erleiden oder gar zu sterben. Für sie ist Risiko etwas, das man meiden muss, wann immer es möglich ist.

Diese Denkweise ist falsch. Man kann Risiken nicht vermeiden. Risiko gehört zu sämtlichen menschlichen Aktivitäten und zum Leben selbst. Risiko ist notwendig und sogar entscheidend, wenn man Fortschritte erzielen will.

Der springende Punkt ist daher, die Risiken zu verstehen, die man eingeht und sicherzustellen, dass es sich dabei um vernünftige Risiken handelt, wenn man über die Alternativen und über die möglichen Belohnungen für jede mögliche Handlungsweise nachdenkt. Das ist die entscheidende Idee hinter der dritten Regel des Meisterns von Risiken: Gehen Sie vernünftige Risiken ein.

Diese Regel ist aktiv. Sie müssen Risiken eingehen. Risiken einzugehen ist gut für Sie. Sie werden nichts lernen und nichts Nennenswertes erreichen, wenn Sie keine Risiken eingehen. Ein Teil der Anwendung dieser Regel auf Ihr Leben ist also die Notwendigkeit, dass Sie aktiv Risiken erwägen, darüber nachdenken und sich dazu entscheiden, sie einzugehen. Sie machen Risiken zu einem Teil Ihres Lebens; sodass sie zu absichtliche Handlungen statt Ereignisse werden, die von außen auf Sie einzuwirken scheinen und über die Sie absolut keine Kontrolle haben.

Die Regel ist auch eine Warnung. Menschen tendieren zu zwei verschiedenen Ansichten, wenn es um Risiken geht: Sie gehen entweder viel zu geringe oder viel zu große Risiken ein. Das richtige Gleichgewicht zu finden ist schwer und ungewöhnlich.

Meiner Meinung nach ist das Eingehen vernünftiger Risiken die wichtigste Regel auf dem Gebiet des Risikokapitals. Das Leben ist nicht prognostizierbar, und man muss immer auf der Basis unvollständiger Informationen agieren.

Man kann Risiken niemals vermeiden, aber man kann etwas tun, um es zu managen und die Erfolgswahrscheinlichkeit zu seinen eigenen Gunsten zu verschieben. Allgemein gesagt kann man die Arten, wie Wagniskapitalgeber Risiken managen in zwei Kategorien aufteilen: prozedural und selbstständig.

Das prozedurale Risikomanagement beinhaltet die Aufnahme einer Reihe prozeduraler Sicherheitsmaßnahmen in den Anlageprozess, um sicherzustellen, dass Ihre Leidenschaft für eine Idee oder ein Unternehmen Ihren Verstand nicht überwältigt.

Einige Beispiele prozeduraler Sicherheitsmaßnahmen:

1. Eine Reihe eindeutig formulierter Investment-Kriterien.
2. Ein strikter Investitionsprozess.
3. Man zwingt seine Partner, jede Abweichung von den Kriterien oder Prozeduren zu rechtfertigen.
4. Das Investieren in mehreren Tranchen.
5. Die Verbindung der einzelnen Tranchen mit dem Erreichen bestimmter Zwischenergebnisse
6. Schon vor einem Investment müssen die Partner klare Ausstiegsregeln aus potenziellen Depotpositionen festlegen usw.

Zum selbstständigen Risikomanagement gehört eine Analyse unternehmensspezifischer Themen. Einige Beispiele:

1. Nur seriöse Unternehmer werden unterstützt.
2. Nur solche Teams werden unterstützt, die schon zuvor zusammengearbeitet haben.
3. Man meidet Firmen im Anfangsstadium und finanziert lieber solche Firmen, die bereits funktionierende Produkte oder Dienstleistungen zu bieten haben.
4. Man investiert nur in Unternehmen, die bereits profitabel sind oder zumindest an der Gewinnschwelle stehen.
5. Man investiert in Firmen, die einen „unfairen Vorteil" haben, zum Beispiel ein Patent, das ihnen die Dominanz auf einem bestimmten Gebiet ermöglicht.
6. Man investiert nur in Firmen, die wenig Geld verbrennen, bei denen der Weg zur Profitabilität kurz ist, die eine geringe Anfangsfinanzierung erfordern usw.

Indem er „vernünftige Risiken eingeht", kann ein Venture-Kapitalist seine Erfolgschancen erhöhen und die Wahrscheinlichkeit sowie das Ausmaß von Verlusten minimieren.

Simon Olson

Risiken ausbalancieren

Risiken um jeden Preis zu vermeiden ist zwar ein Problem und kann bei jeder Unternehmung zu viel geringeren Erfolgen führen, aber zu große Risiken können den finanziellen Ruin oder den Tod bedeuten. Es gibt gute Gründe, warum wir Unbekanntes und Unsicherheit fürchten. Es ist vielleicht nicht klug, wenn Sie Ihr Leben von Ihren Ängsten bestimmen lassen, aber ebenso unklug ist es, Gefahren zu ignorieren und so zu tun, als könne Ihnen nichts etwas anhaben.

Es ist also entscheidend für die dritte Regel des Meisterns von Risiken, dass man ein absichtliches Gleichgewicht zwischen zu geringen und zu großen Risiken herstellt. Man könnte diese Risikokontrolle mit der Geschwindigkeitskontrolle durch das Gaspedal eines Autos vergleichen. Wenn Sie es zu stark durchdrücken und nicht mehr nachlassen, steigt die Wahrscheinlichkeit stark, dass Sie mit einem anderen Auto, einem Fußgänger oder einem festen Objekt wie einem Baum oder einem Telefonmast kollidieren werden. Wenn Sie es aber nicht weit genug durchdrücken, werden Sie feststellen, dass Sie nicht sehr weit kommen und zu langsam fahren. Es gibt keine „sichere Geschwindigkeit“, die in jeder Situation angemessen ist.

Für den Trader ist das Äquivalent dieses Gaspedals das Konzept der Hebelwirkung. So wie ein mechanischer Hebel wie ein großer Stock dabei helfen kann, einen schweren Gegenstand zu bewegen, kann man die finanzielle Hebelwirkung nutzen, um die Kraft eines Investments zu erhöhen. Für viele Hausbesitzer ist der Hypothekenkredit, den sie von einer Bank erhalten, eine Form der finanziellen Hebelwirkung. Wenn ein Hausbesitzer beim Kauf eines Hauses für 200.000 Dollar 20.000 Dollar Eigenkapital aufbringt, sorgt die Hypothek für eine Hebelwirkung von 10:1. Die Zahlung von 20.000 Dollar und der Bankkredit von 180.000 Dollar ermöglichen es dem Hausbesitzer, Assets im Wert von 200.000 Dollar zu kontrollieren. Das bedeutet: Wenn der Immobilienmarkt nur um zehn Prozent ansteigt, hat sich das Eigenkapital des Hausbesitzers schon verdoppelt. Wenn der Wert des Hauses auf 220.000 Dollar steigt, bleiben ihm nach Abzug des Bankkredits von 180.000 Dollar 40.000 Dollar.

Die Hebelwirkung erhöht die Menge des Geldes, das man beim Investieren *gewinnen* oder *verlieren* kann. In den letzten Monaten haben viele Hausbesitzer die Kehrseite dieser Hebelwirkung kennengelernt. Jeder, der am Höhepunkt des Immobilienbooms mit zehn oder sogar 20 Prozent Eigenkapital ein Haus gekauft hat, ist nun womöglich mit dem Verlust seines gesamten Investments konfrontiert. Denken Sie an ein Haus für 200.000 Dollar, das mit 20 Prozent oder 40.000 Dollar Eigenkapital gekauft wurde. Wenn der Markt um 20 Prozent fällt, ist das Haus nur noch 160.000 Dollar wert, was der Höhe des Hypothekenkredits entspricht. Wenn man die Nebenkosten einbezieht, ist die Investition von 40.000 Dollar vollständig ausgelöscht, und der Hausbesitzer wird noch draufzahlen, wenn er sein Haus verkauft.

Für viele Menschen, vielleicht für die meisten, ist das Kapital, das in ihren Häusern steckt ihre größte Investition. Ein Kapitalverlust wegen eines Rückgangs der Immobilienpreise kann die Finanzplanung einer Familie auf Jahre hinaus zerstören. Aus diesem Grund muss jeder, der ein Investment erwägt, den Einfluss der Hebelwirkung kennen. Märkte steigen und Märkte sinken. Wenn Sie denken, Sie werden immer das Glück haben, in einen steigenden Markt zu investieren, fordern Sie das Schicksal zu sehr heraus.

Für Aktienanleger erlauben die amerikanischen Gesetze nur eine begrenzte Hebelwirkung. Wenn Sie sogenannte *Margin-Konten* nutzen, können Anleger etwa das Doppelte ihres eigenen Einsatzes für Aktienkäufe verwenden. Auf diese Weise kann eine Investition von 10.000 Dollar mit einem Margin-Konto so gehebelt werden, dass man Aktien im Kurswert von 20.000 Dollar erwerben kann.

Wie überall kann die Hebelwirkung auch auf dem Aktienmarkt ein zweischneidiges Schwert sein. Ich habe einige Freunde, die während der Interneteuphorie in den späten 1990er-Jahren ein kleines Vermögen gewonnen haben, nur um alles wieder zu verlieren, als der Markt im Jahr 2000 sank. Ein Kursrückgang von 50 Prozent führt zu einem Verlust von 100 Prozent, wenn man die Aktien unter Ausnutzung der vollen Hebelwirkung von 2:1 gekauft hat, die die amerikanischen Gesetze bei einem Margin-Konto zulassen.

Eines der beliebtesten neuen Tradingvehikel ist das Trading von Fremdwährungen am *FOREX-Markt* (*FOREX* ist das Kürzel für *Foreign Exchange*). Auf institutionellem Niveau ist das Trading von Fremdwährungen der größte Markt der Welt. Devisen im Wert von Billionen Dollars werden dort jeden Tag gehandelt. Der größte Teil dieses Handels wird von großen Banken im Auftrag global tätiger Unternehmen durchgeführt.

In jüngerer Vergangenheit haben sich kleine FOREX-Broker etabliert, die es auch kleineren Tradern ermöglichen, auf den gleichen Märkten zu traden wie große Unternehmen, Hedge-Fonds und Investmentbanken. Diese Broker bieten eine sehr hohe Hebelwirkung an, manchmal bis zu 100:1 oder 200:1. Für Neulinge kann diese Hebelwirkung sehr gefährlich sein. Bei einer Hebelwirkung von 100:1 kann man zum Beispiel für 1.500 Dollar Euros im

Wert von 150.000 Dollar kaufen. Das bedeutet, dass sich das Investment von 1.500 Dollar verdoppelt, wenn der Euro gegenüber dem Dollar um ein Prozent steigt. Andererseits führt ein Rückgang von einem Prozent zum vollständigen Verlust der 1.500 Dollar.

Ja es kann Spaß machen und aufregend sein, das Gaspedal bis aufs Bodenblech durchzutreten. Es kann auch sehr gefährlich sein, wenn man nicht weiß, was die Straße noch bringen wird. Lassen Sie sich nicht von den Gewinnen verführen, die durch die Hebelwirkung möglich sind. Eine hohe Hebelwirkung kann ebenso gefährlich wie lukrativ sein, wenn man nicht sorgfältig damit umgeht.

Risikomanagement für Trader

Der Unterschied zwischen einem Trader und einem Investor ist eine Frage der Perspektiven und der Erwartungen. In der Regel erwarten die meisten Investoren – vor allem die aus dem nichtprofessionellen Bereich – mit jeder Investition Geld zu verdienen. Sie konzentrieren sich auf die positiven Ergebnisse, auf die Renditen, die sie erhalten und die Wertsteigerungen, die sie von ihren Geldanlagen erwarten. Trader sind anders. Sie rechnen damit, dass sie mit einem erheblichen Teil ihrer Trades Geld verlieren werden. Sie verstehen, dass Verluste zum Spiel gehören, und dass man nicht damit rechnen kann, bei jedem Trade zu gewinnen. Sie verstehen, dass die Unsicherheit ihnen dies unmöglich macht.

Erfolgreiche Trader wissen, dass die Unsicherheit manchmal zu harten Schlägen führen kann, also konzentrieren Sie sich oft auf die negativen Ergebnisse. Sie denken nicht darüber nach, wieviel Geld sie verdienen werden, sondern darüber, ihre Verluste zu minimieren, falls ihre Trades schiefgehen sollten. Sie denken defensiv.

Da erfolgreiche Trader dem Thema Risiko große Aufmerksamkeit widmen, haben schon viele großartige Trader über die Bedeutung des Risikomanagements geschrieben. Aus diesem Grund verbringen viele Tradinganfänger viel Zeit mit Risikomanagement oder *Money Management*, einem Ausdruck, der aus der Spieltheorie stammt. Beide Ausdrücke beziehen sich auf die systematische Kontrolle der Hebelwirkung. Für die meisten Trader ist Risikomanagement einfach eine Funktion der Kontrolle derjenigen Geldsumme, die zu einem gegebenen Zeitpunkt insgesamt auf dem Spiel steht. Für Rohstofftrader bedeutet das in der Regel die Kontrolle der Anzahl von Kontrakten, die man kauft; bei Aktien bezieht sie sich auf die Zahl der gekauften Aktien.

Ganze Bücher sind schon über Money Management beim Trading geschrieben worden. Da Trading den Kauf und den Verkauf zu bestimmten Preisen beinhaltet, und da Preise Zahlen sind, gibt es in der Tradingliteratur eine Tendenz zur übermäßigen Konzentration auf Formeln und Mathematik. Manche haben einfache Faustregeln vorgeschlagen, wie etwa: „Riskieren Sie bei jedem Trade zwei Prozent." Manche Trader haben komplizierte Formeln veröffentlicht, mit denen man genau entscheiden kann, wie viel Geld man beim Trading riskieren sollte. Viele glauben, dass diese Komplexität notwendig und wertvoll ist, wenn es um den Umgang mit Risiken geht.

Die Wahrheit ist einfacher.

Diese Formeln tendieren dazu, die Wahrheit über Risiken zu verschleiern. Was Risiken schwierig macht ist die damit verbundene Unsicherheit. Diese Unsicherheit zeigt sich nie auf eine vorhersagbare Art und Weise. Wenn man ein bestimmtes Ergebnis zuverlässig prognostizieren kann, gibt es keine Unsicherheit. Denken Sie daran: Das fundamentale Problem mit der Unsicherheit besteht darin, dass man nicht weiß, was die Zukunft bringen wird. Man weiß es nicht, weil die Zukunft unsicher ist.

Ich komme immer wieder auf diese einfache und scheinbar offenkundige Idee zurück: *Wenn etwas unsicher ist, weiß man nicht, was passieren wird.* Auf vielen Gebieten gibt es eine starke Tendenz, dass alle möglichen Menschen dies vergessen. Wenn Sie nicht wissen, was passieren wird, dann *wissen Sie es nicht.* Alle Formeln, Theorien oder komplexe Neuanordnungen der einzelnen Teile können an dieser fundamentalen Tatsache nichts ändern.

Unerwartete Katastrophen

Bei den meisten Tradern besteht die wirkliche Gefahr unter normalen Umständen nicht darin, zu schnell vorzugehen, weil sie eine zu starke Hebelwirkung einsetzen. Die Gefahr besteht im Auftreten einer *unerwarteten Katastrophe*; einer starken, unerwarteten Kursbewegung in die unerwünschte

Richtung, die so schnell einsetzt, dass es keine Möglichkeit gibt, die damit verbundenen Verluste zu vermeiden. Im Bereich der Finanzen nennt man sie oft *Preisschocks*.

Vor kurzem hat der Trader und Autor Nassim Taleb solche Bewegungen mit dem Ausdruck *Schwarzer Schwan* bekannt gemacht. Damit meint er ein plötzliches, nicht vorhersagbares Ereignis mit schwerwiegenden Auswirkungen. Das jüngste Beispiel eines Schwarzen Schwans ist der Terrorangriff auf das World Trade Center und das Pentagon am 11. September 2001. Es spielte keine große Rolle, wo man am 11. September seine Aktien verkaufen wollte. Als die Märkte ein paar Tage später wieder eröffnet wurden, lagen die Kurse viel tiefer, und niemand konnte etwas dagegen tun.

Das mit Preisschocks und Schwarzen Schwänen verbundene Risiko kann man nur reduzieren, wenn man auch die Hebelwirkung des eigenen Tradings reduziert und somit den Marktbewegungen weniger stark ausgeliefert ist. Denken Sie daran, dass Risiko davon abhängt, wie stark man den Konsequenzen der Unsicherheit ausgesetzt ist. Indem sie ihre Anwendung der Hebelwirkung kontrollieren, können Trader die Risiken reduzieren, die sie eingehen. Das kann den Unterschied zwischen einem schlechten Tag und dem vollständigen Ruin ausmachen.

Ein Beispiel aus meiner Zeit als Turtle Trader ragt hier besonders heraus. 1987, im vierten Jahr des Turtle-Programms, tradete ich für Rich ein Konto im Volumen von 20 Millionen Dollar. Anfang Oktober 1987 hatte ich Eurodollars und andere Zinsfutures leer verkauft. Ich tradete die maximale Anzahl von Kontrakten, die nach Richs Regeln zulässig war. Das bedeutete, dass wir Geld verdienten, wenn der Eurodollar-Kurs sank. Für mich war damals also ein sinkender Eurodollar-Kurs gut, ein steigender Kurs war schlecht. Ich hatte seit Monaten Geld verdient, und meine gesamten Gewinne lagen im Bereich von zwölf oder 13 Millionen Dollar. Das bedeutete einen Jahresgewinn von etwa 65 Prozent; für uns Turtles war es ein respektables, aber kein großartiges Jahr.

Dann kam der Aktiencrash vom 19. Oktober 1987. Da ich keine Aktienfutures tradete, betraf mich der Tag des Crashs nicht besonders. Ich erzielte sogar einen kleinen Gewinn.

Erst der nächste Tag brachte mich um. Die US-Notenbank reagierte auf die Angst vor einer weiteren großen Depression, indem sie die Zinsen über Nacht sinken ließ. Das löschte schon vor der Handelseröffnung am nächsten Tag meinen gesamten Jahresgewinn aus. Vor dieser Eröffnung stieg der Eurodollar stärker als er in den vorangegangenen sechs Monaten gesunken war. Und so verlor ich über Nacht die gesamten 65 Prozent, die ich zuvor gewonnen hatte.

Im Vergleich zu vielen anderen ging es mir ja noch gut. Sicher, die Gewinne eines ganzen Jahres zu verlieren war kein Spaß, aber zumindest hatte ich nur meine vorherigen Gewinne wieder eingebüßt. Hätte ich zwei oder drei Mal so viele Kontrakte getradet, dann wäre mir ein Jahresverlust von zehn bis 20 Millionen Dollar entstanden. Das wäre ein wirklich schlechter Tag gewesen.

Ich hatte keine magische Formel angewendet, um sicherzustellen, dass ich nicht zuviel verlor, weil man nicht genau prognostizieren kann, wie viel Geld man genau bei einem bestimmten Preisschock oder einem Schwarzen Schwan verlieren kann. Man kann ja nicht einmal sagen, ob sich ein solcher Schock vorteilhaft oder nachteilig auswirken wird. Das ist Risiko. Und deshalb ist Unsicherheit tatsächlich unsicher.

Die Sicherheit in der realen Welt

So schön es auch wäre, eine spezielle Formel anwenden zu können, um ein Risikoniveau mit mathematischer Präzision zu erreichen – zum Beispiel eine Wahrscheinlichkeit von höchstens einem Prozent für einen Wertverlust von über 30 Prozent –, ist die reale Welt doch nicht derart präzise. Es gibt keine magische Formel, weil man die Zukunft nicht zuverlässig vorhersagen kann. Was man allerdings tun kann, ist sich die großen Preisschocks der Vergangenheit anzusehen, zu untersuchen, was wäre, wenn sie noch einmal aufträten und diese Informationen dann dazu zu verwenden, die Wahrscheinlichkeit eines bestimmten negativen Ergebnisses in der Zukunft sinnvoll abzuschätzen. Ich zeige Ihnen nun, wie Sie das tun können. Für unser Beispiel gehen wir von einem Investmentkonto im Volumen von 100.000 Dollar aus.

Betrachten wir zunächst einige der größten Kursverluste in der Geschichte der Aktienmärkte. Zunächst den Schwarzen Montag von 1987. An einem einzigen Tag verlor der Markt mehr als 20 Prozent an Wert. Hätten Sie Geld in Aktien oder Aktienfonds investiert, dann wären etwa 20 Prozent des Werts dieser Investition verloren gewesen. Hätten Sie in ein Margin-Konto mit einer Hebelwirkung von 2:1 investiert, dann hätten Sie an diesem Tag 40 Prozent Ihres Investments verloren.

An diesem Punkt wird die Gefahr der Hebelwirkung offensichtlich. Hätten Sie stattdessen Index-Futureskontrakte auf den S&P 500 gekauft, dann hätten Sie mit der Hälfte Ihres Investments von 100.000 Dollar (also mit 50.000 Dollar) zehn Kontrakte erwerben können. Damit würden Sie Kontrakte kontrollieren, deren Wert ebenso schwankt wie 1.300.000 Dollar, die in Aktien des S&P 500 investiert sind. Das ist eine Hebelwirkung von 13:1. Ein Rückgang des zugrundeliegenden Index um 20 Prozent bedeutet somit einen Verlust von 260.000 Dollar. Wenn Sie also Futures getradet hätten, dann hätten Sie nicht nur Ihr gesamtes Investment von 100.000 Dollar verloren, sondern Sie wären dem Broker weitere 160.000 Dollar schuldig.

Betrachten wir einen anderen riesigen Preisschock. Mit einem Investment von 100.000 Dollar in die Aktie von American Airlines zu Handelsschluss am 10. September 2001 hätten Sie 46 Prozent verloren, als der Markt am 17. September wieder geöffnet wurde. Das war der erste Handelstag an den amerikanischen Börsen nach den Bombenanschlägen vom 11. September. Zwischen beiden Tagen gab es keine Möglichkeit, Aktien zu handeln.

Noch ein Beispiel aus der jüngeren Vergangenheit: Ein Anleger, der zu Handelsschluss am Donnerstag, dem 13. März 2008 für 100.000 Dollar Aktien von Bear Stearns zum Kurs von 57,34 Dollar kaufte, hätte die Aktie am nächsten Tag um 47 Prozent auf 29,99 Dollar fallen sehen; ein Verlust von 47 Prozent an einem einzigen Handelstag. Am nächsten Montagvormittag, dem 17. März, hätte der Verlust 95 Prozent erreicht, weil der Kurs auf unter drei Dollar je Aktie sank.

Bei Orientierung an einem dieser drei Preisschocks, kann man die Wahrscheinlichkeit eines ähnlichen Szenarios in der Zukunft abschätzen. Wenn Sie in einen breit streuenden Indexfonds oder Aktienfonds investieren, ist es nicht unvernünftig, mit einem Wertverlust von 20 oder 25 Prozent an einem einzigen Tag zu rechnen. Das ist schon passiert. Wenn Sie in Einzelaktien investieren, kann man ganz offensichtlich an einem einzigen Tag seinen gesamten Einsatz verlieren. Das ist in der Vergangenheit schon oft passiert, und in der Finanzkrise von 2008 schien es fast jede Woche vorzukommen.

Für die meisten Menschen ist ein Verlust von 20 oder 25 Prozent ihres gesamten Anlagekontos ein schrecklicher Schlag. Dennoch haben viele Leute all ihr Geld in Aktien und Aktienfonds investiert, bei denen solche Wertverluste keineswegs ungewöhnlich sind. Diese Leute gehen keine vernünftigen Risiken ein. Sie riskieren zuviel.

Man kann sich nicht verstecken

Den größten Schaden richten solche Risiken an, die man mit verbreiteten Ansichten und allgemein akzeptierten Handlungsweisen in Verbindung bringen kann. Diese Risiken verbergen sich hinter dem Schleier der Massenmeinung, aber sie sind dennoch gegenwärtig. Sie sind deshalb so schädlich, weil die meisten Menschen nicht verstehen, in welchem Maß sie sehr realen Verlustrisiken ausgesetzt sind.

Denken Sie an die verbreitete Strategie des Kaufens und Haltens bei Investitionen am Aktienmarkt. Fonds sind durch Bundesgesetze dazu verpflichtet, diese Strategie anzuwenden. Mit einer Strategie des Kaufens und Haltens ist man ständig in Aktien investiert. Und jeder, der diese Strategie anwendete, verlor allein im Jahr 2008 35 bis 40 Prozent seines Kapitals. Eine Strategie des Kaufens und Haltens ist mit signifikanten Risiken verbunden. Man ist dem vollen Risiko ausgesetzt, dass der Markt an Wert verlieren wird.

Portfoliomanager sind Regeln unterworfen, die besagen, dass sie zu mindestens 95 Prozent investiert sein müssen. Das bedeutet, dass sie keine Risikoschutzmaßnahmen anwenden können, die sie in einem wirklich schlechten Marktumfeld schützen könnten – und aus diesem Grund erleiden die meisten Depots zur Altersvorsorge erhebliche Verluste.

Auch dem allgemeinen Anlegerpublikum wird erzählt, man solle Aktien kaufen und halten. In den letzten 100 Jahren gab es viele Zeiträume, in denen man keine nennenswerten Renditen erzielte, wenn man Aktien kaufte und sie 20 Jahre lang hielt. Gerade jetzt befinden wir uns in einer säkularen Baisse, und solche Entwicklungen enden in der Regel erst dann, wenn es im S&P 500 eine Dividendenrendite von fünf bis sechs Prozent und ein einstelliges KGV gibt ... und davon sind wir derzeit weit entfernt.

Man erzählt den Anlegern, dass Markttiming (also der Ein- und Ausstieg statt des Kaufens und Haltens) eine Strategie für Idioten sei. Das liegt daran, dass die Leute, die über Markttiming reden, die Prinzipien der Relation von Risiko zu Rendite eines Trades nicht verstehen. Sie verstehen es nicht, Verluste zu begrenzen und Gewinne laufen zu lassen; und sie verstehen auch nicht, welche hervorragenden Renditen man erzielen kann, indem man an den schlechtesten Börsentagen nicht investiert ist.

Dr. phil Van K. Tharp

Wenn Sie in einen Aktienfonds investiert haben, dann können Sie Verluste erleiden. Aktienmärkte sind keine Zauberei. Ohne entsprechendes Risiko gibt es keine Rendite. Es gibt kein kostenloses Mittagessen. Daher müssen Sie die Risiken, die Sie eingehen, sehr sorgfältig abwägen. Wenn Sie sich höhere potenzielle Renditen wünschen, dann müssen Sie sich auch dem Risiko höherer potenzieller Verluste aussetzen.

> Das Wichtigste ist, keinen Schaden anzurichten (primum non nocefere) – das ist eine nützliche Perspektive für die Zusammenstellung angemessener Reaktionen. Der menschliche Körper weist eine starke Neigung zur Selbstheilung auf, auf ein Anlagedepot trifft dies nicht zu.
>
> *Dr. med. Bruce Tizes*

Risiko ist persönlich

Es ist eine persönliche Entscheidung, welche Risiken man in einer bestimmten Situation auf sich nehmen will. Zu viele Menschen richten sich nach Formeln und Faustregeln oder verlassen sich auf den Rat sogenannter Profis, statt sich einmal in Ruhe hinzusetzen und über die Verzweigungen einer bestimmten Vorgehensweise oder gar über das Verständnis dessen nachzudenken, worin sie investieren.

Wenn Sie in etwas investieren, dann sind Sie derjenige, der mit den Ergebnissen dieser Entscheidung leben muss. Wenn Sie jemand anderem Ihre Risikotoleranz definieren lassen, wird Ihnen das Ergebnis möglicherweise nicht gefallen.

Während der Finanzkrise 2008 verließen sich viele Menschen auf die Experten. Sie hielten ihre Investments in Aktien oder Fonds und mussten mit ansehen, dass diese 35 oder 40 Prozent an Wert verloren (wenn die Anleger Glück hatten). Wenn ein solches Ergebnis für Sie nicht akzeptabel ist, müssen Sie lernen, selbst zum Experten zu werden.

Ich rate Ihnen also, die Kontrolle über Ihr eigenes Leben zu übernehmen, statt Ihre Risikokontrolle anderen zu überlassen. Verbringen Sie mehr Zeit damit, über die Probleme vergangener Zeiten zu lesen. Verbringen Sie mehr Zeit mit dem Nachdenken darüber, was in Zukunft schiefgehen kann und wie Sie damit umgehen werden. Lassen Sie sich nicht von jemand anderem erzählen, welche Risiken zu groß oder zu gering sind. Dann erkennen Sie nämlich die sehr realen Risiken nicht, die es gibt, oder Sie gehen diejenigen Risiken nicht ein, die andere für zu groß halten, die aber dennoch für Sie genau richtig sein könnten.

Kapitel 10: Wie man auf die richtige Weise falsch liegt

Ein weiser Mensch passt sich allen Bedingungen an;
ein Narr kämpft wie ein Schwimmer gegen den Strom.
UNBEKANNT

Es ist ein allgemeines Zeichen von Reife, wenn Sie mit Ihren eigenen Beschränkungen recht gut leben können. Nachdem Sie einige Erfahrungen gesammelt haben, halten Sie sich nicht mehr für unbesiegbar oder unfehlbar. Sie legen diese teenagerhafte Einstellung ab. Sie geben nicht mehr vor, ein Anderer zu sein als der, der Sie wirklich sind: Ein Mensch, der Fehler macht, der zu Gutem wie zu Schlechtem fähig ist und nicht in jeder Situation die richtige Antwort parat hat. Sie wollen auch nicht mehr beweisen, dass Sie immer recht haben. Sie akzeptieren sogar die Vorstellung, dass Sie falsch liegen könnten; selbst was Ihre Grundüberzeugungen betrifft, was wichtig ist und wie die Welt funktioniert.

Aber auch wenn Sie ein gewisses Niveau der persönlichen Reife erreicht haben, werden Sie in Ihrem sozialen Umfeld feststellen, dass Menschen nicht so weit sind, wenn sie in Gruppen arbeiten. In Gemeinden, Städten, Staaten und als globale Gesellschaft hat das Gruppenverhalten nicht dieses Niveau der Reife erreicht. Gruppen sind ihrer selbst weniger sicher, und gleichzeitig haben sie ein stärkeres Bedürfnis, ihre Unzulänglichkeiten zu verbergen, die Geschichte umzuschreiben, so als habe sie sich nicht ereignet und zu behaupten, sie würden in Zukunft keinerlei Fehler machen.

Diese Zugangsweise ist falsch. Gesellschaften sollten ihre Fehler intensiv untersuchen. Politische Führer sollten solche Fehler auf allgemein zugängliche Weise publizieren. Die Bürger sollten damit rechnen, dass ihre politischen Führungskräfte auch in Zukunft Fehler machen werden. Und vor allem sollten Gesellschaften aus der Geschichte lernen, was funktioniert und was nicht, wenn sie in Zukunft mit ähnlichen Situationen konfrontiert sind. Und schließlich sollten sich Gesellschaften und Gruppen nicht durch die Angst vor Fehlern davon abhalten lassen, einen Kurs einzuschlagen, der scheitern könnte.

Die Angst vor dem Scheitern treibt Entscheidungen an

Einer der interessantesten Unterschiede zwischen sich schnell entwickelnden Firmen wie Internet-Startups und reifen Unternehmen ist die Art, wie sie Entscheidungen treffen. Kleine Unternehmen beschäftigen sich mehr damit, schnell *die richtige Antwort zu finden.* Größeren Firmen geht es eher darum, *die falsche Antwort zu vermeiden.*

Eine kleine Firma versammelt alle relevanten Entscheidungsträger in einem Zimmer, die dann die Dinge besprechen und einen Plan aufstellen. Dieser Plan ist *der Plan* – zumindest vorläufig. Während der Diskussion tauchen wahrscheinlich einige bekannte Themen oder Hindernisse auf, von denen die Gruppe weiß, dass sie den Plan zum Scheitern bringen könnten. Während des Treffens wird es wohl auch alternative Ideen oder Zugangsweisen an das Problem geben, die vielleicht mehr Zeit oder Geld erfordern oder das Risiko des Scheiterns erhöhen. Diese Ideen werden zu Alternativen, falls der Hauptplan scheitern sollte. Bei einer kleinen Firma bleibt der Plan der Plan – bis man sich anders entscheidet.

Die Mitglieder eines Teams in einer kleinen Firma erwarten nicht, dass sich der Plan niemals verändern wird. Sie wissen sogar, dass es höchstwahrscheinlich Änderungen geben wird. Es ist relativ leicht, den Kurs zu verändern, und deshalb ist es kein Problem, sich für einen bestimmten Kurs zu entscheiden. Da in die spezifischen Pläne weniger Zeit und Mühe investiert wird, legen sich die Teammitglieder nicht so intensiv und persönlich auf einen bestimmten Plan fest. Und daher sind die Kosten der Veränderung von Plänen auch vergleichsweise niedrig.

Im Gegensatz dazu fällt eine große Firma Entscheidungen langsam und in einem sehr durchdachten Prozess. Den Entscheidern wäre es in den meisten Fällen lieber, jemand anders würde die Entscheidungen treffen. Bei der tatsächlichen Auswahl in einer großen Firma oder in einer Bürokratie der öffentlichen Hand sind die Risiken allgegenwärtig, und es gibt dabei wenig zu gewinnen. Wenn Sie allerdings eine Gruppe anführen, die die falsche Entscheidung trifft, kann das in Ihrem Lebenslauf einen schwarzen Punkt hinterlassen, der Ihrer Karriere womöglich jahrelang schadet.

In kleinen Firmen besteht das Ziel darin, die beste Entscheidung zu treffen. In großen Firmen geht es weniger darum, die beste Entscheidung zu treffen, als vielmehr darum, die falsche Entscheidung zu vermeiden. Dies ist einer der Gründe, warum die Dynamik der Entscheidungsfindung in großen Unternehmen Innovationen erstickt. Stellen Sie sich ein Unternehmen vor, das sich für das Management der Zulieferungskette und des Inventars zwischen drei Software-Lieferanten entscheiden muss:

Elite Software Inc. – Software mit hervorragenden Bewertungen, die mit Erfolg von vielen Unternehmen verwendet wird, aber sehr teuer ist.

Cheapo Software Corp. – Software, die viele Firmen verwenden und die nur ein Zehntel des Preises der Technologie von Elite Software kostet. Aber man ist sich allgemein darüber einig, dass diese Software für das Problem, um das es geht, eigentlich ungeeignet ist.

Innovative Software LLC – Software, die nach allgemeiner Ansicht die beste Lösung für das betreffende Problem ist; sie funktioniert mit der höchsten Wahrscheinlichkeit und kostet ebenfalls nur ein Zehntel dessen, was Elite Software fordert. Sie wurde aber noch nie von einem der führenden Unternehmen der Branche eingesetzt.

Aus Sicht der Firma ist das Produkt von Innovative Software die beste Wahl. Interessanterweise besteht aber in den meisten Organisationen so gut wie keine Chance, dass sich das Team, dem die Auswahl obliegt, für Innovative Software entscheidet. Das Problem dabei: Was gut für die Firma ist, ist nicht gut für die Karrierehoffnungen des Einzelnen.

Höchstwahrscheinlich wird es eine Auseinandersetzung zwischen der Finanzabteilung und dem Vertreter derjenigen Abteilung geben, die diese Technologie anwenden muss – bei den meisten Firmen handelt es sich dabei um das „operative Geschäft". Die Finanzleute werden für Cheapo Software argumentieren, weil dies große Einsparungen bringt. Die Anwender im operativen

Bereich werden sich für Elite Software aussprechen und argumentieren, für die Software von Cheapo Geld auszugeben wäre eine Verschwendung, weil sie die Anforderungen nicht erfüllt. Daher wird die Firma entweder zu viel Geld ausgeben oder ein Produkt kaufen, das ihre Anforderungen wahrscheinlich nicht erfüllen kann.

Und warum erhält das Produkt von Innovative Software nicht die Aufmerksamkeit, die ihm gebührt?

In großen Unternehmen ist es kein Fehler, *Experten zu folgen, die ähnliche Projekte durchgeführt haben*, auch wenn es nicht die erhofften Erfolge bringt. Das zu tun, *was immer schon getan worden ist*, ist nie ein Fehler. *Etwas Neues* zu tun, kann ein Fehler sein. Und das ist ein entscheidender Unterschied.

Betrachten Sie die drei Alternativen aus der Perspektive, wie sie sich auf die Karriere eines bestimmten Entscheidungsträgers auswirken könnten: John Reynolds, Vizepräsident des operativen Geschäfts. Hier sind die Szenarien mit den möglichen Ergebnissen:

Elite Software

Bester Fall (am wahrscheinlichsten): Das System funktioniert gut und die Anwender sind zufrieden. Die Entscheidungsträger verlieren nicht, weil man die finanziellen Auswirkungen der Ausgaben nicht ihnen zuschreiben wird.

Schlechtester Fall (am wenigsten wahrscheinlich): Aus irgendeinem Grund funktioniert die Software nicht. Dafür wird man das Team beschuldigen, das die Software in der Firma implementiert hat, denn die Entscheidungsträger können auf Erfolge bei anderen Firmen hinweisen, die die Software von Elite verwenden.

Cheapo Software

Bester Fall (am wenigsten wahrscheinlich): Das System funktioniert gut, die Anwender sind zufrieden, und daher kann man niemanden für etwas beschuldigen. Jeder ist froh, sogar der Finanzvorstand.

Schlechtester Fall (am wahrscheinlichsten): Aus irgendeinem Grund funktioniert die Software nicht. Die Schuld dafür wird man den Repräsentanten der Anwender in die Schuhe schieben – und John als deren Chef.

Innovative Software

Bester Fall (am wahrscheinlichsten): Das System funktioniert gut, und die Anwender sind zufrieden. Es gibt niemanden, den man beschuldigen müsste, und jeder ist glücklich.

Schlechtester Fall (am wenigsten wahrscheinlich): Aus irgendeinem Grund funktioniert die Software nicht. Die Schuld dafür wird man John und seinem Team geben, weil sie ein Produkt ausgewählt haben, das sich noch nicht bewährt hat. John wird nicht auf erfolgreiche Implementierungen bei anderen Unternehmen verweisen können. John hat den Schwarzen Peter. John hat seine Karriere vermasselt.

Auch wenn das Produkt von Elite Software also für die Firma ein höheres Risiko bedeutet, weil sie mehr Geld für eine Lösung ausgibt, von der sie nicht unbedingt annimmt, dass sie funktionieren wird, wird John sich für Elite Software entscheiden. Man wird ihm nicht die Schuld zuschieben, wenn sie nicht funktioniert. Er wird nicht für die hohen Kosten verantwortlich sein. Man wird ihn auch nicht verantwortlich machen, falls der Finanzchef seine Entscheidung übergeht und sich für die billigeren Produkte entscheidet. Seine sicherste Wahl ist die bewährte, aber teure Lösung.

Diese Dynamik gibt es in den meisten großen Organisationen. Es gibt nur sehr geringe Anreize, Risiken einzugehen und kaum einen Grund, den Kopf herauszustrecken. Aus diesem Grund sind die meisten großen Organisationen keine Innovationsführer. Sie investieren in eine Entscheidung so viel Zeit und Mühe, dass sie meinen, sie könnten sich eine falsche Wahl nicht leisten.

In diesem Fall wäre es eine bessere Lösung für die Firma, mit Elite Software und Innovative Software zu verhandeln und beide zu veranlassen, ein Pilotprojekt einzurichten. Statt des Versuchs, ohne genügende Informationen eine Entscheidung zu treffen – eine Methode, die die Firma zu der am wenigsten riskanten Option zwingt –, sollte die Firma anerkennen, dass sie bestimmte

Dinge nicht weiß und mit beiden Produkten einen Test unter realen Bedingungen durchführen. Wenn das Produkt von Innovative Software funktioniert, dann bietet dieses Unternehmen eine preisgünstigere und womöglich bessere Lösung. Wenn es nicht funktioniert, kann die Firma die Lösung von Elite Software implementieren.

Auf Fehler gefasst zu sein ist keine defätistische oder pessimistische, sondern einfach eine demütige Perspektive. Sie erkennt die unvorhersagbare Natur der Unsicherheit an. Die vierte Regel des Meisterns von Risiken, die Vorbereitung auf eigene Fehler, rät zu einem Verhalten, mit dem man den Glauben an die eigene Unfehlbarkeit überwinden kann.

Die entscheidenden Elemente der vierten Regel des Meisterns von Risiken lauten:

Machen Sie früh Fehler. Versuchen Sie Ihren Plan wenn möglich so zu entwickeln, dass Sie es so schnell wie möglich merken, wenn der Plan scheitert.

Machen Sie oft Fehler. Wenn Sie in einem unsicheren Umfeld agieren, müssen Sie viele verschiedene Methoden ausprobieren und diejenigen fördern, die zu funktionieren scheinen.

Diversifizieren Sie die Risiken. Falls es keine absolut überzeugenden Gründe dafür gibt, sich für einen ganz bestimmten Weg zu entscheiden, sollten Sie die Risiken auf viele verschiedene Vehikel streuen.

Machen Sie früh Fehler, um früh richtig zu liegen

Softwareentwickler stehen oft vor der Entscheidung, sich für eine neuere und möglicherweise bessere Methode zu entscheiden, die allerdings weniger bewährt ist. Viele Softwarefirmen sind mit dieser Wahl konfrontiert, wenn sie an wichtigen neuen Projekten arbeiten. Oft gibt es große Spannungen zwischen den konservativeren Teammitgliedern, die bewährte Ideen und Technologien einsetzen wollen, und den wagemutigeren Mitgliedern, die eine neue Idee oder eine neue Technologie ausprobieren möchten.

Statt eine Entweder-oder-Entscheidung zu erzwingen, kann man oft erst einmal ermitteln, ob die neue Methode funktionieren würde oder nicht und die bewährte Methode als Plan B in Reserve halten. Das Scheitern der neuen Idee gefährdet das Projekt nicht, *wenn es früh genug bemerkt wird*, um die Anstrengungen des Teams in eine andere Richtung lenken zu können.

Das ist *eine sehr wichtige Idee*. In diesem Fall ist es ein Teil des Plans, dass die Dinge nicht wie erhofft funktionieren. Der Plan sieht vor, Design A lange genug auszuprobieren, um beurteilen zu können, ob es funktioniert – und dann zu Design B zu wechseln, wenn sich herausgestellt hat, dass Design A nicht funktioniert. Mit einem angemessenen Zeitplan für diese Testphase ist es meistens möglich, die entscheidenden Tests frühzeitig durchzuführen, um das Projekt in jedem Fall rechtzeitig beenden zu können. Man sollte also nicht bis zur zehnten Woche eines Zwölf-Wochen-Projekts warten, bis man an einem entscheidenden Stück Technologie arbeitet, das vielleicht nicht wie geplant funktioniert. Das sollte man schon in den ersten Wochen erledigen. So bleibt genügend Zeit, um eine andere Lösung auszuprobieren und das Projekt rechtzeitig zu beenden, wenn die erhoffte Lösung nicht funktioniert.

Manchmal gibt es keine eindeutige Antwort; vor allem dann, wenn sich Ihr Team auf unbekanntes Terrain wagt, wo es noch nicht viel Erfahrung gesammelt hat. In solchen Fällen verbringen Menschen viel Zeit mit dem Nachdenken darüber, welcher Weg nach vorn wohl der beste ist. Oft gibt es an diesem Punkt nur unzureichende Informationen für eine solche Einschätzung. Daher ist es oft besser, sich schnell für einen bestimmten Weg zu entscheiden. Wenn man dann auf diesem Weg voranschreitet, lernt man oft genug, um andere Entscheidungen treffen zu können. Wenn Sie das tun, dann sollten Sie damit rechnen, dass Sie Ihre Meinung ändern werden und dass Sie die erste Wahl einfach deshalb treffen, um genug zu lernen und die zukünftigen Themen besser zu verstehen.

Der entscheidende Punkt in diesem Zusammenhang: *Wenn Sie nicht genug Informationen haben, um eine gute Entscheidung treffen zu können, dann hat es keinen Sinn, mit dem Prozess der Entscheidungsfindung Zeit zu verschwenden*. Sie müssen mehr Informationen sammeln. Sie müssen hinzulernen. Durch Entscheidungen lernen Sie nicht; Sie lernen durch Handlungen, durch Erfolg und Misserfolg. Wenn jeder weiß, dass die Entscheidung Versuchscharakter hat und der Sammlung zusätzlicher Informationen dient, fällt es leicht, den Kurs zu ändern, falls klar wird, dass eine andere Alternative die bessere Lösung wäre.

Scheuen Sie sich also nicht, hastige Fehler zu machen. Oft findet man die richtige Entscheidung am besten, indem man zunächst eine Fehlentscheidung trifft und für die Möglichkeit offen bleibt, dass der Kurs geändert werden muss.

Sie müssen immer einen Plan B haben

In mancherlei Hinsicht ist das Agieren in einem unsicheren Umfeld so, als versuche man, den Weg aus einem komplexen Labyrinth zu finden. Sie müssen einem der Pfade folgen, um entscheiden zu können, ob es sich um einen guten Weg handelt oder nicht. Entscheidend ist, dass Sie sich die Pfade gut merken, die Sie ausprobiert haben, um nicht erneut Wege zu gehen, von denen Sie eigentlich schon wissen, dass sie nirgendwo hinführen.

Auch wenn Sie versuchen, ein komplexes Labyrinth auf dem Papier aufzulösen, erwarten die meisten Leute nicht, dass gleich der erste Versuch zur richtigen Lösung führen wird. Nein, sie rechnen damit, dass sie auf einige Sackgassen stoßen werden. Sie wissen, dass der Prozess der Problemlösung Versuche und Experimente erfordert. Wenn Sie im Geschäftsleben oder bei finanziellen Wagnissen mit Unsicherheit konfrontiert sind, müssen Sie sich ebenfalls damit abfinden, dass Sie möglicherweise Fehler machen werden. Vielleicht liegen Sie falsch, und dementsprechend sollten Sie Ihre Erwartungen und Pläne ausrichten.

Wenn Sie wissen, dass die Zukunft wahrscheinlich unerwartete Dinge bringen wird, ist es sinnvoll, einige alternative Pläne in Reserve zu haben. Sie brauchen einen Plan B. Wenn Sie klug sind, werden Sie auch die Pläne C, D, E und F haben. Statt sich darüber Sorgen zu machen, ob Plan A oder Plan B der bessere ist, sind Sie oft viel besser dran, wenn Sie einfach einen Plan aussuchen und dann Ihre Fortschritte beobachten, um sicherzustellen, dass Sie immer noch auf dem richtigen Weg sind. Solange Sie unsicher sind, ob der aktuelle Kurs am Ende funktionieren wird, müssen Sie einen validen und gut durchdachten Plan B in Reserve haben.

In größeren Organisationen kann es möglich sein, die Pläne A, B und C gleichzeitig zu starten. Zu einem späteren Zeitpunkt kann man alle drei Strategien auswerten und diejenigen eliminieren, die nicht so gut funktionieren wie die anderen. Man kann auch einen der gescheiterten Pläne durch Plan E oder Plan F ersetzen, wenn offensichtlich wird, dass einer der Pläne die Ziele des Projekts nicht erreichen wird. Bei Organisationen, die nicht die Ressourcen haben, mehrere Pläne gleichzeitig zu finanzieren, kann ein Plan B, falls Plan A nicht funktioniert, viele Monate an Zeit sparen und verhindern, dass aus einem kleinen Problem ein riesiges Problem wird.

Das Wunder der Diversität

Eine weitere ausgezeichnete Methode, sich auf eigene Fehler vorzubereiten, ist die Befolgung der alten Börsenweisheit: „Lege niemals alle Eier in einen Korb." Beim Investieren nennt man dies auch *Diversifizierung*. Ein Anleger diversifiziert, indem er statt eines großen viele kleinere Investments tätigt. Das hat zwei wichtige Vorteile. Zunächst reduziert man damit das Risiko, dass ein widriges Ereignis das gesamte Depot in Mitleidenschaft zieht. Außerdem wird der Entscheidungsfindungsprozess bei der Auswahl eines Investments weniger wichtig. Beide Vorteile senken die Risiken des Depots, in der Regel aber nicht die Renditen dieses Depots.

Stellen Sie sich zwei Anleger vor: John investiert seine gesamten 100.000 Dollar für seinen Ruhestand in die Aktie von Acme Computing; die Firma, für die er arbeitet. Mary verteilt ihre 100.000 Dollar auf 25 verschiedene Aktien. Zufällig investiert sie auch 4.000 Dollar in Acme Computing. Sollte der Acme-Aktienkurs plötzlich um 50 Prozent fallen, weil ein größeres Unternehmen wegen einer Patentverletzung klagt, dann hat John 50 Prozent seines gesamten Investments oder 50.000 Dollar verloren. Mary hat in diesem Fall nur 50 Prozent ihres 4.000-Dollar-Investments oder 2.000 Dollar verloren.

John verliert also die Hälfte seines Geldes, während Mary nur zwei Prozent ihres Kapitals einbüßt. Dies ist einer der Vorteile der Diversifizierung: Ein schädliches Ereignis betrifft ein diversifiziertes Depot weit weniger als ein anderes, das sich auf wenige Investments konzentriert.

> Diversifizierung kommt der Magie sehr nahe. Aber Diversifizierung durch den Kauf minderwertiger Assets schadet der Gesamtrendite des Depots.
>
> *Dr. med. Dr. jur. Bruce Tizes*

Ein Netz gegen einen Haken

Denken Sie nun an den anderen großen Vorteil der Diversifizierung: Genauigkeit bei der Entscheidungsfindung ist weniger wichtig. Man könnte eine diversifizierte Methode damit vergleichen, dass man ein großes Netz auslegt, während die nicht diversifizierte Methode so ist wie das Angeln mit einem Einzelhaken. Wenn man genau am richtigen Platz angelt, kann man mit einem einzelnen Haken wunderbar Fische fangen. Wenn es viele Fische gibt, bietet ein über ein größeres Gebiet ausgelegtes Netz eine bessere Chance und macht den Erfolg wahrscheinlicher.

Stellen Sie sich vor, Sie seien Partner in einer Venture-Kapital-Firma, die Venture X heißt. Sie haben zehn Millionen Dollar eingesammelt, um sie in neue, umweltfreundliche Technologien zu investieren. Wenn Sie die gesamten zehn Millionen in die richtige Technologie investieren, verdienen Sie das meiste Geld. In den meisten Branchen erfolgt die Verteilung von Reichtum allerdings nicht gleichmäßig. Das führende Unternehmen verdient in der Regel das meiste Geld, die Nummer 2 bedeutend weniger, und wer in einem bestimmten Gebiet schlechter als auf Platz 5 liegt macht vielleicht schon Verluste. Wenn Sie also die gesamten zehn Millionen Dollar in eine einzige Firma investieren, dann sollten Sie auch die richtige Entscheidung treffen.

Stellen Sie sich zehn Investments in Technologiefirmen vor, die nach drei Jahren die folgenden annualisierten Renditen aufweisen:

Unternehmen	Rendite
A	150 %
B	70 %
C	30 %
D	20 %
E	10 %
F	- 100 %
G	- 100 %
H	- 10 %
I	- 100 %
J	- 100 %

Wenn Sie ein Anleger sind, der in dieses Segment der Technologiebranche investieren will, könnten Sie sich eine Firma heraussuchen. Vielleicht erwischen Sie den Gewinner und erzielen eine jährliche Rendite von 150 Prozent. Vielleicht wählen Sie auch die Nummer 2 oder 3 und erzielen geringere Renditen. Oder Sie erwischen einen der Verlierer und müssen zusehen, wie Ihr Investment im Nichts verschwindet.

Was also bewirkt Diversifizierung?

Es geht dabei nicht um die Vermeidung von Verlusten; man muss sicherstellen, dass man die Unternehmen A und B im Depot hat. Wenn Firma A drei Jahre lang eine Rendite von 150 Prozent bringt, dann entspricht dies dem 15-fachen des investierten Kapitals. Mit 70 Prozent bringt Firma B fast das Fünffache des ursprünglichen Investments. Wenn Sie die zehn Millionen Dollar gleichmäßig aufteilen und in jedes der zehn Unternehmen je eine Million investieren, dann haben Sie am Ende das 2,1-fache Ihres ursprünglichen Investments und eine durchschnittliche Jahresrendite von 28 Prozent. Obwohl fünf Einzelinvestments zum Totalverlust führten, hätte Venture X also eine exzellente Gesamtrendite erzielt.

Außerdem ist es in vielen Fällen leichter, eine schlechte Idee oder Anzeichen für schlechte Unternehmensführung zu erkennen als sich einen Gewinner herauszupicken. Letzteres ist kompliziert; man muss die relativen Vorteile verschiedener Strategien miteinander vergleichen und die Fähigkeiten eines Managementteams in einer Branche abschätzen, die man vielleicht nicht allzu genau beobachtet. Wenn Sie aber nur zwei von denjenigen Firmen aussondern können, von denen Sie annehmen, dass sie Pleite gehen werden, dann werden Sie sogar noch besser abschneiden. Statt 28 Prozent würden Sie 42 Prozent Rendite erzielen. Und das schaffen Sie nicht, weil Sie den Gewinner gefunden haben, sondern indem Sie einige von den Verlierern eliminieren.

Wenn Sie wirklich wissen, welches Unternehmen gewinnen wird, brauchen Sie keine Diversifizierung. Falls Sie es nicht wissen, kann Diversifizierung eine große Hilfe sein. Wenn Sie also keine große Expertise darin haben, sich das beste Investment herauszusuchen, ist die Diversifizierung eine gute Strategie. Je höher der Grad der Unsicherheit, desto hilfreicher ist die Diversifizierung.

Selbst die erfahrensten Venture-Kapitalisten verstehen die Vorteile der Diversifizierung. Viele von ihnen investieren nicht in ein Unternehmen, ohne zeitgleich ein, zwei andere Unternehmen mit einzubringen. Diese anderen Firmen werden wiederum ihre Investitionen aufteilen, was zu einer stärkeren Diversifizierung führt. Jede Firma vollzieht zwei oder drei Mal so viele Investitionen, wie sie für sich allein genommen handhaben könnte.

Die meisten Anleger sind durch die Diversifizierung anhand der Auswahl einzelner Aktien überfordert. Zum Glück hat die Finanzbranche vorgefertigte Produkte geschaffen, die eine Diversifizierung einfach machen. Die Investition in einen Aktienfonds ist eine der Möglichkeiten für einen Anleger, problemlos zu diversifizieren, ohne den Vorgang des Investierens wesentlich komplizierter zu machen. Bei den meisten Brokerkonten ist der Kauf von Fondsanteilen ebenso einfach wie der direkte Kauf von Aktien eines einzelnen Unternehmens.

Man muss sich damit abfinden, dass man etwas nicht weiß

Ein ständiges Thema dieses Buches und mein Rat für den Umgang mit Risiken und Unsicherheit ist es, dass man sich mit der Realität des Unbekannten abfinden muss. Das ist der Kern der Unsicherheit: Man weiß einfach nicht, was geschehen wird. Für viele Menschen scheint es sehr schwierig zu sein, diese simple Tatsache zu akzeptieren.

Man verschwendet viel Zeit, Geld und Mühe, wenn man meint, die Zukunft sei genauer prognostizierbar als sie es wirklich ist. Behaupten Sie also nicht länger, etwas zu wissen, was Sie nicht wissen können. Schließen Sie Ihren Frieden mit der Unsicherheit. Haben Sie einen Plan B in Reserve, falls Sie falsch liegen. Versuchen Sie nicht nur eine Methode, sondern zwei oder drei. Diversifizieren Sie Ihre Investitionen in Ideen, Menschen und Unternehmen.

Es hat einen weiteren Vorteil, wenn Sie Ihren Frieden mit der Unsicherheit schließen: Sie können der Realität viel leichter ins Auge sehen, wenn Sie mit ihr konfrontiert werden. Aber das ist ein Thema für Kapitel 11.

Kapitel 11: Die Realität schlägt zu

Die Realität ist nicht immer wahrscheinlich.
JORGE LUIS BORGES

Für einen Trader gibt es auf der Welt nichts Wichtigeres als ein akkurates Bild der Realität. Die besten Trader haben die beste Realitätswahrnehmung. Sie haben die besten Informationsnetzwerke – sowohl was Computer als auch was menschliche Informanten betrifft – und sie verstehen das unbeschreiblich komplexe Netz gegenseitiger Beziehungen, das jeder einzelnen Information einen spezifischen Wert beimisst.

Für reine Kurstrader, auch als *Techniker* bekannt, ist es recht einfach, die Wahrheit zu finden. Der aktuelle Kurs eines Marktes repräsentiert dessen Realität. Es spielt keine Rolle, was der Trader erwartet oder sich gewünscht hat; der Kurs repräsentiert, was gerade jetzt passiert. Für den technischen Trader ist der Kurs die Realität.

In den frühen 1980er-Jahren, als ich mich erstmals mit Trading beschäftigte, war das modernste Tradinggerät eine Satellitenverbindung mit einem spezialisierten Computersystem. Damit konnte man das Geschehen auf dem Börsenparkett mit einer Zeitverzögerung von fünf bis zehn Sekunden verfolgen. Angestellte der Börsen saßen neben dem Handelssaal und gaben die Kurse in das elektronische Informationssystem ein. Diese Kurse wiederum wurden über spezielle Telefonverbindungen zu den Satellitenzentren geschickt, von wo aus sie an Kunden auf der ganzen Welt weitergeleitet wurden.

Die Versorgung mit aktuellen Kursen über diese Systeme kostet 300 bis 500 Dollar pro Monat. Mitte der 1980er-Jahre verwendeten die meisten Trader

Systeme, die nur die Kurse anzeigten. Es gab keine Charts, die die Kursentwicklung im Lauf des Tages zeigten, und die für Trader heute selbstverständlich sind. Diese grafischen Systeme kamen erst allmählich auf den Markt, und damals wurden sie nur von relativ wenigen Tradern verwendet.

Trader wissen, dass ihre Entscheidungen manchmal zu Verlusten führen werden. Sie wissen auch, dass sie von diesen Verlusten so früh wie möglich erfahren müssen. Die Konzentration auf das tatsächliche Marktgeschehen – die Realität des Marktes – hält erfolgreiche Trader davon ab, den Kopf in den Sand zu stecken und zu behaupten, die Welt sei anders als sie wirklich ist.

Wie man mit einer unklaren Realität umgeht

Trader haben es leicht. Man braucht nur zum Telefon zu greifen oder im Internet nachzusehen, wie viel Rohöl jemand im nächsten August zu welchem Preis verkaufen kann. Sie können die Marktsituation mit einem hohen Grad an Sicherheit feststellen, und in wenigen Sekunden können Sie den Gegenwert vieler Ladungen von Öltankern handeln.

Für Unternehmer und Startup-Investoren kann die Realität wesentlich weniger eindeutig sein. Stellen Sie sich einen Technologen vor, der eine Idee für ein neues Produkt hat, von dem er denkt, dass es einen Markt dafür gibt, und einen Marktguru, der eine Idee für ein Produkt hat, von dem er glaubt, es werde sich gut verkaufen. Ihre Ideen sind eine sorgfältige Einschätzung der Realität, sie müssen aber nicht unbedingt zutreffen. Sie können sogar weit neben der Realität liegen. Der Technologe kann den Markt für sein Produkt überschätzen, weil er die potenziellen Käufer nicht gut genug versteht. Der Marktguru unterschätzt vielleicht die Probleme der Herstellung des Produkts, von dem er annimmt, es werde sich gut verkaufen, oder die Herstellungskosten bei Anwendung der heutigen Technologie.

Die potenzielle Diskrepanz zwischen der Einschätzung und der Realität definiert die Unsicherheit derartiger Entscheidungen. Bei einer typischen Unternehmung gibt es vielleicht Hunderte solcher Einschätzungen. Die kollektive Unsicherheit all dieser Einschätzungen in Kombination mit dem Investmentvertrag definiert das Gesamtrisiko einer Unternehmung aus der Sicht eines Venture-Kapitalisten. Für den Unternehmer ist in der Regel alles in Ordnung.

> In der Medizin muss mit dem schlimmsten möglichen Szenario begonnen werden. Was ist das Schlimmste, das dieser Person fehlen könnte? Und von da an arbeitet man sich nach unten. Ähnlich ist es beim Trading. Sie müssen sich sagen: „Ich muss diese Kiste öffnen. Ich kann mit den Problemen umgehen." Dann können Sie mit allem umgehen, was geschehen mag, angefangen mit dem schlimmsten möglichen Fall. Wenn Sie sich bei dem Gedanken ertappen: „Es ist wahrscheinlich nur dieses oder jenes kleine Problem", dann sind Sie schnell überfordert, falls der schlimmste Fall eintritt.
>
> *Dr. med. Ted Patras*

Suchen Sie aktiv nach der Realität

In diesem Kapitel geht es um die fünfte Regel des Meisterns von Risiken: das aktive Suchen nach der Realität. Für Trader bedeutet das, sich so schnell wie möglich genaue Informationen zu beschaffen. Für die meisten Trader ist die Realität leicht zu finden.

Für die meisten Menschen, die sich mit anderen Dingen beschäftigen, ist die Realität *überhaupt nicht* leicht zu finden. Der wichtige Punkt ist also, dass Sie aktiv nach dieser Realität suchen müssen – *suchen Sie nach ihr, graben Sie nach ihr, jagen Sie nach ihr und schnüffeln Sie ihr nach.*

Die Realität ist nicht wie ein gutmütiger alter Onkel, der vorbeikommt, wenn Sie nicht aufgepasst haben und Ihnen sagt: „Hast du schon daran gedacht, dass deine Wettbewerber schon zwei Mal versucht haben, in diesen Markt vorzustoßen, dass sie jedes Mal gescheitert sind und dabei Millionen verloren haben? Hast du schon nach den Gründen gesucht, warum sie gescheitert sind?" Oder vielleicht: „Weißt du, es könnte klug sein, die Ingenieure zu fragen, wie viel die Herstellung dieses Produkts kostet, ehe du es den Kunden um X Dollars verkaufst."

> Menschen sind sehr geschickt darin, sich eine Erklärung für eine bestimmte Situation oder ein Ergebnis auszudenken. Die Betrachtung von Informationen als genauestes und höchstes Niveau, auf dem Sicherheit existiert, ist eine unabdingbare Voraussetzung, die jeder korrekten Analyse vorausgeht. Notfallmediziner, die keine klaren Beweise haben und an einen falschen Interventionsplan glauben, fügen ihren Patienten Schaden zu. Auf ähnliche Weise schaden Trader ihren Depots, wenn sie glauben, sie hätten recht und der Markt habe unrecht.
>
> *Dr. med. Bruce Tizes*

Bruchlandung

Bei einem Startup-Unternehmen gibt es viele Fehler, eine Menge Fehler. Manchmal kommt man dem Erfolg aber so nahe, dass man die wirklich gefährlichen Fehler an den Fingern einer Hand abzählen kann. Es sind diese Fehler, die weh tun und die Sie noch jahrelang um den Schlaf bringen können.

Ich erinnere mich noch daran, wie ich mich einmal darauf vorbereitete, das erste bedeutende Produkt einer neuen Softwarefirma auf den Markt zu bringen. Die Firma hieß *Borealis*, und ich hatte sie einige Jahre nach dem Turtle-Programm gegründet. Bei Borealis wollten wir ein Produkt schaffen, das viel flexibler und anpassungsfähiger war als die Produkte der Wettbewerber. Wir hatten jahrelang über die Innovationen für dieses Produkt nachgedacht, daher schlossen sich viele der besten Ingenieure meiner früheren Firmen diesem Projekt an. Wir bemühten uns auch um einige Investitionen von außerhalb, damit wir ein erstklassiges Startup-Team aufbauen konnten.

Bei Borealis hatten wir eines der besten Teams von Software-Ingenieuren, das je zusammengestellt wurde; so gut wie dienigen, die den ersten Macintosh, die erste Version von Photoshop oder Microsoft Office entwickelt haben. Einer der Gründe dafür, dass ich so ein großartiges Team zusammenstellen konnte war, dass ich selbst schon seit meinem 17. Lebensjahr programmiere und ehrlich gesagt wahrscheinlich ein besserer Softwarearchitekt als ein Trader bin. Außerdem hatte ich bei meiner Firma Sierra Software Innovations fünf oder sechs Jahre lang Werkzeuge an Ingenieure verkauft, die Software für den Macintosh entwickelten. Ich kannte also einige der besten Softwareentwickler, die es gab.

Als das Turtle-Programm auslief, arbeiteten die besten Programmierer alle an der Entwicklung des Macintosh. Sogar die besten Microsoft-Programmierer waren Mac-Programmierer; das Team hatte die ersten Versionen von Word und Excel auf dem Macintosh entwickelt und herausgebracht. Glücklicherweise kannte ich also Programmierer aus vielen der weltbesten Programmiererteams beim Vornamen.

Als wir unser Produkt auf den Markt brachten, hatte jeder von uns bei Borealis zwei Jahre lang Geld eingeworben, das Team aufgebaut und den Code für das erste Produkt geschrieben. Es war eine bahnbrechende Technologie;

sogar noch besser als ich anfangs gehofft und geträumt hatte. Diese Technologie konnte die Firma jahrelang stützen. Das Entwicklerteam war verständlicherweise sehr stolz auf das, was wir geschaffen hatten. Die Software ermöglichte es, komplexe Datenanwendungen durch einfache Eingaben zu entwickeln. Bei unseren Wettbewerbern musste man Codes schreiben, unsere Software erledigte das automatisch. Unsere Philosophie lautete: Wenn es eine Aufgabe gab, die der Computer anstelle des Programmierers erledigen konnte, dann würde unser Programm diese Aufgabe automatisch erledigen, statt den Programmierer zu zwingen, Codes zu schreiben. Gleichzeitig boten wir die Flexibilität, unterschiedliches Programmierverhalten zuzulassen; es gab also keine Grenzen für das, was unsere Kunden mit der Software schaffen konnten.

Zehn Jahre nach dem Untergang der Firma entsprach die Software in mancherlei Hinsicht immer noch dem neuesten Entwicklungsstand, so innovativ war sie.

Unter anderem konnte unsere Software etwas, was damals keine andere Software wirklich gut konnte – abwesende Kunden managen. In der Zeit vor dem Hochgeschwindigkeits-Internet verwendeten die meisten Vertriebsleute Internetverbindungen, in die man sich einwählen musste. Heute würde man eine interne Internetseite verwenden, um den Außendienstlern Zugang zu den Verkaufsdaten zu gewähren, damals mussten sich die Unternehmen auf handelsübliche Software verlassen, die auf jedem Laptop lief.

Es war ein Alptraum der Informationstechnologie, die Daten und Softwarekonfigurationen auf jedem dieser Laptops stets auf dem neuesten Stand zu halten. Unsere Software machte diese Aufgabe viel leichter. Und sie erledigte es auch viel schneller. Bei einigen Produkten unserer Wettbewerber mussten die Verkäufer jeden Tag eine Stunde lang online bleiben, um Updates herunterzuladen. Unser Produkt schaffte diese Arbeit typischerweise in zwei oder drei Minuten.

Und schließlich konnten wir Veränderungen der Software selbst verschicken. Unsere Kunden konnten also die Software auf jedem Laptop problemlos aktualisieren, ohne dass die Verkäufer die Laptops ins Büro bringen mussten. Wir glaubten, die Kombination dieser wichtigen Funktionen werde unser Produkt innerhalb weniger Jahre zum Marktführer machen.

Wir täuschten uns.

Dass unsere Perspektive grobe Mängel aufwies (oder besser gesagt *meine persönliche Perspektive*, weil ich nicht für den Rest meines Teams sprechen kann), merkte ich erstmals am Beginn einer großen Pressereise. Für diejenigen, die noch nie an der Markteinführung eines Produkts beteiligt waren: Bei einer Pressetour ist man drei Wochen lang auf Reisen, besucht die wichtigen Fachmagazine, unabhängige Fachleute und Berater (Gruppen wie Gartner, Inc. und deren ehemaligen Rivalen Meta Group, die Unternehmen bei deren IT-Strategie beraten). Das geschieht vor der eigentlichen Produktankündigung, damit Zeit bleibt, Ankündigungsartikel zu schreiben oder, im Fall der Fachleute, Kunden hinsichtlich unserer Produkte zu beraten.

Diese Markteinführung war ein großes Ereignis für uns. Es war der Höhepunkt von fünf Jahren voller Träume und zwei Jahren voller solider, harter Arbeit. Auf der Fachmesse würden wir der Welt unser Produkt ankündigen. Es war unsere große Initiationsparty als Unternehmen und als Produkt bei der Verkaufsautomatisierung.

Wir waren aber noch nicht weit genug.

Wir hatten verschiedene wichtige Fehler gemacht, von denen jeder einzelne das Unternehmen in Gefahr hätte bringen können. Erstens vermarkteten wir eher ein Produkt als eine Lösung. Unternehmen zahlen, damit ihre Probleme verschwinden. Sie kaufen keine Software, weil ihnen das Spaß macht. Sie kaufen Software, um vorhandene Probleme zu lösen. Wir hätten unser Produkt als Lösung bestimmter Kundenprobleme vermarkten sollen. Unsere Anzeigen, unsere PR-Bemühungen, alles hätte auf die Lösung bestimmter Probleme ausgerichtet sein müssen.

Zweitens hatten wir ein Verkaufsteam, das nicht daran gewöhnt war, komplexe Verkäufe an hochstehende Manager durchzuführen. Unsere Einschätzung, wie sich unsere Verkäufe entwickeln würden, war in vielerlei Hinsicht pure Fantasie. Das lag nicht daran, dass jemand Prognosen frei erfand; ich denke, unser Team glaubte an die Zahlen, die es vorlegte. Das Problem war, dass unser Verkaufsteam keine Erfahrung mit Verkäufen an diejenigen Kunden hatte, die unsere Software kauften – Vizepräsidenten des Verkaufsbereichs, CEOs und Finanzchefs großer, international tätiger Unternehmen. Die Software, die sie früher verkauft hatten, war der Software sehr ähnlich, die wir jetzt verkauften, aber die Leute, die die neue Software kauften, waren von völlig anderem Kaliber.

Drittens hatte unser Softwareteam die bestmöglichen Werkzeuge gebaut, mit denen man Lösungen beim Verkauf schaffen konnte – aber eben keine konkreten Lösungen. Mit unserem Produkt konnte man schnell Problemlösungen schaffen, aber gute, vorgefertigte Lösungen gab es nicht. Aus der Sicht eines möglichen Kunden leistete das Produkt nicht, was der Kunde wollte.

Dieser letzte Fehler war ein riesiger Schnitzer, und dieser spezielle Schnitzer war ganz allein meine Schuld. Ich war Chef des Unternehmens, aber ich hatte noch keinen Chefingenieur, und daher war ich für das Produkt selbst direkt verantwortlich, weil ich maßgeblich daran mitgearbeitet hatte und die ganze Entwicklungsmannschaft an mich berichtete. Ich hatte nicht gut genug aufgepasst.

Wir näherten uns der Produkteinführung, und ich hatte meine Zeit damit verbracht, die Marketingeinführung vorzubereiten. Ich arbeitete direkt mit meinem Marketing-Kommunikationsmanager und der PR-Agentur zusammen, um die Publicity-Tour vorzubereiten, die die drei Wochen vor der öffentlichen Produkteinführung beanspruchen sollte. Die Markteinführung sollte auf der wichtigsten Branchenmesse des Jahres stattfinden (heute würde man sie als *CRM-Ausstellung* bezeichnen, wobei CRM für *Customer Relationship Management* steht). Im betreffenden Jahr fand sie im Versammlungszentrum am Navy Pier in Chicago statt.

Da meine Aufmerksamkeit sich auf anderes konzentrierte, hatte ich nicht an den Meetings der Ingenieure teilgenommen, als der Zeitplan und der Status der Produktleistungen diskutiert wurden. Noch wichtiger: Ich war nicht da gewesen, um mir selbst ein Bild verschaffen zu können, wie die Dinge sich entwickelten. Ich hatte ein Entwicklungsteam der Weltklasse, und ich vertraute ihm das Produkt und die Zukunft der Firma an.

Ich hatte mich getäuscht. Nicht, weil mein Team nicht vertrauenswürdig war, sondern weil das Team die Definition von *erledigt* leicht verändert hatte, um den Zeitplan einhalten zu können, den wir uns gesetzt hatten. Das war die übliche Praxis für ein gutes Ingenieurteam, das eine fixe Deadline einhalten musste (zum Beispiel eine große Branchenausstellung oder eine Messe). Normalerweise wäre ich bei den Besprechungen anwesend gewesen und hätte das bemerkt, und daher hatten wir keinen formalen Prozess eingerichtet, mich von diesen Veränderungen zu unterrichten. Die Veränderungen verliefen derart schrittweise, dass ich mir sicher bin, dass die Teammitglieder nicht bemerkten, wieviel oder was sie weggelassen hatten. Im Rückblick bin ich sicher, dass die Teammitglieder dachten, ich sei über den Entwicklungsstatus des Produkts informiert, weil sie nicht versuchten, etwas zu verbergen und alle enorm viele Stunden arbeiteten, um den Zeitplan einzuhalten.

Das Problem war folgendes: Die Produkteigenschaften, die weggelassen worden waren, wurden von den Entwicklern als weniger wichtig gesehen, aber aus Marketingsicht waren sie von entscheidender Bedeutung. Da die Entwickler keine Fachleute für Marketing waren, bemerkten sie das nicht. Ich war das entscheidende Bindeglied zwischen Entwicklung und Marketing – und ich versagte.

Erschwert wurde das Problem dadurch, dass ich in der Außenwelt und beim Aufsichtsrat der Investmentbank, die unseren Börsengang vorbereitete, Erwartungen geweckt hatte – Erwartungen, dass wir rechtzeitig fertig sein würden. Hätte ich es früher gewusst, dann hätte ich diese Erwartungen unserem tatsächlichen Status angepasst. Jetzt sahen wir für die Außenwelt wie Dampfverkäufer aus; ich sah für meinen Aufsichtsrat wie ein armseliger Manager aus, und der Mann in der Investmentbank, der sich um unseren Börsengang kümmerte, Patrick Grady, hielt mich für einen Lügner, der die ganze Zeit gewusst hatte, dass wir deutlich hinter unserem Zeitplan zurück lagen. Die Geschäfte mit seinen Investoren hatte er auf Basis einer anderen Realität abgeschlossen, und mit Recht gab er mir die Schuld an diesem Fehler. Er hatte unrecht, mich für einen Lügner zu halten, aber ich verstehe, warum er das tat, und er hatte auch recht, mir die Schuld daran zu geben, dass er nun zu den potenziellen Investoren gehen und ihnen sagen musste, dass die Dinge im Land von Borealis nicht so rosig aussahen wie er zuvor geglaubt hatte.

Patrick war entscheidend daran beteiligt, dass zwei ausgezeichnete Fachleute in unseren Aufsichtsrat eintraten: Ed Esber und Joe Marengi.

Ed war einer der ersten Rockstars der Hochtechnologie. Er war bei VisiCalc, dem ersten Spreadsheet der Welt, für Marketingstrategien verantwortlich und war CEO von Ashton-Tate (dem Hersteller von dBase) zu der Zeit, als es das größte Software-Unternehmen der Welt war. Zudem war er Aufsichtsrat bei Quantum Inc., dem damals weltgrößten Festplattenhersteller.

Joe Marengi war Senior Vice President der Corporate Business Group bei Dell Computer; zuvor war er Leiter des operativen Geschäfts bei Novell gewesen, dem Hersteller von CP/M, einer des ersten plattformübergreifenden Datenverarbeitungssysteme für frühe PCs, und Hersteller von Netware, früher das verbreitetste Netzwerkprotokoll, ehe das Internet und TCP/IP die Weltherrschaft übernahmen. Joe war einer der beiden Finalisten, als es um die Nachfolge von Ray Noorda ging, als dieser nach zwölf Jahren als CEO von Novell zurücktrat. Der andere Finalist war Eric Schmidt, der später CEO von Sun Microsystems und zuletzt CEO von Google wurde.

Unser Verkaufschef Rick Mellor half mir dabei, Peter Pitsker für unseren Aufsichtsrat zu gewinnen. Peter war Gründungs-CEO und Präsident von Wonderware. Wonderware war damals einer der Hightech-Lieblinge. Die Firma war ein paar Jahre zuvor an die Börse gegangen und hatte bei Petes Einstieg einen Marktwert von mehr als 500 Millionen Dollar – in den Tagen vor dem Internetboom war das eine wirklich hohe Marktkapitalisierung für ein junges Unternehmen. Peter war in jeder Hinsicht ein großartiger Kerl, der viel Erfahrung im Verkauf hatte.

Unser Firmensitz war damals in Incline Village, Nevada, eine kleine Stadt am Nordufer des Lake Tahoe und 200 Meilen vom Netzwerk des Silicon Valley entfernt. Daher hielt ich es für einen großen Erfolg, dass wir so erfahrene und erfolgreiche Manager für unseren Aufsichtsrat gewinnen konnten. Das verstärkte mein Bauchgefühl, dass unsere Firma wirklich etwas ganz Besonderes war.

Die Dinge gingen recht gut voran, bis wir auf ein weiteres Hindernis stießen.

Unsere guten, unerfahrenen Anwälte

Zu den großen Namen in der Hightech-Welt gehört die Anwaltsfirma Wilson, Sonsini, Goodrich and Rosatti (im Silicon Valley auch kurz Wilson Sonsini oder WSGR genannt). Sie gilt als beste Anwaltskanzlei im Silicon Valley und hat Büros in Palo Alto, New York, San Diego, San Francisco, Seattle, Schanghai und Washington D.C. Wir hatten großes Glück gehabt, dass die Firma uns als Kunden akzeptierte.

Unser Anwalt bei Wilson Sonsini war Steven E. Bochner. Er ist extrem intelligent und ein sehr netter Kerl. Er ist einer der besten Hightech-Anwälte des Landes und hat schon viele riesige Hightech-Unternehmen an die Börse gebracht. Er unterrichtet an der UC Berkeley School of Law und an der Stanford Law School. An der Stanford Graduate School of Business und an der UC Berkeley Haas School of Business war er Gastprofessor für Venture-Recht und Betriebswirtschaft. Zu Steves anderen Kunden gehören Applied Materials, Inc.; Autodesk, Inc.; Genentech, Inc.; Goldman Sachs & Co. und Sequoia Capital; viele der größten Namen im Silicon Valley und weltweit.

Es war also wirklich ein Glück für uns, einen so guten Anwalt wie Steve aus einer der weltweit besten Firmen für Hightech-Startups zu haben, der sich um unseren Börsengang kümmerte. Ich stand vor meinem ersten Börsengang, und Steve würde mich dabei führen. Ein Börsengang besteht aus zwei Dingen: (1) Aus dem Verfassen des Börsenprospekts, den man der Securities and Exchange Commission (SEC) zur Genehmigung vorlegen muss, ehe man Aktien an Dritte verkaufen darf, und (2) aus der Roadshow, bei der man Investmentbanker von seinem Unternehmen zu überzeugen versucht, damit diese ihren Kunden empfehlen, die Aktien zu kaufen.

Ich merkte schnell, dass der IPO-Prozess hauptsächlich aus Schreiben in der Gruppe bestand, was ein völliger Alptraum für mich war. Stellen Sie sich vor, 30 bis 35 Leute sitzen in einem enorm großen Konferenzraum. Sie schreiben an einem 35-seitigen Dokument, das potenzielle Investoren gleichzeitig begeistern und abschrecken soll. Es ist ein Kampf um jeden Satz zwischen dem Management der Firma und der Investmentbank auf der einen und den jeweiligen Anwalts- und Buchhaltungsteams auf der anderen Seite.

Mein Managementteam bestand aus mir selbst, meinem Verkaufsleiter Rick Mellor (der auch ein großer Investor und stark daran beteiligt war, dass wir einige unserer Aufsichtsräte engagieren konnten) und meinem langjährigen Freund Tim Arnold (ein unglaublicher Alleskönner, der es geschafft hatte, sich selbst Buchhaltung gut genug beizubringen, dass er uns als Finanzchef an die Börse bringen konnte, während er gleichzeitig das operative Geschäft von Borealis leitete).

Das Management von Borealis und Patrick von der Investmentbank wollten einen Prospekt, der sexy und attraktiv war, um Investoren zu reizen; das Anwalts- und das Buchhaltungsteam wollten uns vor Klagen durch Anleger schützen, indem sie sicherstellten, dass der Prospekt Investoren vor jedem vorstellbaren Risiko warnte (offenbar auch davor, dass ein Meteorit auf unseren Firmensitz fallen könnte).

Zum Anwaltsteam gehörten Steve Bochner, unser erfahrener Veteran, der Seniorpartner bei Wilson Sonsini war, und zwei junge Anwälte, denen die unangenehme Arbeit zufiel, den Prospekt zu schreiben. Sie hatten beide Abschlüsse von der Stanford Law School. Einer hatte vielleicht drei Jahre Erfahrung, der andere kam ziemlich frisch von der Universität. Dieses Arrangement war typisch und absolut sinnvoll. Wir konnten nicht erwarten, dass ein so talentierter Anwalt wie Steve die zwei Wochen bei uns sitzen würde, die wir brauchten, um den Prospekt fertigzustellen. Er hatte noch andere Kunden, und wir brauchten seinen Rat nur, wenn es Meinungsverschiedenheiten gab oder wenn ein Thema die Kompetenz der jungen Anwälte überstieg.

Wir verbrachten eine volle Woche mit Arbeitstagen von 16 Stunden mit der Arbeit am Prospekt im Büro von Wilson Sonsini und eine weitere Woche am Finanzdrucker. Dort gab es spezialisierte Software, mit der man Veränderungen an einzelnen Seiten dokumentieren konnte (das war vor der Zeit, als Microsoft diese Features einführte), damit wir leicht und präzise eine penible Revision nach der anderen vornehmen konnten.

Am letzten Freitag, dem Tag, an dem wir fertig werden wollten, etwa zur Mittagszeit, nahm mich der ältere der beiden Anwälte zur Seite und warnte mich. Er dachte, Patrick werde feindselig werden und versuchen, mich als CEO ablösen zu lassen. Das überraschte mich nicht wirklich, denn ich wusste ja, dass Patrick sauer darüber war, dass unser Produkt noch nicht fertig war. Das wiederum bedeutete, dass wir erst später Einnahmen erzielen würden und dass ein Investment in Borealis nun riskanter war. Und das wiederum hatte zur Folge, dass unser Börsengang einen niedrigeren Preis erzielen und möglichweise weniger attraktiv sein würde.

Der ältere der Anwälte schlug vor, unsere Vereinbarung mit der Investmentbank solle einen Passus enthalten, der die Bank davon abhielt, den Investoren mitzuteilen, dass man eine andere Unternehmensführung als die vom Management vorgeschlagene erreichen wolle. Man macht dies in der Regel zu dem Zweck, das bisherige Management später abzusetzen. Ich sagte dem jungen Anwalt, meiner Meinung nach gebe es keine Chance, dass Patrick diesen Vorschlag akzeptieren würde, aber er könne ja Patricks Anwalt fragen, ob er damit einverstanden sei. Ich warnte ihn, dass die bisherigen Abmachungen an diesem Punkt keinesfalls scheitern durften. Dieser Deal musste durchgezogen werden, und ich war bereit, das beschriebene Risiko zu tragen. Außerdem dachte ich, Patrick werde sich nach einer gewissen Zeit der Zusammenarbeit wieder beruhigen. Dann vergaß ich dieses Gespräch.

Ungefähr 14 Stunden später waren wir endlich mit dem Prospekt fertig und beschlossen, diese letzte Fassung als diejenige Version zum Drucker zu geben, die wir der SEC vorlegen würden. Nach zwei Wochen mit Arbeitstagen von zwölf bis 14 Stunden waren wir endlich fertig.

Da wir fertig waren, sagte ich den anderen, ich würde nun hinausgehen, um meine Voicemail-Botschaften zu prüfen und daheim anzurufen. Ungefähr fünf Minuten später kam ich zurück, und Patrick war bleich vor Wut. Er sagte mir, der Deal sei geplatzt. Dann ging er aus dem Zimmer den Gang hinunter und verließ das Gebäude. Sein Anwalt, der bei vielen Geschäften mit ihm zusammengearbeitet hatte, sagte mir, Patrick meine es sehr ernst, und er glaube nicht, dass wir den Deal noch retten konnten.

Mit großen Augen stand ich da und fragte mich, was wohl passiert war, während ich draußen telefoniert hatte.

Die Gesichter unserer beiden Anwälte waren kreidebleich. Sie führten mich in ein anderes Zimmer und erzählten mir einfältig, dass sie die Zeit meiner Abwesenheit dazu genutzt hatten, Patricks Anwalt wegen des oben beschriebenen Vorschlags zu befragen. Patrick dachte, ich hätte sie dazu aufgefordert und mir die späte Stunde dafür ausgesucht, weil ich annahm, er werde nun nicht mehr aussteigen, nachdem er so viel Arbeit in den Deal gesteckt hatte. Patrick täuschte sich, aber er war natürlich wütend über den Zeitpunkt, und angesichts dessen, was er glaubte, hatte er allen Grund, den Deal platzen zu lassen.

Die Anwälte waren sehr überrascht, dass ich nicht wütend auf sie war, aber ich hatte selbst solche Erfahrungen gemacht. Manchmal führt Mangel an Erfahrung einfach deshalb zu schlechten Entscheidungen, weil bestimmte notwendige Informationen fehlen. Sie hatten etwas sehr Dummes gemacht, das für ihren Kunden und alle von uns bei Borealis zum Bankrott führen konnte. Rick war wirklich außer sich und beschuldigte Wilson Sonsini für das, was er als Verletzung der Sorgfaltspflicht betrachtete.

Ich zog Wilson Sonsini nicht zur Verantwortung und sah die Sache auch anders als Rick. Ich war mir des Mangels an Vertrauen auf Patricks Seite voll bewusst. Ich hätte den Vorschlag des älteren der beiden Anwälte einfach ablehnen sollen. Ich wusste, dass Patrick sich nicht darauf einlassen würde; es hatte keinen Sinn, ihn überhaupt danach zu fragen. Es war auch ein Fehler meinerseits. Nicht in meinen wildesten Träumen hatte ich mir vorstellen können, dass die Anwälte ihren Vorschlag zu einem so schlechten Zeitpunkt unterbreiten würden, aber ich konnte ihnen nicht vorwerfen, dass sie etwas taten, was ich eindeutig gebilligt hatte.

Sie dachten beide, der Deal sei definitiv tot. Das hätte effektiv bedeutet, dass wir pleite waren, weil wir höhere Ausgaben in der Erwartung getätigt hatten, dass der Deal funktionieren würde. Einen Plan B hatten wir nicht. Ich glaubte den Deal noch retten zu können und sagte das den Anwälten auch. Ich rief Patrick an den nächsten Tagen mehrmals an und schaffte es, den Deal zu retten, indem ich versprach, dass ich zwei Aufsichtsräte auswechseln würde. Das schuf ein Gleichgewicht zwischen den Aufsichtsräten, die von innen kamen und das Management (und mich) favorisierten und denen, die von außen kamen. Dieses Gleichgewicht zwischen Räten von innen und von außen würde sicherstellen, dass das Management von Borealis neben ihren eigenen auch die Interessen der Investoren wahrnehmen würde – zum Beispiel, indem wir uns keine übermäßig hohen Gehälter, Optionszuteilungen und anderes genehmigten.

Die Veränderung des Aufsichtsrats bedeutete in der Praxis eine wesentlich höhere Wahrscheinlichkeit, dass das Gremium mich feuern würde, falls ich erneut schwere Fehler begehen würde. Letztlich musste ich die Kontrolle abgeben, um die Firma zu retten. Einer der Aufsichtsräte, die ich um ihren Rücktritt bitten musste, war Mike Cavallo, wie ich ein Turtle, der mich beraten hatte und schon recht lange im Gremium saß, und der andere war mein Vater. Sie anzurufen und ihnen sagen zu müssen, dass sie gehen mussten war eine der schwierigsten Aufgaben meines Lebens. Mein Vater war untröstlich, und ich bin mir sicher, dass Mike sich betrogen fühlte. Nur weil er im Aufsichtsrat saß hatte er eine erhebliche Summe in die Firma investiert, und wegen des Börsengangs durfte er seine Aktien nun ein volles Jahr lang nicht verkaufen. Ich hatte einen Freund im Stich gelassen und fühlte mich schrecklich.

Etwa ein Jahr später führte die neue Zusammensetzung des Aufsichtsrats dazu, dass ich die Kontrolle über die Firma verlor. Patrick selbst übernahm die Position des CEO. Nach ungefähr einem weiteren Jahr war Borealis pleite, der Aktienkurs lag bei null.

Dass ich die Realität des Produktstatus nicht genau genug beobachtet hatte, führte zu einer ganzen Kaskade von Ereignissen. Deshalb verlor ich die Kontrolle über eine Firma, an deren Aufbau ich acht Jahre lang gearbeitet hatte, und schließlich verlor ich auch noch praktisch mein gesamtes Investment. Gleichzeitig führte der Machtkampf zwischen Patrick und mir, der aus seinem Misstrauen mir gegenüber resultierte, dazu, dass wir den eigentlichen Kampf gegen Siebel Systems verloren; ein Unternehmen, dessen Marktkapitalisierung in den nächsten Jahren auf mehrere Milliarden stieg. Tom Siebel trat uns in den Hintern, während Patrick und ich über die Ausrichtung der Firma stritten.

Der Mangel an Aufmerksamkeit hatte unsere Investoren möglicherweise Milliarden gekostet.

Wenn ich nur ... aktiv nach der Realität gesucht hätte!

Kapitel 12: Handeln Sie rechtzeitig

Es ist sogar besser, schnell zu handeln und zu irren, als zu zögern, bis der richtige Zeitpunkt für eine Handlung vorbei ist.

Karl von Clausewitz

Ich habe mit vielen verschiedenen Startups und Gruppen zusammengearbeitet, als sie mitten in einer schwierigen Entscheidung steckten. Immer sind viele Gruppenmitglieder unsicher, was ihre eigene Rolle und die Rolle der Entscheidung selbst betrifft.

In Situationen, die von hoher Unsicherheit geprägt sind, und zu denen fast alle Entscheidungen bei Startups oder in sich rasch verändernden Branchen gehören, definiert eine Entscheidung immer den nächsten Schritt in einer Serie. Sie definiert nicht den Endpunkt, weil in Situationen hoher Unsicherheit alles Versuchscharakter hat und sich in Zukunft wahrscheinlich verändern wird. Der Fünfjahresplan für das Marketing, mit dem jeder so viel Zeit verbringt, wird in der Regel nicht länger aktuell bleiben als sechs Monate. Er wird aktualisiert und verändert, wenn Feedback von den Kunden kommt und Konkurrenzprodukte auftauchen.

Daher wird ein großer Teil der Konzentration, genau die richtige Entscheidung oder das perfekte Zukunftsmodell zu finden in die falsche Richtung geleitet und ist vielleicht sogar gefährlich, weil er zu Zeitverschwendung führt.

Für ein Startup-Unternehmen, das überleben und wachsen will, bis seine Einnahmen die Ausgaben übersteigen, also bis zum sogenannten Break-even-Punkt, ist Zeit oft die wertvollste Ressource überhaupt.

Wenn Zeit wichtig ist

Eine der ironischeren Wahrheiten des menschlichen Fortschritts lautet: Manchmal findet man die richtige Methode am schnellsten, wenn man sich schnell für die falsche Methode entscheidet. Wir haben das schon in einem früheren Kapitel diskutiert, aber auch hier ist es wichtig.

Vor allem bei der Entwicklung von Software habe ich bemerkt, dass Entscheidungen, die den Konsens einer großen Menschengruppe erfordern, meist am schnellsten auf folgende Weise gelöst werden: Man teilt das Team in zwei Gruppen auf und lässt jede mit ihrer bevorzugten Methode arbeiten.

> Am frühen Morgen des 11. Septembers 2008 gab es einige sehr schlechte Nachrichten über Lehman Brothers. Die Aktie besaßen wir zwar nicht, aber in einigen institutionellen Depots lagen kleinere Anleihenpositionen. Wir mussten in der Wall Street herumtelefonieren, um Kaufangebote für die Anleihen zu bekommen. Sie lagen zwischen 72 und 74 Cents je Dollar. Ein Teil unserer Verkaufsentscheidung ist die an uns selbst gestellte Frage: „Würden wir in Kenntnis der heutigen Nachrichtenlage eine neue Position notleidender Lehman-Anleihen für 72 Cents je Dollar kaufen?" Mein Partner und Portfoliomanager Matt Rogers legte dar, dass schon einfache Mathematik besagte, dass man 30 Cents je Dollar gewinnen konnte, wenn Lehman überlebte. Und man konnte 72 Cents verlieren, wenn Lehman bankrott ging. Wir nahmen das Kaufangebot an, verkauften die Anleihen, und Lehman meldete am nächsten Tag Konkurs an.
>
> *Niall Gannon*

Das bedeutet, dass Sie ein Team am „schnelleren" Code arbeiten lassen, während das andere den sichereren, traditionelleren Weg einschlägt. Falls der schnellere Code nicht fertig ist, wenn Sie ihn brauchen, haben Sie vielleicht ein paar Wochen an Ingenieurarbeiten verschwendet. Vielleicht haben Sie aber auch ebenso viel Zeit gespart, indem Sie einen Streit mit allen negativen Gefühlen vermieden haben oder, schlimmer noch, ein Risiko für das Projekt, weil das Team die Methode mit dem schnelleren Code versucht hat und nicht rechtzeitig fertig wird.

Wenn Zeit wichtig ist, muss man schnell handeln

Zeit ist immer wichtig, wenn Entscheidungen in einem Umfeld großer Unsicherheit getroffen werden müssen. Trader müssen schnell aussteigen, wenn sich der Markt gegen sie wendet. Unternehmer müssen schnell reagieren, wenn sich ihre Wahrnehmung der Realität verändert. Ärzte müssen Behandlungen anwenden, solange noch Zeit dafür ist.

Ein weiteres Beispiel aus meiner Zeit bei Borealis illustriert, wie wichtig es ist, zu handeln, solange noch Zeit dafür ist.

Borealis zerstört sich selbst

Mein letztes Jahr bei Borealis war schmerzlich. Meist saß ich im Abseits und sah zu, wie eine Reihe neuer CEOs Entscheidungen trafen, die ich nicht getroffen hätte, und wie der Aufsichtsrat mit Verspätung Aktionen einleitete, die viel schneller hätten durchgeführt werden müssen. Ich fühlte mich wie ein Außenseiter in einem Unternehmen, das ich geschaffen hatte, und wenig später sollte ich vollständig draußen sein. Patrick überzeugte den Aufsichtsrat davon, ich hätte versucht, einen Käufer für die Firma zu finden. Ich hatte nichts dergleichen getan, aber ich hatte einigen der ältesten Mitarbeiter gegenüber erwähnt, dass ein Verkauf die beste Alternative für uns wäre.

Nach dem Start des Produkts hatten wir ein Zeitfenster von vielleicht 18 Monaten, um mit Macht unsere Umsätze zu steigern. Wir hatten dieses Zeitfenster verpasst. Nach etwa einem Jahr konnten die Wettbewerber zwei separate, aber tödliche Behauptungen aufstellen: (1) Wenn unsere Software so gut war, wie wir behaupteten, dann sollten wir mehr davon verkaufen, und (2) deckten unsere Einnahmen nicht unsere Kosten, und ohne eine signifikante Kapitalspritze wären wir schnell am Ende. Für ein großes Unternehmen, das es sich nicht leisten konnte, unentbehrliche Software von entscheidender Bedeutung von einer Firma zu beziehen, die vielleicht schon bald nicht mehr existieren würde, war der zweite Punkt der belastendste. Er traf zu – und er brachte uns um.

Bei unserem Börsengang hatten wir etwas mehr als zwölf Millionen Dollar eingenommen. Das reichte bei unserer damaligen Ausgabenquote (auch *Burn Rate* genannt) für zwölf bis 18 Monate. Nach einem Jahr mit enttäuschenden Umsätzen benötigten wir zusätzliches Geld, weil kein großes Unternehmen von einer kleinen Firma etwas kaufen würde, die nur noch für sechs Monate Cash auf der Bank hat. Also beschlossen wir, Aktien für weitere sechs Millionen Dollar zu emittieren. Das sollte uns genug Geld einbringen, dass Unternehmen von uns kaufen würden. Wir taten das zwei Mal, so lange ich noch bei der Firma war. Und jedes Mal, wenn wir es taten, schrumpften unsere Erfolgschancen. Die Geschichten unserer Wettbewerber würden an Überzeugungskraft gewinnen, wenn wir keine signifikanten Umsätze vorweisen könnten.

Damals steckte in unseren Umsätzen eine gewisse Ironie. Wir hatten vier große Kunden: Northern Telecom (die spätere Nortel). Damals hatte das Unternehmen die weltweit größte mobile Installation für die Automatisierung von Umsätzen, später wurde es zu einem der Lieblinge des Internets, weil es das Netzwerk-Equipment herstellte, das von vielen Telekomunternehmen verwendet wurde, um das glasfasertechnische Rückgrat des Internets zu implementieren; SynOpSys – ein Hersteller von Software für das Design von Computerchips; Maersk Line – eine der größten Containerschifffahrtslinien der Welt, und Heidelberger Druck – der weltweit größte Hersteller von Druckmaschinen. Sie alle waren große Unternehmen mit weltweiter Umsatzorganisation. Aber von diesen Kunden hatten SynOpSys und Nortel schon vor unserem Börsengang bei uns gekauft. Das lag daran, dass wir (1) das beste Macintosh-Produkt auf dem Markt hatten, und (2) hatten ich und mein einziger Verkäufer damals die Software im persönlichen Gespräch mit den Kunden verkauft. Maersk wurde unser Kunde, weil American Technology Corporation, einer unserer Systemintegrationspartner, geschäftliche Beziehungen zu Maersk unterhielt.

Wir hatten also 18 Millionen Dollar für das Wachstum unserer Firma ausgegeben, der größte Teil davon war in Vertrieb und Marketing geflossen, und wir hatten damit *einen einzigen neuen Kunden* gewonnen. Als Rick Mellor und ich noch selbst verkauften, hatten wir besser abgeschnitten – bevor wir eine Vertriebsabteilung hatten. Und daher sagte ich bei der Aufsichtsratssitzung, die meine letzte sein sollte, den anderen Mitgliedern des Gremiums meine Meinung, *dass wir die Firma verkaufen sollten.*

Ich wusste es nicht, aber Patrick hatte sie zuvor fälschlicherweise darüber informiert, ich hätte versucht, die Firma hinter dem Rücken des Aufsichtsrats zu verkaufen.

Das war nicht wahr. Obwohl ich es für unsere beste Option hielt, hatte ich keinerlei Versuch unternommen, die Firma zu verkaufen oder Außenstehenden gegenüber erwähnt, dass wir darüber nachdachten. Dennoch war das Gremium so wütend, dass man nicht hören wollte, was ich zu sagen hatte. Die Entscheidung über einen Unternehmensverkauf und den Verkaufspreis ist bei jeder Firma definitiv das Vorrecht des Aufsichtsrats, und für eine börsennotierte Firma gilt dies ganz besonders. Hätte ich getan, was Patrick mir vorwarf, dann hätte das Gremium allen Grund gehabt, wütend zu sein. Ich hatte es aber nicht getan, und die Entscheidung des Aufsichtsrats, meinen Rat zu ignorieren, sollte sich als kostspielig erweisen.

Knapp zwei Jahre später hörte ich gerüchteweise, dass das Management von Borealis versuchte, einen bedeutenden Teil des Unternehmens an Cisco zu verkaufen. Es war zu spät. Am Ende muss etwas schiefgegangen sein, und der Deal wurde in letzter Minute abgeblasen.

Es gab eine Zeit zum Handeln. Und wir bei Borealis hatten sie verpasst. Die Investoren, Kunden und Angestellten von Borealis zahlten den höchsten Preis, als Borealis die Geschäftstätigkeit einstellte und Konkurs anmeldete.

Ikarus stürzt noch einmal ab

Nachdem Borealis implodiert war, veränderten sich meine Pläne. Da der Aktienkurs fast auf null gefallen war, konnte ich es mir nicht mehr leisten, meine persönlichen Ausgaben selbst zu tragen, während ich das Managementteam für ein neues Startup-Unternehmen aufbaute, das ich geplant hatte. Ich konnte mir die Flüge durch das ganze Land und andere damit verbundene Ausgaben einfach nicht mehr leisten. Ich musste mir einen Job suchen. Nachdem ich eine Weile darüber nachgedacht hatte, merkte ich, dass dies eine Art Segen war. Eines meiner Probleme als CEO von Borealis war, dass ich vom Pulsschlag des Silicon Valley abgeschnitten war. Damals hatte ich aber nicht bemerkt, wie entscheidend die Netzwerke des Silicon Valley für ein aufstrebendes Hightech-Unternehmen sind. Aber einige Phänomene hatten mir vor Augen geführt, dass ich etwas Wichtiges verpasste, weil ich so weit weg war. Also beschloss ich, meine Jobsuche in erster Linie auf Firmen im Silicon Valley zu konzentrieren.

Wenn sie nicht im Valley waren, dann galten sie bei den meisten Venture-Kapitalisten nicht als seriös. So einfach war das. Wir konnten mit ihnen darüber reden, wieviel einfacher es war, Ingenieure zu engagieren und für das Leben in den Bergen zu begeistern, aber am Ende glaubten sie uns nie. Wie konnten sie auch? Sie wussten etwas über das Valley, was ich damals nicht wusste. Es führte sein eigenes Leben.

Also beschloss ich auf dem Höhepunkt der Internet-Manie, mich in die Höhle des Löwen zu begeben.

Ein Headhunter rief mich immer wieder an, um mit mir über einen Job bei einer neuen Firma namens Icarian zu sprechen, der wirklich zu meinen Fähigkeiten und zu meiner beruflichen Vergangenheit zu passen schien. Borealis war in erster Linie daran gescheitert, dass wir unsere Umsätze und unser Marketing nicht rechtzeitig in Schwung bringen konnten. Daher wollte ich eine Softwarefirma finden, die exakt das entgegengesetzte Problem hatte – eine mit wirklich guten Vertriebs- und Marketing-Managern, die Hilfe im Ingenieurbereich brauchte. Ich wollte aus erster Hand lernen, wie eine erstklassige Vertriebs- und Marketing-Organisation funktioniert. Bei Icarian fand ich eine solche Organisation.

Der Chef von Icarian war Doug Merritt. Er war jung, charismatisch, klug, hatte beste Verbindungen und war ein CEO, der von seinen Leuten beinahe geliebt wurde. Die Leute mochten Icarian wirklich und arbeiteten gern für Doug. Icarians Mission war es, die Welt zu verbessern, indem man Unternehmen dabei half, bei der Rekrutierung ihres Personals bessere Entscheidungen zu treffen. Bessere Mitarbeiter bedeuteten bessere Firmen. Das war die Idee.

Ich arbeitete bei Icarian als Berater der Produktmarketing-Organisation und half bei der Überarbeitung von deren wichtigstem Produkt. Nachdem ich bei Icarian einige bedeutende Erfolge erzielt hatte, wollte mich Doug in Vollzeit anstellen. Ich mochte die Leute dort wirklich. Icarian war in vielerlei Hinsicht eine großartige Firma. Aber es gab ein schwerwiegendes Problem, das meiner Meinung nach später zum Untergang des Unternehmens führte. Daher lehnte ich Dougs Angebote immer wieder ab.

Das Omen des Ikarus

Es machte mir großen Spaß, für Icarian zu arbeiten. Der Name war lustig und klang gut. Allerdings erschien er ein wenig seltsam, wenn man mit der griechischen Sage von Ikarus vertraut war und wusste, wie er umkam.

Ikarus war der Sohn von Dädalus, dem besten Künstler und Handwerker auf Kreta. Minos beauftragte Dädalus damit, das Labyrinth zu bauen, um dort den Minotaurus einsperren zu können. Später schickte Minos Dädalus und seinen Sohn Ikarus ins Exil, nachdem Dädalus Ariadne, der Tochter des Minos, dabei geholfen hatte, das Labyrinth zu umgehen. Ariadne verriet ihrem Liebhaber Theseus das Geheimnis, den Minotaurus zu töten und zu entkommen, indem er einen roten Faden benutzte, der ihn zum Eingang des Labyrinths zurück führte.

Dädalus war ein meisterhafter Handwerker, und daher war er nicht so leicht auszutricksen. Minos kontrollierte das Meer rund um Kreta, und daher beschloss Dädalus, auf dem Luftweg zu entkommen. Er konstruierte zwei Paar Flügel, die er aus Wachs und Federn baute; eines für sich selbst und eines für seinen Sohn Ikarus. Dädalus warnte Ikarus, nicht zu nah zur Sonne zu

> fliegen, weil die Hitze der Sonne das Wachs schmelzen lassen würde. Ikarus gab nicht viel auf die Warnungen seines Vaters und flog so nahe zur Sonne, dass das Wachs in seinen Flügeln schmolz. Er stürzte zurück auf die Erde und starb.
>
> Ein schlechtes Omen für die Firma, die später seinen Namen tragen sollte.

Doug war ein sehr guter Manager, aber er war im Vertriebsbereich nach oben gekommen. Vertrieb und Marketing verstand er intuitiv, aber von Produktentwicklung verstand er nichts. In einer Softwarefirma, die von Umsätzen und Marketing angetrieben wird, braucht man einen sehr fähigen Chef der Ingenieurabteilung, um ein Gleichgewicht der Kräfte zu gewährleisten. Ansonsten hat man nur zu oft Produkte, die nicht so gut funktionieren, wie es die Broschüren versprechen. Icarian war von einigen der besten Venture-Kapitalisten im Silicon Valley gegründet worden; ich wusste also, dass Doug sehr gut beraten worden war, als er seinen Chefingenieur engagierte. Ich glaube auch, dass dieser Chefingenieur, den er schließlich einstellte, in seiner vorherigen Rolle kompetent und vielleicht sogar herausragend war. Das Problem war, dass es sich nicht um normale Zeiten handelte. Wir sprechen hier vom Höhepunkt der Internet-Spekulationsblase.

Silicon Valley war zerbrochen. Es war nur eine Frage der Zeit, bis das jeder merken würde. Direkt an der Front merkte man es schon ein wenig früher. Es gab da zu viele Leute, die normalerweise nur kleine Gruppen geleitet hätten, und die nun Direktoren ganzer Abteilungen waren. Es gab zu viele junge Produktentwickler, die die Aufgaben wesentlich erfahrenerer Fachleute erfüllten, und zu viele Vizepräsidenten, die normalerweise nur Abteilungsleiter gewesen wären. Zu viel Geld jagte hinter zu vielen Ideen her, und zu viele Firmen wiesen riesige Mängel in ihren Fähigkeiten auf, von denen deren führende Manager keine Ahnung hatten.

In der Ingenieurabteilung bei Icarian bestand das Problem darin, dass der Chef daran gewöhnt war, große Gruppen älterer und erfahrener Mitarbeiter zu managen. Leute, die in ihrer jeweiligen Rolle kompetent waren und wussten, was sie konnten und was nicht. Die Firma, für die er zuvor gearbeitet hatte, hatte auch einen guten Ruf dafür, sehr kompetente Leute zu beschäftigen. Er musste dort also nur Leute managen, die in ihren jeweiligen Fachbereichen sehr gut waren. Bei dieser Firma funktionierte sein Managementstil.

Bei einem Startup-Unternehmen sieht das anders aus. Wenn Aufgaben erledigt werden müssen, dann springt jemand ein und fängt damit an, diese Arbeit zu erledigen. Um Dinge zu erledigen, überfordern sich die Mitarbeiter manchmal sogar. Sie akzeptieren Zeitpläne, die sie unmöglich einhalten können. Sie versprechen Produkteigenschaften, von denen sie noch nicht wissen, wie sie sie implementieren können. In der Regel erfolgt das alles in bester Absicht. Icarian war voll von neuen Mitarbeitern, von Leuten, die kurz zuvor ihre Abschlüsse in Stanford oder an der UC in Berkeley gemacht hatten – enorm intelligent, aber ohne Perspektive und Erfahrung. Das machte das Problem nur noch schlimmer.

In einem solchen Umfeld Chef der Ingenieurabteilung zu sein war keine Aufgabe für jemanden, der früher erfahrene und kompetente Mitarbeiter geführt hatte. Der Betreffende bei Icarian war nicht in der Lage, mit dieser Situation fertig zu werden, weil er nicht einmal bemerkte, dass es da ein Problem gab. Das lag daran, dass er keine Erfahrung mit der Technologie hatte, die wir verwendeten. In seiner früheren Firma hatte das problemlos funktioniert. Bei Icarian war es wegen all der anderen Einflussfaktoren eine Katastrophe.

Während meiner ersten Woche bei Icarian sah ich in der Abteilung für Qualitätssicherung einen Chart, der mir zeigte, dass die Ingenieurabteilung Probleme hatte. Es war ein einfacher Chart; er zeigte die Zahl der Fehler, die man in der Software gefunden hatte, und die Zahl der Fehler, die jede Woche behoben wurden. Ich brauchte mir diesen Chart nur zwei Sekunden lang anzusehen, um zu wissen, dass Icarians Plan, die Software in der folgenden Woche an die Kunden zu liefern, pure Fantasie war. Die Zahl der neu aufgetauchten Fehler stieg schneller als die der behobenen, und das bedeutete, dass die Gesamtzahl der Fehler in der Software jede Woche höher wurde. Das bedeutete, dass die Softwareentwicklung außer Kontrolle geraten war.

An diesem Tag ging ich in Doug Merritts Büro und sagte ihm, dass er mit seiner aktuellen Version der Software ein größeres Problem hatte als er wusste. Er und der neue Chef der Ingenieurabteilung wussten zwar schon, dass sie ein Problem hatten – das war auch der Grund, warum sie die Software neu gestalten wollten und meine Hilfe dabei gesucht hatten –, aber sie hatten keine Zeit, auf eine neue Version der Software zu warten. Es gab Kunden, die sie anhand derjenigen Software beurteilten, die sie bereits auslieferten. Sie hatten keine Zeit. Sie mussten damit beginnen, das bereits existierende Produkt in Ordnung zu bringen, was die konzentrierte Anstrengung ihrer besten Ingenieure erforderte. Ich nahm an, Icarian würde auch aufgrund meiner Anregungen gut abschneiden. Ich würde mit dem Chefingenieur und mit dem Cheftechnologen zusammenarbeiten, um unser gemeinsames Problem zu lösen.

Schließlich bot mir Doug Merritt die Stellung eines Vizepräsidenten mit der Verantwortung für eine neue Produktlinie an. Ich arbeitete gern für Icarian, und daher nahm ich sein Angebot an. Aber schon wenige Tage nach dieser Entscheidung wurde deutlich, dass viele Leute in der Firma mit meiner Beförderung von einem harmlosen Berater zu einem Vizepräsidenten mit Zuständigkeit für ein wichtiges neues Produkt nicht glücklich waren. Ich kann mir denken, wer sich dadurch übergangen oder bedroht fühlte, aber letztlich wurde schon nach wenigen Tagen klar, dass meine Ernennung ein Fehler war. Ich entfremde mich nicht gern von Leuten, die zu meinen Freunden geworden sind, und deshalb beschloss ich, die Firma zu verlassen und mich anderswo als Berater zu versuchen.

Etwa eine Woche nach meinem Abschied verabredete ich mich mit Doug zum Mittagesen. Ich wollte ihm die unverblümte Wahrheit über seinen Chefingenieur sagen. Ich sagte ihm, seine Ingenieurabteilung funktioniere weit schlechter, als er sich das vorstellte, und wenn er seinen Chefingenieur nicht sofort feuerte, dann werde er das in sechs Monaten tun. Wenn er aber so lange wartete, würden die Probleme mit den Kunden derart groß, dass das Überleben der Firma auf dem Spiel stehen könnte.

Doug fragte mich, warum ich ihm das in ähnlicher Deutlichkeit nicht schon früher gesagt hatte. Ich sagte ihm, ich sei immer davon ausgegangen, selbst Teil der Problemlösung zu sein. Der Chef der Ingenieurabteilung war ein guter Mann, aber ohne jemanden wie mich, der die Technologie verstand, der wusste, wie man gescheiterte Projekte managt und ihm half, hatte er keine Chance. Kurz gesagt: Mein Abschied aus dem Unternehmen machte es nötig, den Chefingenieur zu feuern. Doug brauchte im oberen Management jemanden, der die Technologie verstand.

Doug nahm meinen Rat sehr ernst. Später hörte ich, dass er sogar sein Büro für eine Weile mitten in die Ingenieurabteilung verlegt hatte. Das Problem war, dass Doug seine Auffassung, der Chefingenieur sei kompetent und intelligent nicht mit der Realität in Einklang bringen konnte, dass dieser überfordert war. Doug kam nicht aus der Softwareentwicklung, und daher verstand er das Problem nicht „aus dem Bauch heraus“, wie es bei einem Problem in der Vertriebsabteilung der Fall gewesen wäre.

Etwa sechs Monate später arbeitete ich für ein anderes Startup-Unternehmen, und Doug rief mich an, um sich mit mir zum Mittagessen zu verabreden. Beim Essen sagte er mir, er werde nun den Chef der Ingenieursabteilung entlassen. Er bat mich um meine Hilfe bei der Suche nach einem Nachfolger und während der Übergangsphase, weil ich die wichtigsten Leute bei Icarian kannte. Die Dinge hatten sich ziemlich genauso entwickelt, wie ich es vorhergesagt hatte. Die neuen Kunden waren nicht zufrieden. Das Produkt funktionierte immer noch nicht wie geplant. Icarian hatte Probleme.

Als ich zurückkam, war ich über die finanzielle Situation der Firma ein wenig überrascht. Kaum acht oder neun Monate zuvor hatte Icarian mehr als 150 Millionen Dollar an zusätzlichen Mitteln von den erfahrensten Venture-Kapitalisten im Silicon Valley erhalten, darunter auch Kleiner, Perkins, der *größte Name* im Valley. Die Firma musste finanziell ausgeblutet sein. Meiner Meinung nach war das fehlerhafte Produkt direkt oder indirekt für den größten Teil dieser Kapitalvernichtung verantwortlich. Um die Kunden zufriedenzustellen, musste die Firma ein Team von fünf bis acht Ingenieuren und Projektmanagern an den Fimensitz des Kunden entsenden, die dort eventuelle Probleme lösen mussten. So führte jeder Verkauf unmittelbar zu einem Abfluss von Barmitteln. Die Firma berechnete zunächst diese zusätzlichen Kosten den Kunden, aber später wurden diese Kosten zu echtem Aufwand, weil die Kunden bemerkten, wie fehlerhaft das Produkt war. Nach meiner Einschätzung kostete das Fehlen eines wirklich guten Produkts die Firma durch zusätzliche Ausgaben vielleicht 40 bis 50 Prozent des gesamten operativen Budgets.

In den nächsten sechs Monaten und nach einigen Entlassungen half ich Icarian dabei, einen neuen Chef der Ingenieurabteilung zu finden und seine Probleme mit dem Produkt zu lösen. Aber als die Kunden endlich zufrieden waren, war die Internet-Rose schon verblüht. Die Zeit war an Icarian vorbeigegangen. Schließlich kam es zu weiteren Entlassungen und dann zum Verkauf an ein anderes Unternehmen. Wie sein Namenspatron Ikarus flog Icarian ein wenig zu nahe an die Sonne und stürzte ab, als die Flügel die Firma nicht länger in der Luft halten konnten.

Der richtige Zeitpunkt zur Entlassung des Chefs der Ingenieurabteilung war sechs Monate zuvor. Wäre das geschehen, dann hätte sich Icarians Schicksal vielleicht anders entwickelt.

Aber das ist eben das Problem mit Startup-Unternehmen. Ein einziger Fehler kann einen umbringen. Das Aufschieben erforderlicher Aktionen, auch wenn es sich nur um ein paar Wochen oder Monate handelt, kann den Unterschied zwischen einem großen Erfolg und einem krassen Misserfolg ausmachen. Um die Gefahren im Zaum zu halten, muss man immer *rechtzeitig handeln.*

Kapitel 13: Wenn richtig falsch ist

Tue das Richtige.
Das wird einige Leute erfreuen und die anderen verblüffen.
Mark Twain

Kürzlich sah ich einen kurzen TV-Ausschnitt, in dem Bill O'Reilly kurz nach den Parteitagen der Demokraten und der Republikaner 2008 Barack Obama interviewte.[1] O'Reilly sprach über die Verstärkung der US-Truppen im Irak und wollte, dass Obama zugab, es sei ein Fehler gewesen, dass dieser gegen die Truppenverstärkung war. O'Reilly ging von folgender Prämisse aus:

1. Obama war gegen die Truppenverstärkung.

2. Die Gewalt im Irak hatte nach der Truppenverstärkung nachgelassen.

Daher:

3. Obama lag falsch, als er sich gegen die Truppenverstärkung aussprach.

Ob man dieser politischen Sichtweise nun zustimmt oder nicht, jedenfalls verfiel Bill O'Reilly bei dieser Diskussion einem verbreiteten kognitiven Irrtum, den man *Ergebnisvorurteil* nennt. Damit gemeint ist die Tendenz der Menschen, eine Entscheidung nach ihrem *Ergebnis* zu beurteilen und nicht *nach der Qualität der Entscheidung selbst.* Wer diesen Denkfehler begeht, meint, er habe eine gute Entscheidung getroffen, wenn sich die Dinge gut entwickeln und eine schlechte, wenn sie sich schlecht entwickeln. Meiner Er-

1 *The O'Reilly Factor*, FOX News Network, 4. September 2008

fahrung nach neigen die meisten Menschen zu dieser Denkweise. Sie treffen eine finanzielle Entscheidung, und wenn das Ergebnis gut ausfällt, denken sie, sie hätten eine gute Entscheidung getroffen. Und wenn es schlecht ist, halten sie die Entscheidung für schlecht. Das Problem dabei ist, dass schlechte Entscheidungen manchmal gute und gute Entscheidungen schlechte Folgen haben können.

Aus O'Reillys Sicht hatte Obama unrecht, weil die Aufstockung der Truppen zu einem positiven Ergebnis führte. O'Reilly zeigt hier ein Ergebnisvorurteil. Vielleicht waren andere Faktoren dafür verantwortlich, dass es weniger Gewalttaten gab. Vielleicht hätte Obamas Plan zum selben oder zu einem noch besseren Ergebnis geführt. Um Entscheidungen im Rückblick richtig bewerten zu können, muss man die Entscheidung selbst betrachten, ohne auf das Ergebnis zu achten. Das ist oft leichter als es sich anhört.

Wie man schlechte Entscheidungen von schlechten Ergebnissen trennt

Die meisten Ergebnisse haben viel mehr mit Glück und Zufall zu tun, als die meisten Leute zugeben wollen – vor allem erfolgreiche Leute. Erfolgreiche Menschen denken gern, dass ihre eigene Intelligenz und ihre Fähigkeit zu richtigen Entscheidungen die Ursachen ihres Erfolgs sind. Manchmal trifft das zu, aber oft ist der Erfolg auch auf reines Glück oder darauf zurückzuführen, dass man zur richtigen Zeit am richtigen Ort war. Viele, die während der Internet-Spekulationsblase zu Millionären wurden, hatten ganz einfach Glück.

Nehmen Sie Doug Merritt von Icarian. Doug hatte kein Glück, als er seinen Chefingenieur einstellte. Icarian stürzte ab und verbrannte. Hätte Doug einen anderen Chefingenieur eingestellt, der mit den Problemen von Icarian besser umgehen konnte, dann könnte die Firma heute Branchenführer sein.

Untersuchen wir einmal Dougs Entscheidung, den Chefingenieur zu engagieren, den er am Ende feuern musste. Da Doug keine Berufserfahrung im Ingenieurbereich hatte, entschied er sich für den seiner Einschätzung nach besten Kandidaten. Der Mann, den er engagierte, war in seiner früheren Position im oberen Management erfolgreich gewesen. Er war ein erfahrener Manager mit nachweisbarer Erfolgsbilanz. Er führte Gespräche mit den Aufsichtsräten und bestand diesen Test.

Als Doug diese Entscheidung traf, bekam er auch vernünftige Ratschläge von intelligenten Ingenieuren. Ich weiß das, weil ich viele von ihnen später getroffen habe. Und schließlich stellte Doug sicher, dass der neue Chefingenieur all die Qualitäten hatte, die er an dessen Vorgänger vermisste.

Wenn man Dougs Sichtweise zu dem Zeitpunkt betrachtet, als er die Entscheidung traf, in Anbetracht dessen, was er wusste und was man ihm riet, dann denke ich, dass er eine gute Entscheidung traf. Das schlechte Ergebnis war die Folge dessen, was er nicht wusste und was er angesichts seines beruflichen Hintergrunds realistischerweise auch nicht wissen konnte. Wenn Sie dem Ergebnisvorurteil zum Opfer fallen, könnten Sie darüber anders denken als ich, aber dann hätten Sie unrecht.

Doug hatte eine gute Entscheidung getroffen, diesen Mann einzustellen. Sein Fehler: Er bemerkte nicht, dass manchmal sogar die besten Entscheidungen üble Folgen haben können, und dass man manchmal eine schnelle Kurskorrektur vornehmen muss, obwohl man überhaupt nichts falsch gemacht hat. Zufall, Faktoren, über die man keine Kontrolle hat, Unbekanntes, Wettbewerber, die wie aus dem Nichts auftauchen – alle diese Faktoren können eine gute Entscheidung in ein schlechtes Resultat verwandeln.

Lernen Sie die richtigen Lektionen

Es ist wichtig, aus der Vergangenheit zu lernen, aber wenn Sie die siebte Regel des Meisterns von Risiken nicht verstehen, lernen Sie vielleicht die falschen Dinge, wenn Sie Fehler machen. Die siebte Regel des Meisterns von Risiken besagt, dass man sich auf Entscheidungen statt auf Ergebnisse konzentrieren muss, um das Ergebnisvorurteil zu vermeiden. Vielen fällt es schwer, Entscheidungen rückblickend zu bewerten, weil man dazu vergessen muss, zu welchem Ergebnis sie am Ende geführt haben. Man muss versuchen, die Entscheidung *zu dem Zeitpunkt, als sie getroffen wurde* mental zu rekonstruieren.

Eine gute Entscheidung ist eine, die Sie unter den gleichen Umständen, bei gleichen Fähigkeiten und Informationen wieder treffen würden. Wenn man gute Entscheidungen trifft, erwirbt man manchmal zusätzliche Fähigkeiten und zusätzliches Wissen, die im Rückblick zu einer anderen Entscheidung geführt hätten. Diese neuen Fähigkeiten und Informationen werden Ihnen bei zukünftigen Entscheidungen helfen, aber als Sie diese Entscheidung trafen, standen sie Ihnen nicht zur Verfügung. Daher ist es nicht fair, wenn Sie sich so bewerten, als wären diese vorhanden gewesen. Werfen Sie sich nichts vor, was Sie damals nicht wussten oder nicht wissen konnten. Lernen Sie aus der Vergangenheit, aber grübeln Sie nicht zuviel darüber nach. Jetzt, da Sie mehr wissen und zusätzliche Fähigkeiten haben, können Sie in Zukunft besser abschneiden.

Wenn Sie eine wirklich schlechte Entscheidung getroffen haben, ist es gut, sie als solche anzuerkennen. Aus schlechten Ergebnissen können Sie manchmal etwas lernen. Aus wirklich schlechten Entscheidungen kann man immer besonders viel lernen. Haben Sie klare und unmissverständliche Anzeichen von Problemen ignoriert? Haben Sie den Rat einer Person ignoriert, die auf einem bestimmten Gebiet erfahrener war als Sie? Haben Sie nur eine flüchtige Untersuchung durchgeführt, obwohl eine gründliche erforderlich gewesen wäre?

> Der schwerste und am schwierigsten zu verstehende Teil bei jeder Art von Investieren, Unternehmertum oder bei der Tätigkeit als Business-Angel ist *die Konzentration auf Entscheidungen, nicht auf Ergebnisse.* Er ist unabdingbar, denn in der Welt der Business-Angels wirken sich Entscheidungen, die gleich am Beginn der Existenz eines Unternehmens getroffen werden in dessen gesamter Lebenszeit aus. Man kann also alles richtig machen, was den juristischen Aspekt, die Strukturen, die Prüfungen und die Investitionen betrifft, aber sobald das Geld überwiesen ist, übernehmen viele neue Dinge die Kontrolle, die man NICHT unter Kontrolle hat.
>
> *Howard Lindzon*

Meistertrader

Gute Trader haben das Ergebnisvorurteil überwunden. Sie wissen, dass man beim Trading mit guten Entscheidungen Geld verlieren und mit schlechten Entscheidungen Geld verdienen kann. Beim Trading gibt es ein Element des Zufalls und der Unvorhersagbarkeit, dem man nicht entkommen kann. Auch die besten Trader der Welt verzeichnen manchmal Verlusttrades. Und die schlechtesten Trader der Welt haben manchmal profitable Monate oder sogar Jahre.

Unter bestimmten Marktbedingungen ist es leicht, Geld zu verdienen. Fast jeder, der es versucht, kann Geld verdienen. Das vielleicht beste Beispiel aus der jüngeren Vergangenheit ist die Internet-Spekulationsblase von 1997 bis 2000. Wenn Sie in diesen Jahren Technologieaktien gekauft haben, dann verdienten Sie Geld. So einfach war das.

Die schlechtesten Trader sind diejenigen, die ihr eigenes und das Kapital ihrer Investoren aufs Spiel setzen, weil sie idiotische Risiken eingehen oder sich wie Glücksspieler von ihren Ahnungen leiten lassen. Mein erstes Buch *Die Strategien der Turtle Trader* beschreibt äußerst detailliert die Unterschiede zwischen einem guten und einem schlechten Trader und wie man mit Trading Geld verdienen kann. Die wichtigsten Lektionen möchte ich hier wiederholen:

Traden Sie mit einem Vorteil. Finden Sie eine Tradingstrategie, die langfristig positive Renditen aufweist.

Managen Sie Ihre Risiken. Kontrollieren Sie Ihre Risiken so, dass Sie weitertraden können, sonst sind Sie langfristig nicht mehr dabei, und dann können Sie diese positiven Renditen nicht mehr erzielen.

Seien Sie beständig. Führen Sie Ihren Plan beständig durch, um die Renditen zu erreichen.

Halten Sie es einfach. Ein einfacher Plan oder eine simple Idee bewähren sich im Lauf der Zeit besser als kompliziertere Strategien.

Das sind die Lektionen, die ich als Turtle gelernt habe. Sie erleichtern die Beurteilung, was beim Trading eine gute und was eine schlechte Entscheidung ist. Wenn Sie zum Beispiel einen Trade ohne eine Strategie durchführen, dann ist das ein schlechter Trade. Wenn Sie die Risiken nicht kontrollieren, ist es ein schlechter Trade. Wenn Sie nicht beständig in ihrem eigenen Stil traden, ist es ein schlechter Trade. Und wenn Sie die Sache zu kompliziert werden lassen, traden Sie schlecht.

Beachten Sie, dass sich diese Beurteilungen nicht darauf beziehen, ob man mit dem Trade Geld verdient hat. Gute Trades sind solche, die den genannten Prinzipien entsprechen. Mit einigen von ihnen wird man Geld verlieren.

Bei vielen profitablen Tradingstrategien verliert man mit den meisten Einzeltrades Geld. Aber ein paar große Gewinntrades können all diese Verluste kompensieren. Ein Beispiel: Wenn Sie mit neun Trades im Schnitt 500 Dollar verlieren und mit dem zehnten 10.000 Dollar gewinnen, dann beträgt der Gesamtverlust aus den neun Trades 4.500 Dollar, und das Nettoergebnis aller zehn Trades liegt bei einem Plus von 5.500 Dollar. Nun stellen Sie sich vor, dass die neun Verluste hintereinander aufgetreten sind. Falls Sie Ihr Trading auf Basis der Ergebnisse beurteilen, werden Sie sich für einen furchtbaren Trader halten. Vielleicht kommen Sie sogar zu dem Schluss, dass Sie kein Geld verdienen können und hören mit dem Trading auf. Oder Sie stellen Ihre Strategie infrage und weichen von ihr ab.

Ungefähr ein Jahr nachdem die Vertraulichkeitsvereinbarung der ursprünglichen Turtles mit Richard Dennis ausgelaufen war, erzählte ich einigen Freunden von der speziellen Tradingstrategie, die ich als Turtle angewendet hatte, um Geld zu verdienen. Ich gab ihnen alle Informationen, die sie brauchten, um exakt so zu traden, wie ich es getan hatte. In den folgenden Wochen traf ich mich immer wieder mit ihnen, um sicherzustellen, dass sie richtig tradeten. Ich tat das nur einige Male, denn letztlich verloren meine Freunde immer wieder Geld.

Am Ende fielen sie dem Ergebnisvorurteil zum Opfer. Sie beurteilten die Methode auf Basis der Resultate, die sie gesehen hatten. Also führten sie sechs oder sieben Trades hintereinander aus und verloren mit jedem einzelnen von ihnen Geld. Sie hörten danach nicht auf, weil sie wussten, dass ich mit dieser Tradingmethode Geld verdiente, aber sie veränderten sie. Sie führten nur noch Trades aus, die ihnen „gefielen" und ließen diejenigen aus, die nicht „richtig aussahen". Und natürlich ließen sie die falschen Trades aus. Das Endergebnis war, dass sie mit diesen Trades Geld verloren. In *Die Strategien der Turtle Trader* habe ich dieses Vorurteil detaillierter erörtert, was seine Rolle beim Trading angeht. In diesem Kapitel möchte ich es in allgemeinerer Hinsicht diskutieren. Ich denke, dass dieses allgemeinere Wissen über das Vorurteil außerhalb des Tradings Tradern ebenfalls dabei hilft, das Vorurteil in ihrem Trading zu verstehen. Im Rest dieses Kapitels werde ich das Ergebnisvorurteil auf anderen Gebieten betrachten.

Die Ärzte des Ergebnisvorurteils

Die Entscheidungen von Notfallmedizinern sind vielleicht das beste Beispiel dafür, wie man die Bewertung von Entscheidungen unter unsicheren Bedingungen durchführt. Wenn ein Intensivmediziner seine Entscheidungen auf Basis der Ergebnisse beurteilen würde, dann würde dies zu schlechter Medizin führen.

Nehmen wir noch einmal mein Beispiel aus Kapitel 5. Wenn eine bestimmte Operation eine Sterblichkeitsquote von zehn Prozent aufweist, was bedeutet,

dass zehn Prozent der Patienten kurz nach diesem Eingriff sterben, dann handelt es sich um eine riskante Operation. Normalerweise würde man sie bei einem Patienten, der nicht in Lebensgefahr schwebt, nicht in Erwägung ziehen.

Wenn ein Patient aber eine Verletzung aufweist, an der er mit einer Wahrscheinlichkeit von 60 Prozent ohne diese Operation sterben wird, dann ist es die korrekte Vorgehensweise, die Operation durchzuführen, weil die Überlebenswahrscheinlichkeit des Patienten dann sechs Mal so hoch ist wie ohne den Eingriff. Wenn ein Intensivmediziner die Operation anordnet und diese fehlerfrei durchgeführt wird, kann der Patient dennoch sterben. Das ändert aber nichts an der Tatsache, dass ohne zusätzliche Informationen die Entscheidung für die Operation richtig war.

Die inhärente Unsicherheit der Diagnose und der Behandlung bedeutet, dass die richtige Behandlung oft zu einem schlechten Ergebnis führen wird. Ein guter Arzt weiß das und wird weiterhin die bestmögliche Behandlung vorschreiben, auch wenn einige seltene Beispiele seinen Weg kreuzen. Das ist der wichtige Punkt. Zufällige Entwicklungen können oft dazu führen, dass die richtige Behandlung ein schlechtes Ergebnis bringt. Ein guter Arzt ist sich immer der tatsächlichen Risiken bewusst, unabhängig von den speziellen Ergebnissen, die er persönlich gesehen hat.

Aus diesem Grund ist medizinische Forschung so wichtig. Sie befähigt Ärzte dazu, das große Bild zu sehen. Sie gibt ihnen eine vernünftige statistische Basis für ihre Entscheidungsfindung. Sie ist die Quelle der Information, die besagt, dass eine bestimmte Operation in X Prozent der Fälle zu einem bestimmten Ergebnis und in Y Prozent der Fälle zu einem anderen Ergebnis führt. Ein Arzt muss in der Regel nicht raten. Wenn er die neuesten Entwicklungen in seinem Beruf verfolgt hat, kennt er die aktuellen Ergebnise bestimmter Verletzungen und ihrer jeweiligen Behandlungen.

Der Markt tut, was der Markt tut. Vorausblickende Konzentration auf subjektive Entscheidungen beinhaltet die Verantwortung für die Anwendung der korrekten Reaktionen auf einen bestimmten Reiz. Es ist zwar nützlich für die Konstellation der Reaktionen, wenn man die möglichen Ergebnisse im Auge behält, aber die tatsächlichen Ergebnissse haben ein Arzt und ein Trader nicht unter Kontrolle. Das Treffen aktiver, akkurater, flexibler und vorausschauender Entscheidungen zeichnet exzellente Trader und exzellente Intensivmediziner aus.

Dr. med. Bruce Tizes

Dennoch gilt: Ähnlich wie bei Trades für den Trader kann auch jede Behandlung bessere oder schlechtere Folgen haben als üblich. Ein guter Notfallmediner weiß das und bemüht sich sehr, seine Ansichten über die richtige Behandlung nicht durch die relativ wenigen Beispiele von Ergebnissen beeinflussen zu lassen, die er persönlich gesehen hat. Ein guter Arzt weiß, dass Menschen zu zwei weiteren kognitiven Vorurteilen oder logischen Irrtümern neigen, die es noch schwerer machen, die Tendenz der Menschen zum Ergebnisvorurteil zu überwinden.

Der erste logische Irrtum ist die Tendenz, bei Entscheidungen jüngere Daten höher zu gewichten als ältere. Sie erinnern sich an die jüngste Vergangenheit und gewichten Ereignisse in diesem Zeitraum höher als solche *vor* diesem Zeitraum. Für Trader bedeutet dies, dass einem Trade aus der letzten Woche mehr Bedeutung beigemessen wird als einem Trade im letzten Monat oder im letzten Jahr. Daher können einige verlustreiche Monate Trader dazu verleiten, ihren Entscheidungsfindungsprozess bereitwilliger in Zweifel zu ziehen, weil diese erst kürzlich angefallenen Verluste mehr weh tun. Vergleichbares kann auch Ärzten passieren. Wenn ein Arzt weiß, dass eine bestimmte Prozedur ein bestimmtes Risiko eines schlechten Ergebnisses aufweist, auch wenn er sie richtig durchgeführt hat, dann kann er nach einigen schlechten Ergebnissen in Folge an sich zu zweifeln beginnen.

Das Problem des Selbstzweifels kann vom zweiten Vorurteil verschärft werden, das man den *Glauben an das Gesetz der kleinen Zahlen* nennt. Dabei handelt es sich um die Tendenz, einer relativ kleinen Zahl von Ereignissen innerhalb eines größeren Zusammenhangs zu große Bedeutung beizumessen. Die Bezeichnung ist vom Gesetz der großen Zahlen abgeleitet. Dabei handelt es sich um ein valides statistisches Konzept. Es besagt, dass eine ausreichend große Stichprobe aus einer größeren Population derjenigen Grundgesamtheit, der sie entnommen wurde, stark ähnelt. Diese Vorstellung ist die Grundlage jeder Qualitätskontrolle mit statistischen Stichproben und der Meinungsumfragen zur Ermittlung individueller Präferenzen. Eine Stichprobe von 500 Menschen kann eine gute Einschätzung der Interessen oder Ansichten einer Population von 200 Millionen Menschen ermöglichen, wenn sie richtig zusammengestellt ist.

Die Stichprobe muss allerdings groß genug sein. Eine sehr kleine Zahl von Stichproben sagt nicht viel über die betreffende Population aus. Eine Umfrage unter sechs Menschen sagt Ihnen nur wenig über den möglichen Sieger eines Wahlkampfs.

Aus diesem Grund ist mein Kosename für den Glauben an das Gesetz der kleinen Zahlen *ESPN-Vorurteil*. Dieses Vorurteil taucht im Sport recht oft auf. Da heißt es zum Beispiel, dass Rodriguez gegen Johnson in Spielen am Mittwochnachmittag eine Trefferquote von 0,666 aufweist. Vergessen wird dabei, dass Rodriguez insgesamt nur sechs Mal am Schlagmal stand und vier Mal davon den Ball traf. Aus so wenigen Spielen und so wenigen Versuchen kann man wirklich keinerlei Rückschlüsse ziehen.

Die Kombination dieser beiden Vorurteile kann sich nach einigen ungünstigen Ergebnissen zerstörerisch auf das Selbstvertrauen auswirken. Sie kann dazu führen, dass Sie Ihre Strategie oder Ihre Methode in Zweifel ziehen, wenn an beiden überhaupt nichts auszusetzen ist. Das kann Sie dazu veranlassen, eine schlechtere Strategie zum denkbar schlechtesten Zeitpunkt anzuwenden.

Die Auflösung der Vorurteile

Die Bekämpfung des Ergebnisvorurteils erfordert beträchtliche innere Stärke – das Selbstvertrauen, dass die Entscheidung unabhängig vom Ergebnis richtig ist. Angesichts von Unsicherheit kann das schwierig sein. Zum Glück gibt es zwei verschiedene Strategien zum Erwerb dieser inneren Stärke, die recht effektiv sind. Die eine Strategie funktioniert bei Veränderungen und *chaotischer Unsicherheit*, die andere bei *informationsbedingter Unsicherheit*.

Bei *chaotischer Unsicherheit*, wie sie beim Trading und in der Notfallmedizin auftaucht, können Nachforschungen eine statistische Grundlage für das Verständnis der wahrscheinlichen Ergebnisse einer bestimmten Zahl von Auswahlmöglichkeiten liefern. Dieses statistische Wissen über die Verhaltensmerkmale der Zukunft gewährleistet eine stabile Basis für Entscheidungen, die bei *chaotischer Unsicherheit* getroffen werden. Sie wissen vielleicht nicht, dass ein bestimmter Trade funktionieren wird, aber es ist gut zu wissen, dass 18 Prozent der Trades erfolgreich waren, als eine bestimmte Strategie unter Verwendung der historischen Kursdaten der letzten 25 Jahre getestet wurde. Sie wissen vielleicht nicht, ob eine bestimmte Notfall-Herzmassage funktionieren wird, wenn das Herz eines Patienten aufgehört hat zu schlagen, aber Sie wissen, dass sie oft genug funktioniert, um einen kurzen Versuch zu rechtferigen, wenn Sie wissen, dass viele Studien die Effektivität dieser Behandlung nachgewiesen haben, wenn man sie anwendet, kurz nachdem das Herz zu schlagen aufgehört hat und bevor die Gehirnzellen wegen Sauerstoffmangels abgestorben sind.

Bei *informationsbedingter Unsicherheit*, wie man sie oft im Geschäftsleben vorfindet, hat man nicht die harten Daten wie beim Trading und in der Medizin. Es gibt zu viele Variablen. Hier besteht die wichtige Strategie also darin, einen gut durchdachten, vorbereiteten Plan und ein Beobachtungssystem zur Verfügung zu haben, das zu diesem Plan passt. So wissen Sie, was Sie tun werden, wenn die Zukunft veränderte Szenarien bringt. Die entscheidende Idee ist, dass dieser Plan im Voraus entwickelt und aktualisiert wird, während sich die Realität entfaltet. Es sollte immer Pläne dafür geben, was geschehen wird, wenn sich Annahmen über die Zukunft als falsch herausstellen. Und es sollte Beobachtungssysteme geben, um sicherzustellen, dass die Beobachtungen im Verlauf der Zeit valide bleiben.

Wenn diese Bedingungen erfüllt sind, ist die Bewertung von Entscheidungen relativ einfach. Haben Sie die zum betreffenden Zeitpunkt beste Entscheidung getroffen? Haben Sie die Realität aktiv beobachtet? Haben Sie die Richtung verändert, wenn es nötig war?

Indem Sie sich angemessen auf die Zukunft vorbereiten, können Sie dem Ergebnisvorurteil entgehen, weil Sie sich auf die gegenwärtige Realität und ihre Botschaften statt auf die Vergangenheit und ihre „falschen" Entscheidungen konzentrieren. In einem unsicheren Umfeld ist es viel wichtiger, auf das aktuelle Geschehen zu achten als auf Ihre Fähigkeit zur Prognose, was in ferner Zukunft passieren wird.

Denken Sie daran: Ein Weg, der zunächst der falsche zu sein schien, wird zum richtigen Weg, wenn sich die Zukunft anders entwickelt, als Sie erwartet hatten.

In Teil I habe ich detailliert alle sieben Regeln des Meisterns von Risiken erklärt. In Teil II biete ich Ihnen drei Essays mit praktischen Auswirkungen dieser Regeln. Wenn Sie den nächsten Teil dieses Buches lesen, dann denken Sie an den entscheidenden Punkt: Die Anwendung der sieben Regeln ermöglicht *ein weit höheres Niveau von Flexibilität und Sicherheit in unsicheren Zeiten.*

TEIL II

PRAKTISCHE AUSWIRKUNGEN DER SIEBEN REGELN

Kapitel 14: Lesen, Schreiben und Konformität

Und was ist ein guter Bürger? Einfach jemand,
der niemals etwas Ungewöhnliches sagt, tut oder denkt.
Die Schulen wirken darauf hin, diese Uniformität bis zum
höchsten möglichen Punkt zu treiben.
Eine Schule ist ein Mühlentrichter, in den Kinder
gesteckt werden, so lange sie noch jung und zart sind.
Dort werden sie in bestimmte Standardformen gepresst
und von Kopf bis Fuß mit offiziellen
Gummimarken beklebt.
Henry Louis (H. L.) Mencken

Um zu lernen müssen Sie Fehler machen. Manchmal müssen Sie das Falsche tun. Sie müssen zum Scheitern bereit sein.

Kinder wissen das instinktiv. Sie lernen gehen, indem sie immer wieder hinfallen. Sie lernen sprechen, indem sie Dinge ein paar Jahre lang falsch aussprechen. Was Hitze ist, lernen sie, indem sie sich ein oder zwei Mal verbrennen. Sie lernen ihren Eltern zu gehorchen, indem sie das einige Male nicht tun und dann die Folgen erfahren. Sie lernen auch dadurch, dass nicht ständig Erwachsene da sind, die sie überwachen.

Durch Experimentieren lernen Kinder, was sie mögen und wer sie sind. Wir als Gesellschaft lassen unsere Kinder im Stich, wenn wir aus den Schulen ein Umfeld machen, wo es nur eine einzige richtige Lösung gibt. Kinder brauchen Freiraum, um Individuen zu sein und zu lernen, dass Risiko und Scheitern akzeptabel sind.

Unsere Schulen erfüllen größtenteils nicht die Funktion, Kindern bei der Entwicklung durch Experimente und Fehler zu helfen. Stattdessen fördern sie Einordnung und Risikoscheu.

Gleichzeitig ist unsere Gesellschaft mit immer schnelleren Veränderungen und Unsicherheit konfrontiert, weil wir uns von einer von wenigen postkolonialen Großmächten beherrschten Welt zu einer Welt entwickeln, in der viele Länder in einem riesigen internationalen Netzwerk kooperieren und miteinander Handel treiben. Wir bekommen Konkurrenz von Ländern, in denen besser ausgebildete Kinder später Arbeiter werden, die bereit sind, für weit weniger Geld zu arbeiten als ihre amerikanischen Kollegen. Wir erhalten Konkurrenz von Ländern, wo Kinder in einem Umfeld aufwachsen, in dem Risikobereitschaft, Experimentierfreude und Unternehmergeist stärker ausgeprägt sind als hier in den USA.

Außerdem ist unsere Welt mit einigen möglicherweise zerstörerischen Problemen konfrontiert, die den Tod und das Leiden hunderter Millionen Menschen verursachen könnten, wenn wir sie nicht in den nächsten etwa zehn Jahren anpacken. Die globale Erwärmung hat bereits die pessimistischsten Prognosen bezüglich des Abschmelzens des Polareises und des Klimawechsels übertroffen. Wenn das in diesem Tempo so weitergeht, werden einige der bevölkerungsreichsten Städte der Welt in einigen Jahrzehnten unter Wasser stehen. Der Höhepunkt der Ölförderung wird zu zunehmenden Spannungen zwischen denen führen, die über eine stabile Ölversorgung verfügen – oder sie sich kaufen können – und denen, auf die das nicht zutrifft. Mangel an Nahrungsmitteln und sauberem Trinkwasser wird die Regierungen von Entwicklungsländern überfordern und weiterhin ganze Regionen destabilisieren.

Wenn wir nicht zusammenarbeiten, um Lösungen für unsere größten Probleme zu entwickeln, werden wir diese Krisen wahrscheinlich erleben. Die Lösungen werden einen Ausbruch von Innovationen in den ökologischen Technologien erfordern. Die Entwicklung dieser Innovationen macht es nötig, dass wir experimentieren und Risiken eingehen. Graduelle Verbesserungen werden vielleicht nicht ausreichen.

Die USA als größte Volkswirtschaft der Welt war ständig führend auf den Gebieten der Technologie und der Innovation. Aber der größte Teil rein wissenschaftlicher Forschung konzentriert sich auf kleine, schrittweise Verbesserungen. Unter normalen Umständen wäre das kein Problem. Aber angesichts der derzeitigen Krisen benötigen wir vielleicht mehr. Wir sollten dafür planen. Dazu müssen wir mit unserem Ausbildungssystem und unseren Kindern beginnen.

Im Lauf meines Lebens sind bestimmte Themen immer wieder aufgetaucht; vor allem mein Gefühl, dass meine Sichtweise von Risiken extrem ungewöhnlich ist und dass andere Menschen Risiken ganz anders betrachten, als ich es tue. Als ich dieses Buch schrieb dachte ich lange und intensiv darüber nach, warum ich meine Ansichten entwickeln und gleichzeitig mein inneres Gefühl dafür bewahren konnte, was wichtig ist. Ich glaube, dass die Art, wie ich aufgewachsen bin, ein wichtiger Grund für diesen Unterschied ist.

In meiner Kindheit lernte ich durch Abenteuer unter freiem Himmel mit Freunden in den Wäldern und Feldern hinter unserem Haus. Mein Vater sorgte immer dafür, dass wir in der Nähe offener Landschaft wohnten. Sogar als wir in einem Vorort von Chicago wohnten, stand unser Haus neben einem 16 Hektar großen Wald, der dem Landkreis gehörte. Mein Vater tat das, weil er glaubte, ein Haus neben offenem Land werde seinen Wert als Investment besser bewahren. Als angenehme Nebenwirkung ermöglichte diese Investmententscheidung meinem Bruder, meiner Schwester und mir, an den meisten Nachmittagen frei und unbeaufsichtigt spielen zu können. Draußen wuchs ich auf, indem ich Risiken einging und manchmal damit auf die Nase fiel.

Der unabhängige und in sich selbst ruhende Geist, den wir beim Spielen in unserer eigenen kleinen Wildnis entwickelten, erwies sich als starkes Bollwerk gegen den Konformitätsdruck, die fügsame Akzeptanz und die Standardisierung, die unser modernes Schulsystem auszeichnet. Viele Leute werden von der Schule einfach dazu geprägt, Risiken und das Anderssein zu scheuen.

Moderne Schulen

Das moderne Schulsystem, in dem von jedem erwartet wird, den Abschluss an der Highschool zu schaffen, existiert noch nicht so lange wie viele von Ihnen vielleicht annehmen. Vor dem Ersten Weltkrieg hatten die meisten Erwachsenen in den USA keine Highschool-Ausbildung. Sie arbeiteten auf Farmen oder in Fabriken. Eine Ausbildung an der Highschool war denen vorbehalten, die später die relativ wenigen Colleges und Universitäten besuchen konnten. Sie war für die Kinder der Elite reserviert.

In den frühen 1930er-Jahren wusste Präsident Franklin D. Roosevelt, dass ein Ausbildungssystem, das in einer hauptsächlich agrarisch geprägten Gesellschaft funktioniert hatte, den Anforderungen des Industriezeitalters und der Ära des modernen Managements nicht gerecht wurde. Daher wurde eine große Initiative gestartet, um eine jedem Kind zugängliche Schulausbildung bis zum zwölften Schuljahr zu schaffen. Man dachte, die Highschools böten eine bessere Ausbildung für Jobs in den großen Unternehmen, die damals gerade damit anfingen, die amerikanische Wirtschaft zu dominieren. Das neue Programm sollte zudem Teenager davon abhalten, mitten in der Weltwirtschaftskrise in wirtschaftlichen Wettbewerb zu erwachsenen Männern zu treten.

Unser derzeitiges Ausbildungssystem war also als Ort der Produktion von Arbeitern gedacht, die gut in ein größeres industrielles System passen sollten. Es war ein Ort, wo *Kinder in Mühlentrichter gesteckt werden, so lange sie noch jung und zart sind. Dort werden sie in bestimmte Standardformen gepresst.* Es war nicht als Ort gedacht, wo man spezifische unabhängige Talente und Fähigkeiten entwickeln konnte. Es war nicht als Ort vorgesehen, wo es in Ordnung war, Risiken einzugehen.

Angesichts unseres gegenwärtigen Umfelds ist es Zeit für eine Neukonzeption unseres Schulsystems, um sich der modernen Realität zu stellen, in der Veränderungen und Unsicherheit herrschen. Unsere Industrie wird nicht mehr von Unternehmensgiganten dominiert. Es ist Zeit, unser Ausbildungssystem unseren neuen Bedürfnissen anzupassen.

An der Schule lernen wir nicht, etwas auszuprobieren und zu untersuchen. In den Schulen bringt man uns implizit und oft genug auch explizit bei, dass Autorität immer korrekt und absolut ist. Diese Sichtweise ist unzutreffend und sogar gefährlich.

Meiner Erfahrung nach mögen Schulen und die Lehrer es dort nicht, wenn man ihre Autorität infrage stellt. Sogar ihre Organisation ähnelt der einer Fabrik. An einem Ende schiebt man etwas Geld und ein paar Schüler hinein, und nach zwölf Jahren kommen am anderen Ende gebildete Erwachsene heraus. Diese Fabrikmethode funktioniert nicht. Ich habe gute, sogar großartige Schulen gesehen, aber sie alle leiden an der Tendenz, Konformität zu belohnen und jeden zu bestrafen, der ihr Ideal hinterfragt oder ihm nicht entspricht.

Für mich war die Schule ziemlich einfach. Aber sogar an meiner Highschool, die zu den besten Schulen in Massachusetts zählte, ging es hauptsächlich um Auswendiglernen, nicht um Herausforderungen. Man brachte uns nicht die Gründe und Auswirkungen der Geschichte bei, sondern die Ereignisse und Daten. Man brachte uns nicht bei zu denken, sondern eher Fakten als Prinzipien zu kennen. Wir waren damit nicht allein. Später erfuhr ich, dass Schulen überall Wissen, aber kein Verständnis vermitteln. Viele Lehrer können Ihnen die Tatsachen nennen, aber nur sehr wenige die Ursachen.

Das Problem mit den Universitäten

Es mag ein wenig verrückt klingen, aber mein wichtigstes Ziel beim Besuch des Colleges war es, genau zu erfahren, wie Transistoren funktionieren. Ich erinnere mich noch an die Vorlesung über Elektrotechnik in meinem ersten Jahr am College, in der unser Professor zum ersten Mal Transistoren auf molekularem Niveau erklärte. Das war ein Wendepunkt in meiner Ausbildung.

Schon an der Junior Highschool hatte ich etwas über Atome, Moleküle und Elektronik gelernt. Ich wusste, wie man Transistoren zu logischen Schaltkreisen zusammenfügen konnte, um Computer zu bauen. Ich wusste auch, wie Computerprogrammierung funktionierte, aber das fehlende Glied war, dass ich nicht wusste, wie Transistoren tatsächlich auf molekularem Niveau funktionierten. Sie waren ein Geheimnis für mich. Als mein Professor die Lücke schloss und erklärte, wie Transistoren auf molekularem Niveau funktionieren, hatte ich das Gefühl, meine Mission am Worcester Polytechnic Institute (WPI) sei erfüllt. Von diesem Zeitpunkt an interessierte ich mich mehr für Trading und Programmieren, und auf diesen Gebieten konnte mir das WPI nichts beibringen.

Ich versuchte es mit einem Programmierkurs am WPI, fand aber bald heraus, dass ich für George Arndt von Harvard Investment Service schon anspruchsvollere Arbeiten ausführte als die damals fortgeschrittensten Computerkurse am WPI. Ich fand zudem heraus, dass die Apple IIe-Computer, die wir benutzten, leistungsfähiger waren als der kleine Bruchteil eines Computers, den das WPI jedem Studenten im Programmierlabor zur Verfügung stellte. Aus meiner Sicht ergab es nicht viel Sinn, am WPI zu bleiben. Im Herbst 1983 überredete ich daher meinen Vater, dass ich versuchen würde, mit Trading Geld zu verdienen, indem ich die Methoden anwendete, die mein Mentor

Rotchie Barker mir beigebracht hatte. Den Rest der Geschichte finden Sie in meinem Buch *Die Strategien der Turtle Trader.*

Ich verließ das College also vor dem Abschluss und blieb bis heute ein Studienabbrecher.

Ich habe aber viele Leute mit College-Ausbildung eingestellt, auch einige mit höheren Abschlüssen von Eliteuniversitäten, und ich finde, dass die Risikoneigung in der Regel desto geringer ausgeprägt ist, je höher das Ausbildungsniveau ist. Seit ich dieses Phänomen erstmals bemerkte, habe ich ziemlich viel über das Thema gelernt, was man braucht, um einen höheren Abschluss zu erreichen, insbesondere einen Doktortitel. Und man braucht unbedingt einen Doktortitel, wenn man an einer amerikanischen Universität auf den Gebieten der Naturwissenschaften und der Technologie Forschung betreiben will. Ohne Doktortitel bekommt man an keiner Universität eine Stelle in der Forschung. Sogar private Unternehmen stellen für die Forschung niemanden ein, der nicht promoviert hat.

Von einer naturwissenschaftlichen Doktorarbeit wird erwartet, dass sie das vorhandene Wissen in gewisser Weise erweitert. In der Praxis bedeutet dies, dass man einen Doktorvater finden muss, der bereits Professor (und natürlich auch Doktor) ist, zur betreffenden Fakultät gehört und bereit ist, Ihre Forschungsarbeiten als lohnenswertes Projekt zu fördern. Dieser ganze Prozess eliminiert diejenigen, die bereitwillig Risiken eingehen. Ein Professor wird wohl kaum einen Studenten fördern, der Experimente durchführen will, die die gesamte Sichtweise des Professors widerlegen.

Denken Sie daran, was Peter Fiske, Autor von *Put Your Science to Work: The Take-Charge Career Guide for Scientists* am 24. Juli 1998 in einer Karriereberatungskolumne für das Magazin *Science* schrieb.

> *Zudem kann die Graduiertenausbildung ein Verhalten verstärken, das dem Erfolg abträglich ist, in der Wissenschaft und darüber hinaus. Ein Beispiel (das ich auf die schmerzvolle Art lernen musste) ist die Risikoaversion.*
>
> *Risikoaversion ist mehr als nur die Neigung, Risiken zu vermeiden. Sie ist die Unfähigkeit, Risiken und Chancen abzuwägen und zu erkennen, wann es erforderlich ist, vernünftige Risiken einzugehen. Ein*

Grund für die Risikoaversion bei Wissenschaftlern ist möglicherweise, dass eine wissenschaftliche Karriere für risikoaverse Menschen sehr attraktiv sein kann! Vom Standpunkt eines College-Absolventen aus gesehen kann eine wissenschaftliche Laufbahn ein sehr sicherer Weg sein – harte Arbeit wird offensichtlich durch Besitzstand und Sicherheit belohnt. Viele Studenten, die einen höheren Abschluss anstreben, bemerken, dass die unter finanziellem Druck stehende und wettbewerbsintensive Welt der wissenschaftlichen Forschung tatsächlich intellektuellen Konservatismus und Risikoaversion fördert. Forschungsgruppen führen sichere, schrittweise Forschungsabschnitte durch, weil das die einzige Art ist, um an Fördergelder zu kommen. Nur wenige Vermittler von solchen Geldern kommen heutzutage an Forschungsmittel heran, wenn sie eine verrückte Idee vorschlagen, die außerhalb ihres engeren Fachgebiets liegt. Und die Studenten lernen die Lektion vollständig. Haben Sie schon einmal erlebt, dass jemand eine kühne neue Idee für sein Projekt vorschlug, die dann nicht funktionierte, und dass er dennoch seinen Doktortitel erhielt?

Nach meiner Erfahrung trifft das zu. Kaum ein promovierter Naturwissenschaftler kann seine Risikoaversion in genügendem Maß überwinden, um ein effektiver Mitarbeiter eines Startup-Unternehmens zu sein. Die meisten können einfach die Risiken nicht tolerieren, die mit einer solchen Unternehmung verbunden sind. Im Grunde genommen bedeutet dies, dass die große Mehrheit derjenigen, die in den USA wissenschaftliche Grundlagenforschung betreiben, risikoavers sind.

Research von unten nach oben

Wir amerikanischen Bürger geben viel Geld für wissenschaftliche Grundlagenforschung aus. Unsere derzeitige Methode bietet einen exzellenten Mechanismus für geringfügige Fortschritte, wodurch der jeweils aktuelle Status im Lauf der Zeit immer nur ein wenig verbessert wird. Sie sorgt aber nicht für revolutionäre Verbesserungen von der Art, wie wir sie vielleicht bald benötigen werden, um eine ökologische und soziale Katastrophe abzuwenden, weil es auf der Welt immer mehr Menschen gibt, die nicht genug Energie, Nahrungsmittel oder Wasser zur Verfügung haben. Es wäre also für uns alle von Vorteil, unsere Suche nach den Antworten auf Fragen zu verbessern, für die wir Lösungen finden müssen.

Zum Beispiel könnten die allmählichen, schrittweisen Verbesserungen auf dem Gebiet der Technologie alternativer Energien nicht ausreichen. Es erscheint in der Tat unwahrscheinlich, dass wir mit diesen Technologien die Erderwärmung abwenden können. In vielen Fällen besitzen die Entwicklungsländer dieser Welt einfach nicht genug Geld oder Infrastuktur für diese teureren und komplexen Alternativen. In anderen Fällen fehlt den Regierungen der politische Wille, die Nachteile dieser Alternativen zu akzeptieren.

Wie können wir also praktikable Veränderungen schaffen? Wie erhöhen wir unsere Chancen, dass unsere Forschungen zu denjenigen revolutionären Fortschritten führt, die zum Beispiel eine ökonomisch sinnvolle Nutzung der Wasserstoffenergie ermöglicht? Wir müssen unsere Forschung öffnen und Ideen aufnehmen, die nicht dem wissenschaftlichen Mainstream entsprechen. Dazu müssen wir an der Wurzel des Problems beginnen, bei der Finanzierung.

Der größte Teil wissenschaftlicher Forschung in den USA wird durch Forschungsstipendien finanziert. In der Regel schlagen promovierte Wissenschaftler bestimmte Projekte vor, die von Auswahlgremien geprüft werden. In diesen Gremien sitzen in der Regel andere promovierte Wissenschaftler, die mit dem betreffenden Forschungsgebiet vertraut sind. Die Auswertung basiert auf Kriterien, die denen in der folgenden Liste ähneln:

- *Wissenschaftliche Bedeutung des Projekts.*
- *Angemessenheit der Methode.*
- *Kompetenz der Mitarbeiter des Bewerbers.*
- *Angemessenheit der Ressourcen des Bewerbers.*
- *Angemessenheit des Budgets.*

Beachten Sie, dass die ersten beiden Kriterien tendenziell Ideen herausfiltern, die „wild“ sind oder sich von der etablierten wissenschaftlichen Orthodoxie unterscheiden. Wenn ein Gremium von Wissenschaftlern entscheidet, ob für ein Forschungsprojekt ein Stipendium vergeben werden soll oder nicht, dann wird es sich nicht für ein Projekt entscheiden, von dem die Mitglieder des Gremiums annehmen, die Idee könne unmöglich funktionieren. Es wird auch eine Methode nicht „angemessen“ finden, von der es denkt, sie werde nicht funktionieren.

Entsprechend werden die Mitglieder des Gremiums auch die Kompetenz des Personals nach den traditionellen wissenschaftlichen Kriterien beurteilen. Unter anderem nach den Schulen, die die Mitarbeiter besucht haben, mit welchen anderen Wissenschaftlern sie zusammengearbeitet und welche wissenschaftlichen Arbeiten sie publiziert haben. Aber die Bewertung wissenschaftlicher Arbeiten durch Fachkollegen kann einen ebenfalls auf gewisse Ideen bringen. Daher werden die Arbeiten derjenigen Wissenschaftler veröffentlicht, die sich der akzeptierten wissenschaftlichen Orthodoxie angepasst haben. Das bedeutet, dass die Mitglieder des Entscheidungsgremiums nur diejenigen für kompetente Forscher halten werden, die diese Orthodoxie akzeptiert haben.

Es sind aber oft die eigensinnigen Denker, denen wir die größten wissenschaftlichen Durchbrüche verdanken. Viele führende Wissenschaftler akzeptierten Albert Einsteins Relativitätstheorie nicht, bis man sie experimentell beweisen konnte. Einstein fand keine Arbeit im akademischen Establishment; er musste als Angestellter im Patentamt arbeiten, weil er ein solcher Abtrünniger war. Und wahrscheinlich hätten die meisten Stipendien-Vergabegremien auch Thomas Edison nicht für einen kompetenten wissenschaftlichen Forscher gehalten.

Wir könnten die Chancen, dass unserer wissenschaftlichen und technologischen Forschung ein echter Durchbruch statt minimaler Fortschritte gelingt also stark erhöhen, wenn wir die Finanzierung von Forschung teilweise dezentralisieren und demokratisieren. Wir könnten das tun, indem wir den Finanzierungsprozess auf den Kopf stellen.

Derzeit entscheiden kleine Gremien, was finanziert wird, und eine große Zahl von Wissenschaftlern führt die eigentlichen Forschungsarbeiten durch. Stattdessen könnten wir einen Teil des Budgets abzweigen und einzelnen Forschern und Ingenieuren ein Mitspracherecht einräumen, wie das Geld ausgegeben werden soll. Zum Beispiel könnte man das Budget nach Personal- und Laborkosten aufteilen und jedem Forscher oder Ingenieur ein Personal- und ein Laborbudget von je 100.000 Dollar pro Jahr zubilligen.

Dann könnte jeder Wissenschaftler bestimmen, wie sein Anteil des Forschungsbudgets verwendet werden soll. Ein einzelner Wissenschaftler oder Ingenieur könnte sich dafür entscheiden, an einem kleinen Projekt ganz allein zu arbeiten, er könnte sich aber auch dazu entschließen, zusammen mit anderen an größeren Problemen zu arbeiten. Nachwuchswissenschaftler oder

Laborassistenten könnten sich dafür entscheiden, für mehrere erfahrene Wissenschaftler zu arbeiten, und man könnte das Laborbudget des jüngeren Wissenschaftlers dem älteren zuschlagen. Solche Vereinbarungen könnten jedes Jahr angepasst werden, damit sich die Forschung schnell anpassen kann, wenn neue Entdeckungen gemacht werden.

Mancher könnte diese Methode für verrückt halten, aber das ist sie nicht. Es ist diejenige Methode, die die Natur in Zeiten von Veränderungen anwendet: Vieles ausprobieren, schlechte Ideen schnell ausmerzen, gute Ideen fördern und sie als Grundlage für andere neue Ideen verwenden. Diese Methode haben unsere Wissenschaftler und Ingenieure am Beginn des *Apollo*-Projekts angewendet, und auch heute wenden sie die besten Ingenieur-Organisationen an, wie etwa Google. Lassen wir die einzelnen Wissenschaftler und Ingenieure mitbestimmen, woran sie arbeiten wollen. Diese Menschen sind intelligent genug, um zu wissen, was wichtig ist, welche Arbeiten erledigt werden müssen und wo sie individuell wertvolle Beitäge leisten können.

Wenn wir eine solche Methode zumindest bei einem Teil unserer wissenschaftlichen und technologischen Forschung anwenden, können wir damit rechnen, dass sich eine weniger homogene Gruppe von Studenten für die wissenschaftlichen Programme an unseren Universitäten interessieren wird. Die Einzelgänger und Bilderstürmer, die die großen bürokratischen Institutionen der akademischen Forschung scheuen, könnten sich von der Wissenschaft angezogen fühlen, wenn sie außerhalb des Mainstreams und ohne all den Papierkram und die Berichte arbeiten könnten, die mit der heutigen, auf Stipendien basierenden wissenschaftlichen Forschung verbunden sind.

Aber zunächst müssen wir dafür sorgen, dass solche Menschen sich überhaupt für eine Laufbahn in der Wissenschaft oder in der Technologie interessieren. Um das zu erreichen müssen wir dafür sorgen, dass sie nicht durch eine Ausbildung entmutigt werden, die das Eingehen von Risiken und Individualität nicht fördert. Wir müssen uns überlegen, wie wir Naturwissenschaften und Mathematik in den Schulen lehren.

Bildung ist wichtig; zu wichtig, als dass wir die derzeitigen Zustände noch länger tolerieren könnten. Wir können uns kein System leisten, das risikofreudige Menschen und Abenteurer ausgrenzt. Wir können nicht erwarten, unsere derzeitigen Probleme durch Innovationen zu lösen, wenn wir den

Geist der Experimentierfreudigkeit und des Entdeckens durch Versuch und Irrtum in unserem Bildungssystem nicht fördern.

Wir müssen unseren Kindern Raum lassen, zu experimentieren und Fehler zu machen, durch Versuch und Irrtum zu lernen. Unser aktuelles Bildungssystem erfüllt dieses Bedürfnis nicht.

Wir als Gesellschaft können nicht erwarten, dass ein System, das versucht, standardisierte und „gebildete" Erwachsene zu produzieren gut funktionieren wird, wenn sich die Struktur unserer Gesellschaft so schnell verändert wie sie es derzeit tut. Dieser Prozess der Uniformität und Konformität hemmt soziale Anpassungsfähigkeit. Anpassungsfähige und organische Organisationen gewinnen immer gegen stärker spezialisierte Organisationen. Menschen, die individuell anpassungsfähiger sind, werden immer mehr Erfolg haben als solche, die nur in einem ganz spezifischen Umfeld erfolgreich sein können.

Eines ist sicher: Die Zukunft wird unerwartete Dinge bringen. Wir sollten also damit aufhören, unsere Kinder so zu erziehen, als wüssten wir ganz genau, was sie in 10 oder 20 Jahren brauchen werden. Wir wissen es nämlich nicht.

Kapitel 15: Gemeinsam Risiken eingehen

Wir scheuen uns nicht vor Wagnissen,
weil Dinge schwierig sind. Dinge sind schwierig,
weil wir uns vor Wagnissen scheuen.
Lucius Annaeus Seneca

Als Individuen können wir oft recht gut mit Unsicherheit und Risiken umgehen. Als Gruppen scheitern wir meist vollständig daran.

Die meisten Menschen sind von Natur aus risikoscheu. Im Lauf der Sozialisation wird diese Aversion durch Gruppendruck verstärkt – und am allermeisten durch Bürokratien.

In einer Bürokratie besteht das Ziel darin, seine Position zu sichern oder aufzusteigen. Keinesfalls möchte ein Angestellter in einer Bürokratie etwas tun, das seine Fähigkeit gefährden könnte, seine Position zu verteidigen oder weiter die Karriereleiter hinaufzusteigen. In der Praxis wirkt sich dies so aus, dass Leute, die Risiken eingehen, aus der Beförderungskette eliminiert werden. Hinzu kommt: Da Bürokratien durch Regeln und Prozeduren gekennzeichnet sind, wird jeder Versuch, die Arbeitsabläufe zu verändern, auf Widerstand derjenigen treffen, die einen Anstoß zu Veränderungen als Griff nach der Macht und als potenziellen Anschlag auf ihre Position innerhalb der Hierarchie interpretieren.

Schon Unternehmenshierarchien scheuen Risiken, aber auf staatliche Hierarchien trifft dies noch viel mehr zu. Das führt zu enormer Verschwendung, denn im Gegensatz zu Unternehmenshierarchien neigen staatliche Hierarchien nicht dazu, zu verschwinden oder zu schrumpfen. Sie neigen vielmehr zum Wachstum, auch wenn sie ineffizient sind und ihren ursprünglichen Zweck nicht erfüllen. Wenn ein Unternehmen nicht effizient arbeitet, wird es pleite gehen, weil es im Wettbewerb mit effizienteren Firmen steht. Staatliche Hierarchien genießen dagegen in der Regel ein Monopol. Sie werden Jahr für Jahr finanziert, ob sie ihren Zweck erfüllt haben oder nicht. Jede Person in der Hierarchie versucht, jedes Jahr immer umfangreichere Budgets zu rechtfertigen – ganz unabhängig von der Effektivität. Unter dem Strich haben wir eine Finanzierung, die unseren aktuellen Problemen und Prioritäten nicht entspricht. Das trifft auf jedem staatlichen Niveau zu – von der Stadt über den Bezirk und den Bundesstaat bis hin zu gesamtstaatlichen Institutionen.

In diesem Kapitel möchte ich zunächst erörtern, wie Unternehmen und Nichtregierungsorganisationen (NGOs) die sieben Regeln des Meisterns von Risiken anwenden und effektiver mit Unsicherheit umgehen können. Außerdem werde ich einige Möglichkeiten diskutieren, wie Regierungen und quasi-staatliche Organisationen so ziemlich das gleiche tun können. Zuvor muss ich aber noch einige der Probleme nennen, die mit einer hierarchischen Befehls- und Kontrollstruktur verbunden sind, also mit der am weitesten verbreiteten Organisationsstruktur in Unternehmen und Behörden.

Die Verzerrung der Wahrheit

Wie ich schon mehrmals erwähnt habe, kann es ohne eine klare Auffassung der Realität kein effektives Management von Unsicherheit geben. Man kann in einem unsicheren Umfeld keine Entscheidungen treffen, wenn man den aktuellen Status nicht gut kennt. Hierarchien vernebeln die Wahheit, weil es im besten Interesse jedes Managers liegt, die Realität so angenehm wie möglich darzustellen. Diese Tendenz wird durch jedes Hierarchieniveau multipliziert. Die Leute, die oben sitzen, wissen weit weniger darüber, was wirklich los ist als die Leute am unteren Ende der Hierarchie. Jeder, der für ein großes Unternehmen arbeitet, weiß, dass das wahr ist. Die Unfähigkeit zur Wahrnehmung der Realität durch die Brille einer Hierarchie hindert sowohl Unternehmen als auch Behörden dabei, effektiv mit Risiken umzugehen.

Das Problem ist, dass die Hierarchieebenen einen Effekt multiplizieren, den man umgangssprachlich so beschreibt: „Der Fuchs beobachtet den Hühnerstall." Jeder Manager ist sowohl für das Management seines Zuständigkeitsbereichs als auch dafür verantwortlich, über den Fortschritt und den Status dieses Bereichs zu berichten. Außerhalb des Finanzbereichs gibt es allgemein keine allgemeingültige Richtschnur für die Wahrhaftigkeit solcher Berichte. Es ist schwer, die Wahrheit zu erkennen, wenn man durch eine verzerrende Linse von oben nach unten schaut.

Aus diesem Grund ist der wichtigste Faktor bei der Fähigkeit einer Firma, unter unsicheren Bedingungen zu operieren die Frage, ob sie eine Kultur der Wahrheit pflegt oder nicht. Die am besten geführten Unternehmen haben eine Kultur, die dazu auffordert, die Wahrheit zu sagen, auch wenn diese Wahrheit problematisch ist. In einer mittelgroßen Firma fällt das sehr schwer. Und in einer großen Firma ist es fast unmöglich.

Rigidität

Das zweite große Problem mit Bürokratien ist ihr Mangel an Flexibilität. Die zweite Regel des Meisterns von Risiken besagt, dass man flexibel bleiben muss, aber Bürokratien sind der krasse Gegensatz zu einer flexiblen Organisation. Regeln, Prozeduren und Vorschriften definieren ihre Vorgehensweisen. Bei staatlichen Behörden ist es in der Regel noch schlimmer. Kombinieren Sie Rigidität mit einem Mangel an Wahrheit, und Sie erhalten ein Rezept für die Verschwendung enormer Geldsummen. Leider wird dieses Rezept allgemein befolgt.

Regeln und Prozeduren werden oft angewendet, um einen Mangel an gegenseitigem Vertrauen zwischen dem oberen und dem unteren Management-Niveau zu kompensieren. Ein Beispiel für einen derart rigiden Satz von Regeln ist vielleicht die Prozedur der Stellenbesetzung. Wenn ein Manager auf eher niedrigem Niveau in einer bürokratischen Firma zum Beispiel einen neuen Angestellten engagieren will, benötigt er mitunter die Zustimmung von drei bis vier Managern, die in der Hierarchie oberhalb von ihm angesiedelt sind. Am Beginn dieses Vorgangs muss der Manager, der einen neuen Mitarbeiter einstellen will, zunächst einmal deutlich machen, warum er diesen braucht und muss sich das genehmigen lassen. Diese Genehmigung löst in der Personalabteilung eine Suche nach einem geeigneten Kandidaten aus. Dann ist für das Gehaltspaket der betreffenden Person, die eingestellt werden soll, eine weitere Genehmigung erforderlich. Diese Genehmigungen können auf jedem

Management-Niveau Tage oder sogar Wochen dauern, wodurch sich der Gesamtvorgang eventuell um Monate verzögert.

Auch zur Kompensation eines Mangels an klarer Führung werden rigide Regeln und Prozeduren eingesetzt. Organisationen, die ihren Mitarbeitern vertrauen und ihnen klare Richtungsvorgaben vermitteln brauchen keine strengen Regeln, auch wenn es sich um große Organisationen handelt. Die große Mehrheit der großen und mittelgroßen Organisationen weisen diese beiden entscheidenden Eigenschaften allerdings nicht auf. Sie ersetzen Vertrauen durch Kontrollmaßnahmen und Genehmigungsprozesse. Sie ersetzen eine klare Richtung durch Spezifikationen und formale Prozeduren. Eine gute Führungskraft kann die strategische Ausrichtung einer großen Organisation sehr schnell verändern; innerhalb von Tagen oder Wochen.

Es dauert Jahre, die Ausrichtung einer Bürokratie zu verändern. Das kann zum Desaster führen, wenn die Organisation ernsthafte Verpflichtungen hat, die ein schnelleres Handeln erfordern. Viele Milliarden Dollar können verschwendet werden, wenn eine Bürokratie wächst und wegen ihres Mangels an Flexibilität ihre Ziele nicht erreicht.

Die Restrukturierung einer Firma

Es bleibt also die Frage: Was kann man tun, um die Flexibilität einer Firma zu erhöhen und ihre Fähigkeit zu verbessern, die sieben Regeln des Meisterns von Risiken anzuwenden? Zunächst werde ich einige Möglichkeiten aufzeigen, wie Firmen die Verzerrung der Wahrheit bekämpfen können. Und dann werde ich Möglichkeiten untersuchen, wie Firmen flexibler werden können.

Wenn eine Firma zu guten Reaktionen fähig sein will, muss sie sich zunächst dem Problem der Wahrheitsverzerrung widmen. Große Unternehmen ohne eine traditionelle Kultur, der Wahrheit ins Auge zu sehen, können die Verzerrung der Wahrheit bekämpfen, indem sie ihre internen Kotrollsysteme verändern. In der Regel zeigen die finanziellen Berichtssysteme von Unternehmen ein adäquates und zutreffendes Bild der Ausgaben, aber dabei handelt es sich nur um einen einzelnen Schritt.

Um das Problem zu lösen, sollten wir uns noch einmal den wesentlichen Faktor ansehen, der verhindert, dass in einer Organisation die Wahrheit gesagt wird – die Verzerrung der Wahrheit auf jeder einzelnen Hierarchieebene. Angestellte und Manager scheuen sich oft davor, die Wahrheit so zu beschreiben, wie sie sie sehen, wenn sie der Ansicht sind, dies verschlechtere ihre Aufstiegschancen und könnte sogar zu ihrer Kündigung führen. Die Überwindung dieses Zustands erfordert eine parallele Organisation, die von einer Führungskraft geleitet wird, die direkt an Vorstand und Aufsichtsrat berichtet und die nur eine einzige Aufgabe hat: die adäquate Darstellung des Zustands und der aktuellen Realität.

Eine solche Organisation hätte nur eine einzige Vorschrift: die exakte Verbreitung des aktuellen Zustands von Informationen – finanzieller Status, Projektstatus, Marketingstatus und alles, was mit der Realität und der Position der Firma verglichen mit dieser Realität zu tun hat. Die Stellung jedes Einzelnen in dieser Organisation wäre vom normalen Management nicht betroffen, und daher könnte sich jeder Angestellte sicher fühlen und wissen, dass seine Stellung davon abhängt, ob er ohne hierarchische Hemmnisse akkurate Informationen abliefert.

Aber auch das Schaffen einer parallelen Organisation, die die Realität darstellen muss, wäre nur einer von mehreren Schritten. Ein weiterer wichtiger Faktor, der die Feststellung des tatsächlichen Zustands behindert, ist die Angst vor Sanktionen durch das Management. Angestellte haben Angst, dass sie gefeuert oder bei zukünftigen Beförderungen übergangen werden, wenn sie etwas anderes sagen als ihr Boss. In vielen Firmen ist diese Sichtweise zutreffend. Angestellte zahlen einen Preis dafür, wenn sie ihren Vorgesetzten widersprechen, auch wenn sie dabei die Wahrheit sagen. Dieses Phänomen ist schlecht für die Firma.

Ich kenne keinen einzigen CEO oder Spitzenmanager, der sich wünscht, über schlechte Neuigkeiten falsch informiert zu werden. In der Regel wissen sie alle, dass es besser ist, von schlechten Nachrichten so schnell wie möglich zu erfahren, solange noch Zeit ist, etwas dagegen zu unternehmen.

In den letzten 20 oder 30 Jahren ist immer deutlicher geworden, dass die traditionellen organisatorischen Hierarchien oder Pyramiden nicht besonders gut funktionieren. Projektorientierte Firmen haben mit anderen Systemen experimentiert, zum Beispiel mit *Matrix-Organisiationen*. In einer Matrix-Organisation hat jeder Angestellte zwei Chefs. Einer ist ein Experte für das jeweilige Fachgebiet, der andere managt ein bestimmtes Projekt, an dem der

Angestellte gerade arbeitet. Hinter der Matrix-Methode steckt die Vorstellung, dass sie die Flexibilität einer Organisation erhöht, weil man Mitarbeiter verschiedenen Projekten zuteilen und dennoch die Beziehung zum jeweiligen Chef aufrechterhalten kann, der Experte auf dem betreffenden Arbeitsgebiet ist. Aus diesem Grund weisen Unternehmen mit einer großen Komponente externer Berater wie Accenture, IBM und die meisten Management-Beratungsfirmen oft Matrix-Organisationen auf.

Eine Matrix-Organisation funktioniert folgendermaßen: Stellen Sie sich vor, Sie seien ein technischer Autor, der einem Projekt zugeteilt ist, das in einer Schokoladenriegelfabrik eine neue Produktionslinie einrichten soll. Ihre Aufgabe besteht darin, Gebrauchsanweisungen für alle Maschinen an allen Stationen der Produktionslinie zu schreiben, an denen diese Riegel produziert werden sollen. In diesem Fall berichten Sie an zwei verschiedene Personen. Sie berichten an die Projektmanagerin Mary, die dafür verantwortlich ist, die gesamte Produktionslinie aufzubauen und zum Laufen zu bringen. Sie hat ein Projektteam, zu dem Sie gehören, ebenso wie Mühlenbauer, Ingenieure, die für die Kontrolle der elektronischen Prozesse zuständig sind und chemische Ingenieure.

Da Sie in einer Matrix-Organisation arbeiten, berichten Sie auch an einen erfahreneren Techniker, Mark, der dafür verantwortlich ist, Sie zu unterstützen, Ihnen bei der Auswertung Ihrer Arbeit zu helfen und Sie bei Projekten einzusetzen, die zu Ihren Fähigkeiten und Ihrer Erfahrung passen.

Diese Matrix-Organisation scheint zwar eine Vebesserung gegenüber einer strikten Pyramide zu sein, aber sie weist dennoch einen bedeutenden Mangel auf – man erkennt die Wahrheit nicht. Stellen Sie sich vor, dass die Produktion um einige Wochen verzögert wird, weil die Maschinen wegen Ungenauigkeiten der im Handbuch aufgeführten Vorschriften beschädigt wurden. Das könnte durch fehlerhafte Informationen von den Kontrollingenieuren, die die Maschinen verstehen verursacht worden sein. Oder von den Chemie-Ingenieuren, die wissen, wie die Massenproduktion von Schokoriegeln funktioniert. Oder durch mangelhafte Konzentration auf Details von Ihrer Seite, der Sie die technischen Details dokumentieren soilten.

Für Ihre beiden Chefs wird es schwierig sein herauszufinden, wer das Problem verursacht hat. Für den Manager der betreffenden Fabrik wird es noch schwieriger sein, die Ursache des Problems zu verstehen, weil jeder Beteiligte die Schuld auf andere schiebt. Daher wird das Problem nicht schnell gelöst – wenn überhaupt.

Die Lösung dieses Problems erfordert wiederum ein Überdenken der typischen Unternehmenshierarchie, bei der ein Boss dafür zuständig ist, Mitarbeiter einzustellen und zu entlassen. Es wäre eine bessere Methode, wenn jeder Angestellte drei Ansprechpartner im Management des Unternehmens hätte: Eine Person aus der Personalabteilung, mit der der Angestellte über Vergütungen diskutieren kann und die für Einstellungen und Entlassungen zuständig ist; einen technischen Mentor, einen erfahrenen Mitarbeiter, der die Arbeit des Angestellten beurteilen und ihm bei seiner Weiterentwicklung helfen kann – und einen Projektmanager, der für die tägliche Arbeitszuteilung verantwortlich ist.

Warum ist es wichtig, die Funktion des Einstellens und Entlassens von der Hierarchie und vom Projektmanager zu trennen? Es ist deshalb wichtig, weil die Kenntnis der Wahrheit die wichtigste Voraussetzung für eine reaktionsfähige und flexible Organisation ist. Wenn ein Angesteller Angst davor hat, die Wahrheit zu sagen, dann wird man die Wahrheit kaum erfahren. Das schädigt die gesamte Organisation.

Da viele Unternehmen immer mehr auf die technischen Kenntnisse einzelner Mitarbeiter setzen, die auf Training und Wissen basieren, wird es immer wichtiger, gute Mitarbeiter zu engagieren und im Unternehmen zu halten, um ihre Ausbildung und ihr Wissen nicht zu verlieren. Wenn eine Firma Monate in eine Spezialausbildung investiert, ist es eine große Verschwendung von Geld und Zeit, falls der Angestellte das Unternehmen verlässt. Daher schlage ich vor, die traditionelle „Boss"-Funktion und die Hierarchie in drei Teile zu unterteilen: Da ist zunächst die Rolle der Laufbahngestaltung und der Hierarchie, die heute allgemein *Personalabteilung* genannt wird. Besser gefällt mir allerdings Ann Rhoades Bezeichnung dafür: „Menschenabteilung". Ann prägte diese Bezeichnung, als sie die Menschenabteilung bei Southwest Airlines leitete. Dann ist da die bereichsspezifische Mentor-Funktion, die von einem erfahrenen Technologen, Buchhalter, Maschinisten, Verkäufer etc. eingenommen wird, der wiederum von noch erfahreneren Mentoren betreut wird. Und dann kommt die Rolle des Managements und der Hierarchie, die jemand aus der traditionellen Hierarchie ausfüllt, der dafür verantwortlich ist, die Arbeit zu definieren, die ein Angestellter ausführen muss.

Angestellte in einer Firma mit dieser Art von Struktur würden ihrem Ansprechpartner in der Realitätsorganisation mit weit höherer Wahrscheinlichkeit die Wahrheit sagen. Ihr Manager hätte nicht die Macht, sie zu feuern, weil dies nicht mehr das Vorrecht eines Managers wäre. In dieser neuen Struktur würden Angestellte von ihrem Berater aus der *Menschenabteilung* und von ihrem *Mentor* dazu ermutigt werden, die Wahrheit zu sagen; vor allem, wenn es sich um schlechte Nachrichten handelt, denn dies wäre die Funktion der jeweiligen Hierarchie.

In einer Organisation dieser Art gibt es statt der traditionellen Kommandostruktur und der Hierarchie diese Ebenen:

Management. Es trifft Entscheidungen darüber, was getan wird, es setzt Prioritäten, definiert die Arbeit für die Angestellten, berichtet den aktuellen Status an diejenigen, die für die Gewährleistung von Genauigkeit zuständig sind, schlägt neue Projekte vor und implementiert sie, wofür es von der *Menschenabteilung* neue Angestellte zugeteilt bekommt.

Menschenabteilung. Sie sucht Angestellte aus, die zum Unternehmen passen und stellt sie ein. Sie arbeitet mit dem Management zusammen, um Jobs bei neuen Projekten an alte und neue Mitarbeiter zu vergeben. Sie schätzt die Zufriedenheit der Angestellten mit ihrer Beschäftigung und deren Performance aus interaktiver Sicht ein. Sie entlässt Mitarbeiter, die sich als inkompetent erweisen oder nicht zur Kultur des Unternehmens passen.

Mentoren. Sie entscheiden, wer bei Projekten für welche Aufgaben geeignet ist, setzen Trainingsziele und Zeitrahmen, schlagen dem Management neue Projekte vor, arbeiten mit der *Menschenabteilung* zusammen, um die Zufriedenheit der Angestellten zu sichern, indem dafür gesorgt wird, dass diese Arbeiten durchführen, die sie genügend fordern. Sie sorgen auch dafür, dass Mitarbeiter nicht überfordert werden, ohne Hilfe zu erhalten. Sie schätzen die technische Qualität der Arbeit der Angestellten ein und berichten an die *Menschenabteilung* und an die *Realitätsorganisation.*

Wenn man aus einer vorhandenen Hierarchie vier verschiedene macht, dann sieht das so aus, als würde man dafür eine Menge zusätzlicher Leute benötigen, aber in den meisten Firmen könnte man diese Abteilungen mit bereits vorhandenen Mitarbeitern besetzen, ohne die Arbeit zu unterbrechen. In den meisten Unternehmen würden Abteilungen wie Rechnungsprüfung und

Qualitätssicherung natürlicherweise der *Realitätsorganisation* zufallen. Die meisten Personalabteilungen würden wahrscheinlich in der *Menschenabteilung* aufgehen. Die Mentoren gibt es in der Regel bereits; die Schaffung einer eigenen Abteilung würde also beinhalten, sich jedes Management-Niveau anzusehen und dann Leute zu finden, die die Mitarbeiter ohnehin schon um Rat fragen. Diese sind die natürlichen Mentoren, die man in die *Mentoren-*Hierarchie aufnehmen sollte.

Diese Methode erhöht die Wahrscheinlichkeit deutlich, dass das obere Management die Wahrheit über den Status und die Ausrichtung der Firma erfährt. Und sie macht die Firma auch wesentlich flexibler.

Die Restrukturierung staatlicher Behörden

Behörden sind die unflexibelste Organisationsform, die wir haben. Bei Unternehmen können Ineffizienzen der operativen Methoden *möglicherweise* zu einem Absturz des Aktienkurses und zu einer entsprechenden Veränderung des Managements führen. Bei Behörden gibt es keinen derart objektiven Maßstab für Erfolg und Misserfolg. Noch lange nachdem der Daseinszweck einer Regierungsagentur oder einer vergleichbaren Abteilung nicht mehr gegeben ist, existiert sie weiter, wächst und zehrt vom Volksvermögen.

Behörden werden zusätzlich durch die gesetzgeberische Funktion des Kongresses verkompliziert. Diese Gesetzgeber fügen eine weitere Schicht der Inflexibilität hinzu. Das ausführende Dezernat wird in seiner Tätigkeit durch Gesetze eingeschränkt, die vom legislativen Dezernat erlassen werden. Die Gesetzgeber kontrollieren zudem über die Budgets die Prioritäten. Und schließlich fügen sie auch eine weitere Schicht der Risikoaversion hinzu.

Die Kombination aus Bürokratie und der zusätzlichen Schicht der Richtungslosigkeit durch den Kongress macht staatliche Behörden zur am wenigsten innovativen, langsamsten und am wenigsten produktiven Art, in einer Gruppe zusammenzuarbeiten. Die Erkenntnis dieser Tatsache war in den letzten Jahren einer der wichtigsten Faktoren beim Trend zum Outsourcing von behördlichen Aufgaben.

Risiken bei entscheidenden Herausforderungen

Leider gibt es einige Aufgaben, die einfach zu groß sind, als dass sie Unternehmen oder Gruppen von Menschen für sich allein anpacken könnten. Außerdem gibt es einige Gebiete, auf denen die Regierung der bestmögliche Akteur ist, sei es wegen Budgetbeschränkungen oder weil die Gewinnorientierung von Unternehmen zu kurzsichtig ist.

Dennoch gibt es einige Aufgaben der Regierung, die anders angegangen werden müssen als es bislang üblich ist. Dies sind die entscheidenden Herausforderungen, denen wir uns als Gesellschaft stellen müssen: Die Bildung aller unserer Kinder, die Entwicklung sauberer Energietechnologien, die Abschaffung der Armut und die Verbesserung unserer Transport-Infrastruktur. Jede dieser Herausforderungen ist aus verschiedenen Gründen wichtig, aber eine Eigenschaft haben sie gemeinsam: Bislang sind unsere Bemühungen gescheitert, sie zu meistern. Und zwar vollständig.

Der Hauptgrund dieses Scheiterns ist meiner Meinung nach unser Umgang mit Risiken. Wir haben Bürokratien geschaffen, die sich vor Risiken und vor der Gefahr des Scheiterns scheuen und ihnen Herausforderungen aufgebürdet, von denen wir nicht wissen, wie wir sie meistern sollen. Unsere Bürokratien suchen vergebens nach dem einzig wahren, sicheren Weg zum Erfolg.

Da wir nicht wissen, wie wir dieses Problem lösen sollen, müssen wir viele Experimente durchführen. Wir sollten viele verschiedene Methoden ausprobieren.

Wir sollten die gleichen vier Prinzipien anwenden, die Alfred Sloan bei General Motors in den Jahren des starken Wachstums geleitet haben.

Experimentieren. Viele Methoden ausprobieren, nicht nur eine oder zwei.

Differenzieren. Sehr unterschiedliche Methoden ausprobieren.

Adaptieren. Von dem Lernen, was funktioniert, und wenn man Erfolg hat, die Strategie weiterhin verändern und adaptieren.

Organisch organisieren. Dafür sorgen, dass die eigenen Pläne die Tatsache berücksichtigen, dass die Zukunft etwas bringen wird, das man nicht antizipieren kann.

Kein Kind wird zurückgelassen

Wie können wir das auf gesamtstaatlichem Niveau schaffen? Zunächst sollten wir uns die falsche Methode ansehen. Das Bildungsministerium mit dem No Child Left Begind Act (NCLB) ist ein gutes Beispiel. Es handelt sich um ein großartiges Beispiel dafür, wie eine gute Absicht auf eine zentralisierte Bürokratie trifft. Ich bin kein Politikbesessener; ich habe mich nicht jahrelang mit Bildungspolitik beschäftigt, und daher kenne ich nicht alle Einzelheiten des Kampfes zwischen den verschiedenen politischen Fraktionen und des jüngsten Aufkommens der Bildungsreform, die auf Standardisierung basiert. Aber ich weiß einiges über das Scheitern unseres Bildungssystems. Ich habe mit Menschen gesprochen, die in der Bildung und in der Verwaltung tätig sind, als ich für das Buch recherchierte, das diesem hier folgen wird. Zudem komme ich aus einer Familie von Erziehern. Fünf meiner Onkel und Tanten waren Lehrer. Einer meiner Onkel hat über 30 Jahre lang in Ghettoschulen unterrichtet. Und ich habe mit ihnen über die Gründe des Scheiterns unseres Bildungssystems gesprochen.

Außerdem half ich bei der Durchführung nachschulischen Leseunterrichts an einer Ghettoschule in einem der schlimmsten Schulbezirke der USA, in der Stadt Charlotte Amalie auf den amerikanischen Virgin Islands. Ich sah mit eigenen Augen, wie begierig die Kinder auf das Lernen waren. Und ich sah, dass es die Erwachsenen waren, die sie im Stich ließen.

Was NCLB betrifft, bin ich also ein gebildeter Außenseiter. Ich untersuche das Gesetz darauf hin, wie gut es funktioniert und wie gut es den sieben Regeln des Meisterns von Risiken entspricht. Und wie schon erwähnt, versagt es. Beim Bildungsministerium finde ich die gleichen Probleme, wie sie für jede von oben nach unten ausgerichtete Hierarchie typisch sind: Gute Absichten und ein Mangel an Verständnis, wie sich die Direktiven auf diejenigen auswirken, die sie tatsächlich umsetzen. Das Management hat den Kontakt zu den Bodentruppen verloren.

Die Grundprämisse des Gesetzes ist gut: Durch die Messung der Fortschritte von Schülern sollte es möglich sein, die Effektivität der Lehrer und des Schulsystems auszuwerten. Das ist ein Beispiel für eine Bildungsreform, die auf Standardisierung basiert. NCLB spezifiziert keine bestimmten Standards für jeden einzelnen Staat – weil Bildung nach Artikel X der amerikanischen Verfassung in die Zuständigkeit der Bundesstaaten fällt –, aber es schreibt vor, dass jeder Staat seine eigenen Standards entwickeln muss. Zudem muss jedes Kind etwa einmal jährlich einen Test in Lesen, Naturwissenschaften und Mathematik absolvieren. Das beginnt in der dritten Klasse und setzt sich in der Mittelstufe fort. In der Highschool findet nur ein solcher Test statt. Es gibt viele Befürworter und Gegner des Gesetzes, aber ich will mich hier nicht mit den traditionellen Argumenten dafür oder dagegen beschäftigen. Ich betrachte lieber, warum es dem Sloan-Modell nicht entspricht.

Keine Experimente. Zunächst ist das Gesetz zu spezifisch. Zwar wird die Verfassung respektiert, indem man die Einzelheiten der Tests den einzelnen Staaten überlässt, aber es schreibt zu viel vor, und es stehen so viele finanzielle Zuwendungen der Bundesregierung auf dem Spiel, dass die Staaten keine andere Wahl haben als sich nach den Vorschriften zu richten. Das ist ein Problem, weil es die Staaten *davon abhält*, mit Methoden *zu experimentieren*, die vielleicht viel besser funktionieren. Ist es eine gute Idee, Drittklässler zu testen? Unter dem NCLB-Gesetz werden wir das nicht herausfinden, weil alle Staaten die Drittklässler testen müssen.

Keine Differenzierung. Das Gesetz fördert keine Differenzierung. Für einen Staat ist es viel einfacher, Standards zu übernehmen, die denen anderer Staaten ähneln als radikal andere Standards zu entwickeln.

Keine Adaptation. Das Gesetz schränkt zu sehr ein. Die Staaten dürfen nicht abweichen und ihre eigenen Programme je nach Erfolg oder Misserfolg verändern. Die Tests sind vorgegeben. Die Staaten können die Tests selbst oder die Standards verändern, nicht aber die Idee einer Bildung, die auf Tests beruht oder die Häufigkeit der Tests.

Keine organische Organisation. Die von oben nach unten ausgerichtete Struktur eines staatlichen Mandats ist das exakte Gegenteil einer organischen, von unten nach oben ausgerichteten Struktur. Eine organische Organisation würde mit den Sichtweisen der Lehrer und der Schüler beginnen, nicht mit der Sichtweise der Gesetzgeber.

Ein besseres Gesetz

Wie könnte man also ein Programm wie NCLB restrukturieren, um es flexibel und organisch zu machen? Wie können wir unsere Chancen stark erhöhen, die Ausbildung unserer Kinder bedeutend zu verbessern? Wie können wir den Sloan-Prozess auf das Bildungsministerium anwenden?

Zunächst einmal müssen wir anerkennen, dass die Grundidee einer auf Standardisierung basierenden Ausbildung ihre positiven Aspekte hat. Es handelt sich um einen Versuch, die Realität so zu bestimmen, dass man Fortschritte beurteilen und in den verschiedenen Schulen miteinander vergleichen kann, um festzustellen, welche gut, welche mittelmäßig und welche schlecht abschneiden. Es gibt den Spruch, dass man nichts reparieren kann, wenn man nicht weiß, warum es kaputt ist. Die Tests des NCLB sind ein Versuch, wirklich reale Daten zu sammeln.

Das Programm versagt aus verschiedenen Gründen, so wie ein ähnliches Programm in der Welt der Unternehmen versagen würde. In einer Hierarchie kommt die Wahrheit nicht ans Licht. Lehrer manipulieren Ergebnisse, um besser dazustehen. In vielen Schulen lehren die Lehrer das, von dem sie annehmen, dass es im Test vorkommen wird, und ansonsten nicht viel anderes. Auch die Schulbezirke manipulieren die Ergebnisse. Und wenn das nicht funktioniert, so haben einige Staaten zugegeben, dann senken sie ihre Standards, damit sie Verbesserungen vorweisen können, obwohl es keine solchen Verbesserungen gibt.

Die Rolle der Bundesregierung

Der beste Weg zur Förderung von Experimentierfreude, Differenzierung, Adaptation und organischer Organisation besteht darin, die Regeln auf einem sehr hohen Niveau festzulegen und Hilfe anzubieten, sich dann aber zurückzuziehen. Die Bundesregierung mischt sich zu sehr in die Belange der einzelnen Staaten ein.

Die Bundesbehörden sollten Bildung wie einen jährlichen Wettbewerb gestalten, wobei das Ziel in der relativen Verbesserung besteht – jedes Jahr besser werden. Sie sollten die Tests selbst verwalten, aber auf der Basis zufälliger Stichproben. Das ähnelt dem Vorschlag, innerhalb einer Firma eine Abteilung aufzubauen, die dafür zuständig ist, die Wahrheit zu ermitteln. Da die Bundesregierung von den Behörden der einzelnen Staaten getrennt ist, haben bundesstaatliche Prüfer keinen Anreiz, die Ergebnisse zu verfälschen. Daher sollte man den Einzelstaaten erlauben, nach eigenem Belieben Programme und Lehrpläne zu entwickeln, mit dem Wissen, dass die Bundesbehörden einzelne Klassen und Schulen in den verschiedenen Bezirken testen werden. In Problemregionen könnten häufigere Tests durchgeführt werden.

Da man die Klassen zufallsbedingt und mit einem unbekannten Test prüft, gibt es für die Lehrer keinen Anreiz mehr, gezielt im Hinblick auf einen bestimmten Test zu unterrichten. Sie können sich darauf konzentrieren, einen ausgewogeneren Lehrplan zu unterrichten. Die zufälligen Prüfungen würden auch subjektivere Testkriterien ermöglichen, weil für den Test jedes einzelnen Schülers viel mehr Zeit bliebe. NCLB testet jedes Kind. Eine Zufallsstichprobe von jeweils einem aus 20 Kindern wäre mehr als genug, um ein statistisch genaues Bild von der Leistung einer Schule zu gewährleisten. Man könnte die finanziellen Mittel für die Tests um 75 Prozent kürzen und hätte dennoch fünf Mal so viel Zeit für die Prüfung eines per Zufall ausgewählten Schülers.

Jedes Kind zu testen ist eine Verschwendung von Zeit und Geld, das man besser anderweitig ausgeben könnte. Die Zufallstests sind eine viel effizientere Nutzung von Zeit und Geld.

Diese Art des Testens würde auch verschiedene Versionen von Tests für die jüngeren Schülerjahrgänge ermöglichen. Es ist nicht vernünftig zu erwarten, dass alle Drittklässler standardisierte Multiple-Choice-Tests absolvieren können. Stattdessen sollte die Bundesregierung alternative Methoden untersuchen, mit denen man die Fähigkeit der Kinder ermitteln kann, bestimmte Leistungen zu erbringen, und die nicht so einschüchternd sind und zudem keine speziellen Fähigkeiten erfordern, an Prüfungen teilzunehmen. Ein Beispiel: Statt die Lesefähigkeit eines Drittklässlers anhand eines am Computer entworfenen standardisierten Tests zu ermitteln, könnten die Prüfer das Können des Schülers mit Methoden testen, die verbale Fragen und Antworten beinhalten.

Letztlich würde also die Bundesregierung die Verantwortung dafür übernehmen, dass jeder einzelne Staat einen standardisierten Satz von Tests verwendet. Das würde einen wirklich objektiven Vergleich zwischen den Staaten ermöglichen. Derzeit verwendet jeder Staat unterschiedliche Tests, und deshalb ist es viel schwieriger, in den unteren Jahrgangsstufen die Bildungsfortschritte in den einzelnen Staaten miteinander zu vergleichen. Wir sind gezwungen, dazu die College-Aufnahmeprüfungen zu verwenden, die im ganzen Land standardisiert sind, in der Regel aber nur in der 11. Jahrgangsstufe durchgeführt werden. Das ist sehr spät in der Schullaufbahn; zu spät, um Lerndefizite von Schülern auszugleichen, die gern ein College besucht hätten.

In dieser von mir vorgeschlagenen neuen Funktion wäre das Bildungsministerium für die Erstellung von Statistiken zuständig, die es den Eltern ermöglichen, die relative Performance jedes einzelnen Staats zu beurteilen. Die Staaten wiederum wären von der Last befreit, ihre eigenen standardisierten Tests und die damit verbundenen Programme zu entwickeln und zu verwalten. Sie könnten mehr experimentieren oder jedem einzelnen Schulbezirk mehr Experimente ermöglichen. Der einzelne Staat könnte sogar eine analoge Rolle zur Rolle des Bundes innerhalb der Staaten einnehmen und zufällige Tests von Schülern in den einzelnen Bezirken durchführen, um die Performance jedes Bezirks zu ermitteln.

Dieses Beispiel könnte man auf fast jedes Gebiet staatlichen Einflusses übertragen, weil fast alle staatlichen Behörden nicht experimentieren, differenzieren, adaptieren oder organisch organisieren. Sie bestehen den Sloan-Test nicht. Der rigide staatliche Einfluss, der in den 1930er- und 1940er-Jahren funktioniert hat, funktioniert heute nicht mehr. Unsere Regierung muss Schritt halten mit den Veränderungen des globalen geschäftlichen Umfelds und muss in der Lage sein, rechtzeitig zu reagieren, um ökonomische und ökologische Krisen abzuwenden, die mit dem Rückgang der Ölförderung, der Erderwärmung und dem zunehmenden Wassermangel zu tun haben.

Die monolithischen, von oben nach unten ausgerichteten Hierarchien, die es bei Behörden immer noch gibt, die aber in erfolgreichen Unternehmen größtenteils ausgemerzt worden sind, müssen verschwinden. An ihrer Stelle sollten wir organischere Strukturen einrichten. Unsere Herausforderung als Bürger in den nächsten Jahren und Jahrzehnten wird darin bestehen, staatliche Behörden flexibler zu machen. Unser Erfolg als Nation und sogar als biologische Art könnte davon abhängen.

Kapitel 16: Aus dem Flugzeug springen

Würden wir auf unseren Intellekt hören,
dann hätten wir niemals eine Liebesaffäre.
Wie hätten niemals so etwas wie Freundschaft.
Wir würden uns nie im Geschäftsleben engagieren, weil wir
zu zynisch wären. Nun, das ist Unsinn ... man muss
ständig von Klippen herunterspringen und auf dem Weg
nach unten seine Schwingen ausbreiten.
Annie Dillard

In diesem Kapitel zeige ich Ihnen einige spezielle Schritte auf, wie Sie Ihr Leben den sieben Regeln des Meisterns von Risiken anpassen können. Wenn Sie sich die Überschrift des Kapitels ansehen, denken Sie vielleicht, dass ich stets dazu rate, größere Risiken einzugehen.

Das trifft nur in manchen Fällen zu. Es gibt viele Gelegenheiten, bei denen Anleger, vor allem solche, die sich dem Rentenalter nähern, bei weitem zu große Risiken eingehen, weil sie die mit ihren Investitionen verbundenen Risiken nicht verstehen. In den vergangenen Jahren wurde es offensichtlich, dass sich sogar professionelle Investoren der Risiken größtenteils nicht bewusst waren, die in ihren Kapitalanlagen steckten. Denken Sie nur an all die Pleiten und das Scheitern von Hedge-Fonds, die in amerikanische hypothekengesicherte Wertpapiere (Mortgage Backed Securities) investiert hatten, die am Ende beinahe wertlos waren.

Risiken im realen Leben

Als Turtle Trader wandte ich eine Technik an, die als *Trendfolge* bekannt ist. Letztlich ging es dabei darum, sich Marktdaten anzusehen und zu entscheiden, ob sich ein bestimmter Markt nach oben, seitwärts oder nach unten entwickelt. Die Sichtweise, die ich aus dieser Technik lernte, hat mich dazu veranlasst, das Leben und die jüngere Geschichte durch die gleiche Brille zu sehen. Ich betrachte ständig die Welt und beobachte die größeren Trends: Was bewegt sich, was bleibt gleich, und was war früher immer gleich und bewegt sich nun zum ersten Mal? Die letztgenannten Tendenzen sind die neuen Trends, die gefährlichen Trends. Manchmal handelt es sich nur um kulturelle Verschiebungen, manchmal um veritable Umwälzungen.

In den letzten vier oder fünf Jahrzehnten gab es mehrere bedeutende Trends, die Risiken auftauchen ließen, mit denen die Menschen nicht gerechnet hatten: Das Outsourcing von Fabriken mit den damit verbundenen Entlassungen im industriellen Sektor, die Globalisierung großer Unternehmen mit dem entsprechenden Outsourcing „sichererer" Jobs in der Hochtechnologie und im Service, zum Beispiel im IT-Consulting und in Callcenters sowie die vollständige Dominanz der „großen" Geschäfte über die kleineren „Tante-Emma-Läden".

Jeder dieser Trends fing klein an, wurde aber bald zur dominierenden Kraft in den jeweiligen Branchen. Jeder dieser Trends wirkte sich auf zahlreiche Menschen aus, die gedacht hatten, sie seien in Sicherheit, später aber lernen mussten, dass Veränderungen unsere Annahmen darüber, was riskant und was nicht riskant ist, im Kern erschüttern können.

Denken Sie an die Leute, die in den 1950er- und 1960er-Jahren Jobs in Fabriken annahmen, wo die Gewerkschaften großen Einfluss ausübten. Man hielt das für einen sicheren und verlässlichen Weg, das Einkommen seiner Familie zu sichern. In den 1970er-Jahren aber, als sich die USA mit härterer Konkurrenz aus Übersee konfrontiert sahen, mussten viele amerikanische Automobil-, Stahl- und andere Fabriken in den Städten des sogenannten „Rostgürtels" schließen, und viele Fabrikanten sahen sich mit der Pleite konfrontiert. Daher wurden viele, die 20 bis 30 Jahre lang in einer Fabrik gearbeitet hatten, plötzlich entlassen und sahen sich mit Arbeitslosigkeit konfrontiert, was sie 10 oder 15 Jahre zuvor noch für völlig unmöglich gehalten hatten.

Gleichzeitig verlegten viele amerikanische Industrieunternehmen ihre Fabriken von des Städten des Nordens in den ländlichen Süden. Dort fanden sie Arbeiter, die für ein Drittel oder die Hälfte der Löhne arbeiteten, die ihre Kollegen aus dem Norden verlangten. Zweifellos dachten die Arbeiter in diesen neuen Fabriken, sie hätten sichere, zuverlässige Jobs gefunden, aber viele von ihnen täuschten sich. Nach der Unterzeichnung des NAFTA-Abkommens wurde es profitabler für amerikanische Unternehmen, Fabriken mit hohen Personalkosten direkt hinter die Grenze in wachsende mexikanische Städte wie Tijuana, Juarez, Nuevo Laredo und Matamoros zu verlegen. Daher wurden viele relativ neue Fabriken im Süden der USA schon nach 10 oder 15 Jahren wieder geschlossen, als es für Unternehmen profitabel wurde, dies zu tun.

In den 1980er- und 1990er-Jahren bereiteten sich viele amerikanische Schüler auf Jobs im Technologieberich und im mittleren Management größerer Unternehmen vor. Dies schienen die Jobs der Zukunft zu sein. Unternehmen, die die Arbeitsmärkte studierten, sagten voraus, es werde enorme Personaldefizite in der Informationsverarbeitung und in damit verbundenen Bereichen geben. Dann kam das Internet.

Jetzt war es möglich, englischsprachige Angestellte in Indien zu engagieren, die bereit waren, für ein Sechstel oder ein Achtel der amerikanischen Gehälter zu arbeiten. Arbeitgeber stellten oft fest, dass die Qualität der in Indien durchgeführten Arbeiten besser war als die der amerikanischen Mitarbeiter.

Die wirklich wichtigen Veränderungen kamen dann in den Jahren vor dem Jahr 2000, als man den Code vieler älterer Computersysteme aktualisieren musste, um das Bedürfnis erfüllen zu können, Jahreszahlen in vier statt in zwei Ziffern auszudrücken, was 40 Jahre lang funktioniert hatte. Man nannte dies das *Jahr-2000-* oder das *Y2K-Problem.* Die enorme Menge der erforderlichen Veränderungen veranlasste viele Firmen dazu, einen signifikanten Teil der Arbeit nach Indien auszulagern, was den Beginn der wahren Globalisierung im IT-Bereich markierte.

Nachdem sich die indische Y2K-Arbeit bei vielen Firmen gut bewährt hatte, begannen diese nach weiteren Möglichkeiten zu suchen, Geld zu sparen, indem sie amerikanische Jobs zu geringeren Gehältern auslagerten. Schon bald wurden Jobs in Callcentern im Mittleren Westen durch Jobs in Bangalore, Hyderabad, Mumbai oder Chandigarh ersetzt. Das bedeutete, dass die relativ neuen Callcenter-Firmen im Mittleren Westen in Gefahr waren.

Jeder dieser Trends hat Umwälzungen verursacht, die die in unserer modernen, globalen Welt inhärenten Risiken aufzeigten. Veränderung ist die einzige Konstante.

Apokalypse an der Wall Street

Gerade jetzt, da ich dieses Kapitel schreibe, liegt die Wall Street in Trümmern. In den letzten paar Wochen hat Lehman Brothers, eine der wenigen verbliebenen Investmentbanken, Insolvenz angemeldet, und Merrill Lynch hat sich an die Bank of America verkauft, um diesem Schicksal zu entgehen. AIG, das größte Versicherungsunternehmen der Welt, hat einen großen Teil seiner Aktien an die US-Regierung verkauft. Fannie Mae und Freddie Mac, die beiden größten amerikanischen Hypothekenbanken, sind verstaatlicht worden. Der amerikanische Aktienmarkt hat den stärksten Kursverlust innerhalb eines Tages in seiner Geschichte erlebt, und erst in dieser Woche sind erneut zwei Banken pleitegegangen – Washington Mutual und Wachovia. Und diese Entwicklung ist noch längst nicht beendet.

Die vollen Auswirkungen der vermischten Verpflichtungen der großen Banken und Versicherungsunternehmen mit den komplizierten und stark gehebelten Derivaten, die sie untereinander gekauft und verkauft haben, werden wir wahrscheinlich erst in einigen Jahren oder Jahrzehnten kennen.

Dieses Chaos macht zwei Probleme offensichtlich. Erstens können Sie nicht sicher sein, dass Ihre Annahmen darüber korrekt sind, was riskant und was sicher ist. Zweitens kann man sich nicht auf die sogenannten Ratings verlassen, die Unternehmen wie Moody's und S&P vergeben, um das Risikoniveau eines Investments zu definieren. Für einen Privatanleger oder eine Familie, die für den Ruhestand oder für die Finanzierung der College-Ausbildung investieren, ist die Zukunft somit noch weniger prognostizierbar geworden.

Es gibt keine „sichere" Strategie mehr. Man kann sich auf nichts mehr verlassen. Sogar Angestellte im öffentlichen Dienst sehen ihre Positionen dahinschmelzen, weil die Immobilienpreise sinken, was zu einem Rückgang der Grundsteuereinnahmen führt, die ihre Jobs finanzieren.

Die heutige Welt ist ein wenig so, als springe man aus einem Flugzeug. Vielleicht haben Sie schreckliche Angst, solange Sie noch im Flugzeug sitzen, aber wenn Sie erst einmal draußen sind, beginnt ihr Geist sich auf etwas anderes zu konzentrieren. Sie bewegen sich sehr schnell auf den Erdboden zu. Keine Entscheidung zu treffen ist keine Option mehr. Sie müssen *etwas tun* – und zwar schnell.

Wenn sich die Welt schnell bewegt und Veränderungen immer rascher erfolgen, ist es keine sichere Option mehr, entweder gar keine oder aber die traditionellen, konservativen Entscheidungen zu treffen. Ob Sie wollen oder nicht, Sie müssen die sieben Regeln des Meisterns von Risiken auf Ihr persönliches Leben anwenden. Nicht nur das: Wenn es keine wirklich „sicheren" Optionen mehr gibt, dann können Sie in Ihrer beruflichen Laufbahn vielleicht sogar ein wenig Spaß haben.

Für den Einzelnen als Angestellter oder Investor ist das Niveau der Unsicherheit im heutigen geschäftlichen und sozialen Umfeld höher als je zuvor. In der Tat leben wir in einer Zeit immer größerer Unsicherheit. Was kann der Einzelne tun, um mit diesen stark gestiegenen Risiken umzugehen? Im nächsten Abschnitt werde ich einige praktische Schritte erörtern, die Sie ergreifen können, um Ihr Leben in diesen verrückten Zeiten zu managen. Insbesondere werde ich die drei Regeln diskutieren, mit denen Menschen anscheinend die größten Schwierigkeiten haben: Die Überwindung der Furcht, die Bewahrung der Flexibilität und die Konzentration auf Entscheidungen statt auf Ergebnisse.

Überwinden Sie Ihre Furcht

Viele Menschen lassen andere ihre Entscheidungen treffen, weil sie Angst vor „falschen" Entscheidungen haben. Sie überlassen die Wahl ihrer beruflichen Laufbahn ihren Eltern oder ihren Beratern. Sie überlassen ihre Investment-Entscheidungen einem als „Experten" eingeschätzen Manager; vielleicht handelt es sich dabei nur um einen Verkäufer in der Bank, der sie zufällig zu einem bestimmten Deal überredet hat.

Überlassen Sie wichtige Entscheidungen nicht anderen Menschen. Diese sind vielleicht weniger kompetent als Sie glauben. Nach meiner Erfahrung haben 95 Prozent aller „Profis" im Investmentgeschäft keine Ahnung davon, was sie tun. Bestenfalls raten sie, und im schlimmsten Fall versuchen sie eine Zukunft vorherzusagen, die sich nicht vorhersagen lässt. Legen Sie Ihre

Zukunft nicht in deren Hände. Die meisten von ihnen sind einfach Verkäufer, die versuchen, Ihnen Finanzprodukte anzudrehen, für die sie und ihre Firma eine Vermittlungsgebühr oder eine Kommission erhalten. Das können Sie besser.

Wenn Sie nicht genug wissen, um diese Entscheidungen selbst zu treffen, dann beginnen Sie zu lernen. Das meiste von dem, was kompliziert zu sein scheint, ist nur ein Jargon und eine Terminologie, die Sie selbst meistern können, wenn Sie sie anwenden. Zumindest sollten Sie genug lernen, um eine gute von einer idiotischen Beratung unterscheiden zu können. Ihr Job und Ihr Geld stehen auf dem Spiel. Daher dürfen Sie entscheidende Verantwortung nicht an andere Leute delegieren, die vielleicht weniger qualifiziert sind, als Sie denken, nur weil Sie Angst davor haben, wie ein Narr dazustehen.

Viele Menschen folgen nicht ihren Träumen. Sie bewahren diese Träume für sicherere Zeiten auf. Und so haben sie nach zehn oder 20 Jahren immer noch nicht die Firma gegründet, die ihnen vorschwebt und haben immer noch nicht den Beruf, den sie sich wünschen. Sie lassen sich durch Ratschläge anderer überzeugen, auf den richtigen Zeitpunkt für eine berufliche Veränderung oder die Gründung ihrer Firma zu warten.

Haben Sie keine Angst. Sie können das schaffen.

Immer mehr Menschen verfolgen ihre eigene Karriere, weil dies nach einer größeren Entlassungswelle ihre einzige Option ist. Sie könnten sich ebenfalls vorbereiten; dann können Sie, falls Ihnen das passiert, auf einem Gebiet selbstständig sein, auf dem Sie sich auskennen und dies genießen.

Sie können dies vielleicht nicht auf die luxuriöse Art machen, aber es gibt viele Möglichkeiten, eine neue Laufbahn einzuschlagen; nicht nur diejenigen, die viel Geld kosten. Wenn Sie etwas wirklich tun wollen, dann müssen Sie die Angst vor dem Scheitern überwinden. Meiner Meinung nach erreicht man das am besten, indem man einige Male scheitert. So erfährt man, dass Scheitern gar nicht so schrecklich ist. Aus jedem Scheitern lernt man und ist dann besser auf den zukünftigen Erfolg vorbereitet.

Bleiben Sie flexibel

Im Kontext des Managements persönlicher Risiken gibt es zwei Komponenten: Sie müssen verschiedene Fähigkeiten haben, damit Sie problemlos einen anderen Job finden, wenn der andere Job oder ein geschäftliches Wagnis nicht funktionieren; und Sie müssen die Investitionen flexibel gestalten, indem sie diversifiziert und einige Liquidität bereithalten.

Die besten Ingenieure im Silicon Valley sind ein ein gutes Modell dafür, wie man, was die berufliche Qualifikation betrifft, flexibel bleibt. Sie probieren ständig neue Technologien aus, arbeiten an Nebenprojekten und halten ihre Qualifikation auf dem neuesten Stand. Sie wissen, dass das Startup-Umfeld im Valley notorisch volatil ist, und dass sie schon in kurzer Zeit ihren Job verlieren könnten. Aber sie wissen auch, dass es immer Jobs für kluge Leute geben wird, die aktuelle Erfahrungen mit den neuesten Technologien haben. Daher bleiben sie immer auf dem neuesten Stand, weil sie wissen, dass sie sogar in einem schwierigen Arbeitsmarkt gut abschneiden werden.

> Meiner Meinung nach kann man von keiner Art des Risikomanagements erwarten, dass sie immer funktioniert, dass sie das Kapital also bei jedem denkbaren Ereignis schützt. Wie Rich uns schon vor vielen Jahren gesagt hat, muss man von Zeit zu Zeit ein wenig Geld aus dem Spiel nehmen. Kurzfristige Staatsanleihen, Gold, Diamanten und Immobilien (?) gehören zu den Assets, die Ihren Wert behalten könnten, wenn wirklich die Hölle losbricht.
>
> *Jerry Parker*

Flexible Investitionen sind solche, die mit einer Komponente liquider Assets diversifiziert sind. Einfach ausgedrückt ist Diversifizierung nur ein anderer Ausdruck für: „Lege nicht alle Eier in einen Korb." Die Vorhaltung von Liquidität bedeutet, dass man einige Investitionen in Assets hält, die man schnell zu Geld machen kann. Ein Haus ist kein liquides Asset, aber ein Geldmarkt- oder ein Aktienfonds ist eines. Mit liquiden Assets können Sie die Rechnungen des folgenden Monats bezahlen, aber nicht mit Ihrem Haus.

Ein Investment wie ein Haus kann tatsächlich ein großer Mühlstein um den Hals sein, wenn man seinen Job verliert. Sie müssen immer noch Ihre Hypothekenzinsen bezahlen, Sie werden das Haus vermieten oder verkaufen müssen, wenn Sie in der näheren Umgebung keine Arbeit finden und daher umziehen müssen. Der Verkauf eines Hauses in einem ungünstigen Immobilienmarkt kann ein Jahr oder noch länger dauern.

Das größte Problem der meisten Nicht-Profis ist meiner Meinung nach der Mangel an ausreichender Diversifizierung. Sie stecken einen zu großen Teil ihres Nettovermögens in ein oder zwei Investments. Wenn jemand ein Haus besitzt, dann kann dieses Haus 80 bis 90 Prozent des Nettovermögens repräsentieren. Das macht Menschen sehr anfällig für einen Preisverfall am Immobilienmarkt. Andere haben vielleicht ihr gesamtes Vermögen über ein von der Firma gefördertes 401(k)-Programm in Aktien ihres Unternehmens investiert. Das macht sie anfällig für Probleme ihrer Firma. Wenn die Firma harte Zeiten durchmacht, kann ein Mitarbeiter seinen Job und sein Vermögen gleichzeitig verlieren. Das ist schlechtes Risikomanagement.

Flexibel zu bleiben bedeutet auch, dass man eine gewisse Bargeldreserve hält. Wenn Sie Ihren Job verlieren oder unerwartet krank werden, kann Ihnen Geld auf dem Bankkonto durch diese schweren Zeiten helfen. In Immobilien investiertes Geld vermag das nicht. Geben Sie daher nicht all Ihr Kapital für eine 20-prozentige Anzahlung auf ein Haus aus, wenn dann kein Geld mehr übrig ist. Besser zahlen Sie zehn Prozent an und behalten das restliche Geld für den Fall, dass Sie es benötigen. Die zusätzlichen zehn Prozent Anzahlung werden Ihnen nicht helfen, Ihre Rechnungen zu bezahlen, falls Probleme auftauchen. Noch besser wäre es vielleicht, ein billigeres Haus zu kaufen, damit Sie sich eine Anzahlung und eine Bargeldreserve für Notfälle leisten können. Diese Option verleiht Ihnen die größte Flexibilität.

Konzentrieren Sie sich auf Entscheidungen, nicht auf Ergebnisse

Der wichtigste Faktor beim Risikomanagement auf persönlicher Ebene besteht darin, sich auf Entscheidungen und nicht auf Ergebnisse zu konzentrieren. Kritisieren Sie Ihre eigenen Entscheidungen nicht im Nachhinein.

Wenn Sie an der Börse eine Menge Geld verlieren, dann bedeutet das nicht, dass Sie nie wieder investieren sollten. Und wenn Sie mit dem Kauf einer Aktie Geld verdienen, dann heißt das nicht, dass der Kauf eine gute Entscheidung war.

Denken Sie daran, Ihre Entscheidungen auf Basis derjenigen Informationen zu beurteilen, die Sie hatten, als Sie die Entscheidungen trafen. Und wenn Sie dabei etwas gelernt haben, dann ist das großartig. Machen Sie sich bloß keine

Vorwürfe für eine Entscheidung auf Basis von Informationen, die Ihnen zum Entscheidungszeitpunkt nicht zur Verfügung standen. Das ist leichter gesagt als getan, aber es ist wichtig.

Risiko fördert Selbstvertrauen

Risiken und Unsicherheit sind unverrückbare Tatsachen. Sie sind immer da, und manche davon sind nicht zu vermeiden. Lernen Sie diese unvermeidbaren Risiken zu respektieren. Aber haben Sie keine Angst vor Risiken. Sie können sich positiv oder negativ auswirken.

Das für den Erfolg erforderliche Selbstvertrauen kann man nur aufbauen, indem man Risiken eingeht. Jedes Risiko, ob es nun gut oder schlecht ausgeht, führt zu einer Lernerfahrung. Sie werden lernen, was funktioniert und was nicht. Sogar Risiken, die zu einem schlechten Ergebnis führen, bauen Selbstvertrauen auf und machen zukünftige Risiken leichter.

Wenn Sie Risiken eingehen, werden Sie lernen, dass Scheitern gar nicht so schrecklich ist. Sie werden lernen, dass Erfolg nicht immer der beste Lehrer ist. Vor allem werden Sie aber lernen, wie Sie Ihr Potenzial besser nützen können.

Epilog: Größere Träume träumen

Wenn es um die Erschaffung der Zukunft geht,
ist nichts besser als ein Traum.
Victor Hugo

Ich weiß noch, als das erste Lunarmodul auf dem Mond landete; ich war damals fünf Jahre alt. Ich verstand damals nicht, wie groß der Schritt war, den Neil Armstrong an diesem 20. Juli 1969 machte. Ich verstand den Schrecken nicht, den der *Sputnik* über Amerika verbreitet hatte und wusste auch nicht, dass nur acht Jahre zuvor, am 25. Juli 1961, Präsident Kennedy dem Kongress folgende Herausforderung präsentiert hatte:

> *Ich glaube, dass diese Nation sich dem Ziel widmen sollte, noch vor Ende dieses Jahrzehnts einen Menschen auf dem Mond landen zu lassen und ihn sicher wieder zurück auf die Erde zu bringen.*

Als ich aufwuchs, erwartete ich natürlich weitere Dinge in dieser Richtung. Ich rechnete damit, dass wir bald zum Mars und noch weiter fliegen würden. Mitte der 1970er-Jahre hatten wir das *Skylab*, eine 100 Tonnen schwere Raumstation, in der sich Astronauten wochen- oder monatelang aufhielten, um Experimente durchzuführen. Dann, in den frühen 1980er-Jahren, starteten wir das Space Shuttle, ein teilweise wiederverwendbares, „fortschrittliches" Raumfahrzeug, das zur Erde zurückkehrt wie ein Gleitflugzeug.

Seither haben wir nur noch recht wenig getan. Unsere Raumforschung ist im Vergleich zu den 1960er-Jahren, als die NASA noch in den Kinderschuhen steckte, kaum vorangekommen. Was ist passiert?

Ich weiß noch, wie ich als Kind etwas über Armut und Hungersnöte lernte und dachte, eines Tages würden wir diese Probleme lösen, weil die Technologie bessere Anbaumethoden für arme Länder hervorbringen würde. Ich war optimistisch, was die Zukunft betraf, weil das ganze Land optimistisch war.

In den letzten 30 bis 40 Jahren ist etwas geschehen, das dies verändert hat. Wir scheinen den Glauben verloren zu haben, dass wir unsere Träume wahr werden lassen können.

Wir haben sogar aufgehört, große Träume zu träumen. Wir denken nicht mehr darüber nach, dass die Zukunft völlig anders aussehen könnte. Und dabei haben wir auch einen großen Teil unserer Fähigkeiten zu kleinen Verbesserungen verloren. Zum Teil haben wir uns deshalb mit diesem Mangel an Fortschritten abgefunden, weil wir gesehen haben, dass bei der Verfolgung dieser noblen Ziele eine Menge Geld ausgegeben worden ist. Daher haben wir nach Jahrzehnten, in denen kaum Fortschritte erzielt wurden, die Lust verloren, es zu versuchen. Wir sind zu der Auffassung gelangt, dass unsere Träume unmöglich sind und dass wir unrealistische Erwartungen hatten.

Ich stimme dieser Denkweise nicht zu. Ich behaupte sogar, dass unsere Auffassung, unsere Träume seien so groß und so schwer zu verwirklichen diese Träume in derart weite Ferne gerückt hat. Das hat uns davon abgehalten, von uns selbst und von unserer Regierung mehr zu verlangen. Betrachten wir einmal ein bestimmtes Beispiel: Fortschrittliche Transportmethoden.

Den Transport überdenken

Jeder, der Trends beobachtet, kann sehen, dass das amerikanische Modell eines Transportsystems, das hauptsächlich auf Autos basiert, auf Dauer nicht haltbar ist. Im Vergleich zu vielen anderen Arten des Transports sind Autos ineffizient.

Und dennoch gilt das Auto als Symbol von Status und Wohlstand. Daher sind Entwicklungsländer in ihrer Anstrengung, sich zu „modernisieren", unserem Beispiel gefolgt und haben eine auf Autos basierende Infrastruktur geschaffen. Aber Autos ersticken die Entwicklungsländer allmählich und könnten zum schlechtesten möglichen Zeitpunkt die Erderwärmung derart verstärken, dass es kein Zurück mehr gibt.

Viele Länder sehen nun die Nachteile des Befolgens des amerikanischen Modells der Transportentwicklung mit seinen Autos und Fernstraßen. Ein Beispiel dafür ist die Umweltverschmutzung in den größten Städten Chinas. Nach einem im Mai 2008 veröffentlichten Bericht des World Watch Institute liegen 16 der am stärksten verschmutzten Städte der Welt in China. Autos verursachen einen großen Teil der Umweltverschmutzung in diesen chinesischen Städten. Dies ist auch einer der Gründe dafür, warum die chinesische Regierung während der Olympischen Spiele 2008 in Peking an jedem zweiten Tag das Autofahren verboten hat. Diese Maßnahme und die Schließung der 100 die Umwelt am stärksten verschmutzenden Fabriken führten dazu, dass während der Olympischen Spiele die beste Luftqualität seit gut einem Jahrzehnt herrschte.

Autos sind auch unsicher. Allein in den USA sterben jedes Jahr 40.000 Menschen bei Autounfällen. Jedes Jahr sterben zehn Mal so viele Menschen bei Autounfällen, wie bei den Anschlägen vom 11. September 2001 umkamen. Außerdem werden bei solchen Unfällen jedes Jahr Hunderttausende verletzt und verstümmelt.

Der Verkehr und die Zeit, die man mit Autofahren verbringt, kosten viele weitere Lebenszeiten. Nach dem *Urban Mobility Report* des Texas Transportation Institute von 2007 kosten Verkehrsstaus in amerikanischen Städten 78 Milliarden Dollar in Form von 4,2 Milliarden verlorenen Arbeitsstunden. Das entspricht 6.000 Lebenszeiten eines Menschen, die mit dem Warten im Straßenverkehr verschwendet werden. Außerdem werden damit 2,9 Milliarden Gallonen Benzin verschwendet, was mehr als 58 voll beladenen Supertankern entspricht.

Fortschrittliche Transportsysteme könnten die Probleme mit den Autos leicht lösen, vor allem in Entwicklungsländern wo es keine etablierte Infrastruktur gibt. Die Technologie, das Fahren auf sichere Weise zu automatisieren und Unfälle zu eliminieren existiert schon seit Jahrzehnten. Hochgeschwindigkeitstransport ohne Autoverkehr ist möglich. Man kann heute mit einer Gallone Benzin Entfernungen von 200 bis 300 Meilen zurücklegen. Aber dazu müssen wir unsere Transportsysteme vollständig überdenken.

Die von der Regierung vorgeschlagenen Lösungen sind die typischen schrittweisen Erweiterungen unserer bereits existierenden Systeme. Mehr Busse, mehr öffentlicher Nahverkehr, Hybrid- und Elektroautos und so weiter. Busse und öffentlicher Nahverkehr bringen bestenfalls geringfügige Verbesserungen, was Geschwindigkeit, Treibstoffeffizienz und Sicherheit betrifft. Hybrid- und Elektroautos könnten die Effizienz stark verbessern, nicht aber die Sicherheit oder die Reisezeiten. Wir können viel mehr erreichen.

Für große Entfernungen haben wir ein System aufgebaut, das fast ausschließlich auf Flugzeugen und Flughäfen basiert, sogar bei Städten, die nur 200 Meilen auseinander liegen. In Europa gibt es Hochgeschwindigkeits-Eisenbahnlinien, die die meisten großen Städte miteinander verbinden. In den USA gibt es sie nicht.

Um mehr als nur kleine Verbesserungen zu erreichen täten wir gut daran, darüber nachzudenken, was wir gerne hätten, wenn wir noch einmal von vorne anfangen könnten und uns keine Gedanken über unsere existierende Infrastruktur machen müssten. Idealerweise würden wir uns die Vorteile von Autos ohne deren Nachteile wünschen. Das ist möglich. Bereits existierende Technologie kann ein energieeffizientes Hochgeschwindigkeits-Transportsystem unterstützen, das die Möglichkeit von Kollisionen und Verkehrsstaus eliminiert, indem sie automatische Verkehrsleitsysteme und eine fortschrittliche Fernstraßen-Infrastruktur verwendet.

Es bleibt also die Frage: Warum haben wir in dieser Hinsicht noch keine Fortschritte gesehen? Wenn die neuen Ideen so gut sind, warum gibt es dann keine Städte, die bereits fortschrittliche Transportsysteme anwenden? Warum haben wir nicht wenigstens damit begonnen?

Städte, Fortschritt und Risiko

Der Grund, warum wir noch kaum Fortschritte im Transportwesen gesehen haben, ist die Risikoaversion im Prozess der Entscheidungsfindung und bei den Entscheidungsträgern unserer Städte.

In den meisten Städten erfordert ein neues Transportsystem die einhellige Entscheidung der Stadt selbst und des regionalen Transportunternehmens. In einzelnen Städten ist es meist ein städtisches Transportgremium, das solche Entscheidungen fällt. Im Gebiet von San Francisco ist es Bay Area Regional Transit (BART). In Chicago ist es die Regional Transit Authority (RTA), die eine Kombination aus der Chicago Transit Authority, dem Eisenbahnsystem Metra und der Busgesellschaft PACE ist.

Komitees scheuen Risiken.

Was aus solchen Komitees herauskommt, sind daher kleine, mit geringen Risiken verbundene Verbesserungen, Projekte, die in anderen Städten funktioniert haben und Projekte, die Erweiterungen bereits vorhandener Transitsysteme sind. Komitees lehnen neue Ideen ab, weil sie noch nicht ausprobiert worden sind, und die Firmen, die sie vermarkten, sind in der Regel klein und haben kaum Kunden – wenn sie überhaupt schon Kunden haben. Daher stellt die Entscheidung für ein fortschrittliches Transportsystem für eine bestimmte Stadt eine Entscheidung mit sehr hohem Risiko dar. Mit zu hohem Risiko.

Das Problem mit den fortschrittlichen Transportsystemen ist ein perfektes Beispiel für ein Gebiet, auf dem die Bundesregierung in Aktion treten kann, um die Risikoblockade zu durchbrechen. Für eine bestimmte Stadt ergibt es vielleicht keinen Sinn, das Risiko einer neuen Technologie auf sich zu nehmen, aber für das Land in seiner Gesamtheit ist es definitiv sinnvoll, das Risiko einzugehen. Das trifft vor allem dann zu, wenn wir die Städte im Rust Belt wie Detroit, Cleveland und Toledo wiederbeleben wollen. Neue Transporttechnologien und -Standards könnten den USA wieder die Führung im Transportwesen einbringen.

Wettbewerb und Standards

Das Internet wurde ein so großer Erfolg, weil es einen standardisierten Weg für Netzwerke definierte, sich miteinander zu verbinden – und für Computer, mit anderen Computern zu kommunizieren, auch wenn sie in verschiedenen Netzwerken existierten. Die Standardisierung von Eisenbahnschienen, Waggons und Verbindungswerkzeugen hat die Effizienz des Transports auf der Schiene stark erhöht. Die Übernahme von Containern in standardisierter Größe hat die Frachtschifffahrt revolutioniert, weil die Kosten des Transports von Tür zu Tür dadurch stark sanken.

Auf ähnliche Weise könnte ein neuer, fortschrittlicher Standard der Transporttechnologie das Transportwesen revolutionieren. Standards könnten es vielen verschiedenen Firmen ermöglichen, Teile dieses Systems herzustellen. Standards könnten es auch kleineren Unternehmen ermöglichen, solche Teile zu produzieren. Standards könnten es uns ermöglichen, das System in Zukunft leichter verbessern zu können. Standards würden es dem öffentlichen und dem privaten Transportwesen ermöglichen, die gleiche Infrastruktur zu verwenden, so wie es heute Busse auf den Straßen und Autobahnen tun.

Die eigentliche Aufgabe besteht also in der Festlegung, wie dieser Standard aussehen sollte. Wie sollte dieses neue Transportsystem aussehen? Welche Fähigkeiten und welche Beschränkungen sollte es aufweisen?

Da niemand von uns „die Antwort" auf diese Fragen hat, und weil es keine „korrekte" Antwort gibt, müssen wir lernen. Der schnellste Weg zu lernen besteht für uns als Gesellschaft darin, ein evolutionäres Modell zu übernehmen. Wir sollten fünf oder sechs verschiedene Experimente durchführen und sie dann schnell anpassen, um zu einer Lösung zu gelangen. Zum Beispiel könnte sich die Bundesregierung dazu bereit erklären, fortschrittliche Pilotprojekte im Transportwesen in fünf oder sechs großen Städten zu finanzieren. Diese neuen Projekte würden dazu dienen, öffentliches Transportwesen in diesen Städten zu implementieren und könnten zudem als Experimente dienen. Die besten Ideen könnte man zu einem neuen nationalen Infrastruktur-Standard kombinieren, der als Grundlage neuer Fahrzeuge und Fernstraßen dienen könnte.

Wir müssen Investitionen in neue Transporttechnologien fördern, indem wir dafür sorgen dass es einen Markt für solche Technologien gibt. Durch Investitionen in fortschrittliche Transporttechnologien könnte die US-Regierung dafür sorgen, dass unsere Transportbranche an der Spitze der Transportentwicklung im 21. Jahrhundert stehen wird. Der durch die Regierung gesicherte große Markt wird wiederum Investitionen aus Wagniskapital anziehen. Ein kleines neues Investment jetzt kann in den nächsten Jahrzehnten Umsätze von Hunderten Milliarden Dollar bedeuten, wenn wir unsere alternde Infrastruktur durch eine neue und bessere ersetzen.

Es ergibt keinen Sinn, die zerfallende Infrastruktur zu rekonstruieren und zu ersetzen, die Amerika in den 1950er-Jahren aufgebaut hat. Wir sollten den schlechten Zustand unserer Fernstraßen und Brücken als Gelegenheit sehen, sie durch etwas Besseres zu ersetzen. Die gleichen Firmen, die heute Brücken und Überführungen bauen, können auch das bauen, was für eine neue Art von Fernstraßen gebraucht wird. Die gleichen Fahrzeughersteller, die heute gegen ausländische Konkurrenten kämpfen, könnten die Fahrzeuge und das elektrische Antriebssystem hestellen, das die Energie für eine neue Transport-

Infrastruktur liefert. Wenn wir Innovationsführer sind, dann wird auch unsere Transportindustrie führend sein. Wenn wir warten, wird unsere Transportindustrie weiter dahinwelken.

Wenn wir nicht wissen, was funktionieren wird, sollten wir experimentieren, und zwar mit möglichst hoher Diversität. Mit anderen Worten: Wir sollten viele Ideen ausprobieren, und diese Ideen sollten sich voneinander so stark wie möglich unterscheiden. Wir sollten mehr Projekte von verrückten Wissenschaftlern und weniger vernünftige Projekte finanzieren. Wir sollten mehr Research von unten nach oben und weniger Research von oben nach unten betreiben.

Wenn Sie denken, das sei zuviel verlangt, dann bitte ich Sie zunächst einmal darüber nachzudenken, ob sich das mit der Anstrengung vergleichen lässt, 1969 Menschen zum Mond fliegen zu lassen. Wenn wir in gut zehn Jahren ein Raumfahrtprogramm aus dem Boden stampfen und zum Mond fliegen konnten, dann können wir in ebenso vielen Jahren mit Sicherheit auch unser Transportsystem neu konzipieren.

Zu guter Letzt

In diesen Zeiten großer Unsicherheit müssen wir als Gesellschaft anpassungsfähiger und flexibler werden. Wir können das tun, indem wir die sieben Regeln des Meisterns von Risiken befolgen. Diese Regeln können als praktischer Rahmen für das Management der wachsenden Unsicherheit in der modernen Welt dienen.

Wir müssen uns demütig verhalten und die Realität unserer aktuellen Lebensumstände akzeptieren. Die sieben Regeln sind kein Allheilmittel, und ich biete sie Ihnen auch nicht als solches an. Vielmehr repräsentieren sie eine Reihe von Prinzipien und Ideen, die sich auf vielen Gebieten bewährt haben, wo Risiken und Unsicherheit am höchsten sind. Diese Prinzipien können uns durch die schwierigen Zeiten helfen, die uns bevorstehen – aber zunächst einmal müssen wir sie anwenden.

Wir alle stehen Krisen an vielen verschiedenen Fronten gegenüber: ökonomisch, sozial und ökologisch. Die Weltwirtschaft taumelt, weil zuviel konsumiert wird und weil man sich auf eine Schwemme billiger Kredite verlassen hat. Die Gesellschaft versucht immer noch, mit den Implikationen der Globalisierung auf kulturellem und politischen Gebiet zurechtzukommen, und dies in einem Zeitalter, in dem es die Technologie kleinen Gruppen von Fanatikern ermöglicht, Tausende zu töten und zu verstümmeln. Die Anforderungen zur Bekämpfung der Erderwärmung, zur Reduzierung des Konsums und zur Förderung der Investitionen in Alternativen sind für Entwicklungsländer nicht praktikabel. Entwickelte Länder wie die USA müssen daher die schwersten Lasten in unserem Research tragen, Technologien zu finden, die sich auch Entwicklungsländer leisten können.

Jede von diesen Krisen erhöht die Unsicherheit in der Welt.

Daher können wir es uns nicht leisten, auf Regierungsebene oder in der Art, wie wir kooperieren, einfach so weiterzumachen. Wir müssen mehr Risiken eingehen, aber wir müssen dies mit einem gesunden Respekt vor der Realität tun. Die sieben Regeln bieten dafür einen exzellenten Rahmen.

Am wichtigsten ist aber, dass wir große Träume träumen müssen. Wir müssen an diese Träume glauben. Nur so können wir unser Potenzial ausschöpfen.

Register